点灯人丛书

亲近母语

从整本书精读到群书阅读

一个乡村教师的阅读成长史

一个儿童阅读推广人的点灯之路

一个小学语文教师的整本书精读实践

一个母语教育工作者的群书阅读探索之旅

吉忠兰 /著

广西师范大学出版社·桂林·

作者：吉忠兰，网名“沉砂”，个人微信公众号“沉砂的小角落”。

沉下去是希望
沉下去是勇气
沉下去是我百折不挠的信念
——摘自《沉砂》

一个孩子必须阅读规模较大的作品，随着年龄的增长，越是如此。因为，大规模的作品，在结构方式上，是与短篇作品很不一样的。短篇作品培养的是一种精巧和单纯的思维方式，而长篇作品培养的是一种宏阔、复杂的思维方式。

——曹文轩

总　序

可以选择很多角度，来描述亲近母语的发展历程，但课题研究和实验，一定是最根本最适合的角度。

如果从 2001 年，亲近母语正式立项为江苏省教研室重点研究课题算起，亲近母语课题研究已经走过了 18 年的历程。即使从 2003 年全国教育科学规划课题算起，亲近母语课题研究也已经走过了 15 年的路途。

1999 年，在经历过上个世纪末的语文教育大讨论后，国家启动了第八次基础教育课程改革。我还清晰地记得，2000 年底，读到《语文教学大纲》（试用修订版）时欣喜而振奋的心情。

2001 年 7 月发布的《全日制义务教育语文课程标准（实验稿）》，第一次明确了课外阅读量，义务教育阶段必须达到 400 万字，小学阶段必须完成 145 万字。同时明确了小学和初中应该背诵的古典诗文和推荐阅读的经典名著。作为一个少年时代被阅读启蒙，被文学点燃的中师生，一个在八十年代文化环境下，幼稚地思考着中国小学语文教育应该走的道路的教育研究者，一个陪伴儿子在亲子阅读中成长的年轻母亲，我不希望将要上小学的儿子，和无数可爱的孩子们，每天都在学教材、做无聊习题的语文学习中长大，童年没有阅读，不能享受母语的温暖和美好。

如何真正落实课标提出的阅读量，让孩子们在童年享受阅读的快乐，进而热爱我们的母语？2001年亲近母语总课题组成立。2001年，几乎和《新语文读本》同时，亲近母语总课题组研发的《新启蒙教程》出版。这是后来，亲近母语开发的自读课本——《全阅读》《我的母语课》的雏形。让老师们，在教学语文教材之外，每周上一节阅读课，用好亲近母语读本，带领孩子们进行更广泛的阅读。我们邀请梅子涵老师来到宝应，为亲近母语的实验老师们讲述图画书，讲述儿童文学。我们发布了中国第一份小学生分年段的阅读书目。倡导更多的小学语文教师，在自己的教室里，为孩子们点起一盏灯，带领孩子们阅读图画书，阅读儿童文学。

亲近母语课题研究和实验，迅速得到全国各地的认可和呼应。2003年11月，亲近母语被立项为全国教育科学规划“十五”课题。《中国教育报·读书周刊》以整版报道了亲近母语实验的理念和实践探索。

2004年，亲近母语策划和发起了第一届中国儿童阅读论坛，邀请顾黄初、梅子涵、朱自强、商友敬、李庆明、窦桂梅、周益民、何绮华等众多语文教育史、儿童文学、儿童文化、语文课程论等方面的专家学者和特级教师参与，研讨在小学语文课程中，实施儿童阅读的理念和实施路径，展现亲近母语课题研究和实验取得的成果。第一届论坛就有来自全国各地的五百多位校长和老师参与。

在第一届论坛上，亲近母语总课题组推出了两本实践研究专著。一本为由我本人和刘咏春老师共同编著的《亲近母语儿童阅读教育课程研究和实践》。虽然不够成熟，但初步概述了亲近母语的理念、课程建构以及相应的教学实践探索。一本为岳乃红老师的《班级读书会ABC》，为中国大陆最早的表述如何在班级开展读书会，进行整本书阅读和教学的专著。

2001到2006年，是亲近母语课题研究的第一个五年。“十五”期间，课题研究致力于将儿童文学引入小学语文课程，在儿童阅读推广、突破原有小学语文课程和教师培训的模式、建立多方对话的格局等方面，取得了一定的进展，获得了全国性的影响。

2006年，亲近母语国家级课题结题。以田慧生教授为组长，由顾黄初、成尚荣、梅子涵等组成的专家组，给予亲近母语课题研究和实验很高的评价，他们认为：“该项研究认真、扎实、有效、成功，而且具有原创性，体现了开拓精神。”2007年，亲近母语获得江苏省第二届教育科研成果一等奖。2007年，北京师范大学出版社推出亲近母语总课题组的第二批实验总结成果，分别为：薛瑞萍的《我们班的阅读日志》，岳乃红的《班级读书会ABC》，余耀的《由图画书爱上阅读》，邱凤莲的《大声读给孩子听》，丁筱青的《儿童阅读的心灵地图》，周益民主编的《上读书课啦》，全面展现了亲近母语总课题组在整本书阅读和教学、图画书阅读和教学、班级阅读开展等方面的成绩。这套书是国内较早一批真正意义上的儿童阅读指导丛书，系统地总结了2001年以来，深刻影响小学语文教育教学、儿童文学创作和出版、亲子阅读等领域的儿童阅读实验成果。

在亲近母语“十五”规划课题研究的基础上，亲近母语“十一五”研究课题定名为“儿童阅读的理论和实践研究”。课题致力于构建儿童阅读的课程体系。“十一五”期间，亲近母语的儿童诵读、班级读书会、读写互动、图画书教学和讲述、基于儿童的小学语文课程的构建等实验项目获得长足的发展，课题点燃了一批优秀的小学语文老师，他们在自己的教室、学校，积极开展儿童阅读，并积极带动更多的老师和学校、家庭，加入到儿童阅读中来，儿童阅读逐渐走向蓬勃。

2011年，北京师范大学出版社又推出了亲近母语总课题组的四本研究成果，分别为丁云老师的童诗课堂探索专著《儿童天生就是诗人——儿童诗的欣赏与教学》，亲近母语儿童写作项目负责人邵龙霞老师的《儿童也能写作》，亲近母语图画书项目负责人刘颖老师的《我的故事讲给你听——从阅读到讲述》，薛瑞萍老师的《把世界带进教室——薛瑞萍教育教学讲演录》。

在前面十年课题研究和实践的基础上，经过多次专家学者和总课题组的论证，2011 年，亲近母语确立了“十二五”研究方向——回到亲近母语研究最初的出发点，将前十年儿童阅读研究的成果，引进小学母语教育课程建设，努力探寻和构建以儿童为本位，从阅读出发，以母语抵达的母语教育课程体系。和儿童、教师、家长一起努力，用母语为儿童营造温暖的精神的怀抱，促进儿童听说读写能力的发展。

2015 年 8 月，亲近母语在多年试用和实践的基础上，发布了《亲近母语儿童阅读课程方案（修订版）》，以及各个具体课程的实施方案。全面系统地阐述了亲近母语总课题组的儿童阅读课程体系，并且在多年探索的基础上，发布了线上线下结合，进行亲近母语儿童阅读师资培养的“点灯人大学”计划。亲近母语实验，以系统的书香校园解决方案为形态，为学校提供优质的阅读文化建设、阅读课程设计和师资培养等专业服务，从而走向了更多的学校和区域。

从 2017 年开始，国家逐渐进入统编教材时代。统编教材加大了传统文化教育的比重，同时吸收了十多年来儿童阅读推广的成果，将整本书阅读列入了语文课程体系。在新的时代，亲近母语“十三五”课题，在前期研究和实践的基础上，果断将“如何落实国家课程标准，教好统编教材，做好课内外统整教学，实现从课内到课外的拓展，如何加强传统文化教育”纳入课题研究和实验的重要内容，并重新修订和发布了《亲近母语课程实施方案》。

本次出版的这套书，是亲近母语课题研究和实验的第四批研究和实践成果，是近十年来，亲近母语课题的研究和实验成果的一次较为全面的展示。

《亲近母语：儿童本位的小学母语课程构建》是我本人对亲近母语十多年来研究和课程构建、教学探索，试图所做的一次理论阐述。

《和孩子一起日有所诵》是孔晓艳老师十二年来，陪伴孩子们日有所诵的记录和思考。

《丁云的童诗课堂》是丁云，这位颇有影响的诗人老师，十多年来自己读诗写诗，并带领孩子们读书写诗的实践记录。

《从整本书精读到群书阅读》是吉忠兰老师从一个乡村教师的大声读开始，所进行的各种关于整本书教学的探索的足迹。

《主题阅读的教与学》是徐世赟老师如何进行课内外整合和主题阅读的行与思。

《老付拆书》是付雪莲老师这些年来，运用可视化工具，进行整本书阅读的尝试。

《书香校园建设经典案例》和《整本书教学设计精选》是这些年涌现的一些优秀的书香校园建设和整本书教学的案例精选。

《点灯人说》则是一批亲近母语课题实验老师的教育叙事，讲述他们如何和孩子们一起阅读，一起成长的故事。

这些成果的背后，都是一个个活生生的人，一个个希望用阅读去点亮儿童生命的点灯人，一个个活泼泼的，不甘平庸，有精神追求的母语老师。这些书，记录了他们的遇见，他们的阅读，他们探索中的悲辛，他们成长中的喜悦和痛苦。而这些真实的群像，勾勒出了十多年来，中国大地上波澜壮阔的儿童阅读推广的历程，写就了对小学母语教育的重新认识和建构的过程。

真诚感谢广西师范大学出版社的刘广汉先生和刘美文老师，对亲近母语和这套实验成果的出版支持。

在我看来，这一切刚刚开始。所以，我认为，这套丛书，是一个完全开放的体系，是一个正在展开的召唤结构。它等待着一个个点灯人，一个个精神发光的母语老师，从教育的田野里走来，走进这个开放的行列中来，一起探索，一起开创属于这个时代的母语教育。

我在这里等候你们。

2019年3月26日

序　一

吉忠兰的阅读课很美

吉忠兰老师的大作《从整本书精读到群书阅读》给大家上了一堂课。这堂课，当然是语文的，是关于阅读的，但又不仅是语文的、阅读的；这堂课，是给孩子们上的，也是给我们上的，给语文教师的，给一些专家上的；这堂课，是一堂课，但是一堂大课，是一堂永远要上下去的课。

因为，这堂课叫美，叫审美。这堂课很美。这堂课让我们认识了美，发现了美；这堂课让整本书阅读美起来，让语文美起来，让教育美起来。这就是所谓的以美立教，以美其身。

美，来自吉忠兰。吉忠兰，一位坚守乡村的小学语文教师，站在乡村小学的课堂里，大声朗读，倾下身子和孩子交流；讲述故事，孩子流泪，她自己也流下真诚的泪水，故事让自己与孩子的时间都人格化了；讨论写作，孩子们写下心灵里飞出来的歌，编织自己的童年，教室成了一座开满鲜花的园子……吉忠兰，她的情怀是美的，她的情怀让阅读、让语文、让儿童都美了起来。

吉忠兰写过一首小诗《沉砂》，不长，只有三行，却相当美："沉

下去是希望 / 沉下去是勇气 / 沉下去是我百折不挠的信念。”沉静起来，沉到儿童世界里去，沉淀起来，成了她的信念，成了她人格组成部分，甚或成了她的人格特征。信念之美、人格之美，塑造了语文、语文教学，包括阅读美的品格。

吉忠兰有丰富的文学修养，人文素养沉淀比较多、比较深。她可以站在审美的高度俯视小学语文，整本书精读课是在她的人文素养里长起来的、站立起来的。正因为如此，她有不可替代的专业，她会摸索、把握规律。是人文素养，是专业，是规律让美有了稳定性、厚重感，那种轻灵中的深刻就必然是美的。

其实，吉忠兰教的不仅是整本书精读，而是教儿童学会整本书精读。她所有的课，所有的文字，所有的讲述里都站立着一群群活泼泼的儿童。吉忠兰的阅读课堂让儿童们有了一次次美丽的约会：书中的儿童、教室里的儿童，还有她自己变成了儿童。儿童们整本书精读，培养了完整的儿童，这是美的崇高性。

美学之父鲍姆嘉登，非常鲜明地指出，审美本身就包括“一切美的教养”。他认为美就是教养，而“熟悉了这种教养，通过日常训练而激发起来的美的天赋才能，就能成功地使人兴奋起来，并转化为情感的审美情趣”，他还说，有时审美情绪“尚未沸腾”，可在吉忠兰的精读课上是“沸腾”的。

美学有不同的派别，但往往是相通、相融的。黑格尔论述风格时，认为“风格在这里一般指……完全见出他的人格一些特点”。显然，吉忠兰的精读、群书阅读风格鲜明，是因为她的人格，因为她的教养。

总之，吉忠兰的阅读课，她的语文教学，很美。

成尚荣

（作者系原江苏省教育科学研究所所长）

序　二

走进儿童心灵的阅读使者

阅读是美好的。成尚荣先生说，教师是派向儿童未来世界的使者，吉忠兰老师就是这样一位阅读使者。十多年来，伴着花香，伴着儿童成长的微笑，她和书成了孩子们的忠实朋友，成了孩子们的成长伙伴。

读其人，一本书，一束兰。她是一本书，有内涵，有深度，不矫揉。她是一束兰，清新自然，不作秀。在阅读推广路上，她执着、坚毅。她执着于自己的阅读信仰，“一辈子一件事”，坚持做“一件让世界变得更美丽的事”。她坚毅，虽然一个人的力量是有限的，但一颗种子的力量却是无限的，她以一棵树摇动另一棵树，以一朵云推动另一朵云。推广之路是艰辛而幸福的。她的足迹遍及大江南北，走腾冲，去成都，到塞上，访庆阳，还曾远行马来西亚。她参加阅读公益行动，开辟阅读研习营，培训阅读种子教师，一次次经受身心的挑战。她的脚步越来越坚实。

她的课充满诗意与哲思，自然大气，有“曲水通灵”的柔美与睿智。她长于朗诵、对话交流，常常把孩子带进阅读的桃花源地。她每每参加赛课，总能以独特视角赢得赞誉。她的代表课例《大脚丫跳芭蕾》获全国一等奖；《青草国的鹅》《美人树》导读课实录和“战争”“生命”等主题群书阅读课例，被核心期刊登载、转载、连载。

她的阅读指导视界开阔，有序展开。所做研究从图画书阅读到整本精读，再到群书阅读，阅读指导有序列，不断走向开放，走向深度。图画书阅读课以兴趣性指导为主，主要环节有大声朗读、讲述、猜测、讨论，读写绘跟进。整本书阅读重视方法指导和儿童精神成长，主要环节有师生共读、话题交流，其间思辨质疑、情理交融。群书阅读重视价值引领，追求真、善、美，多从哲学角度走进人物内心世界，选取片段精读、细读，品味语言与情感，在整本书之间进行勾连与比照的互文式阅读。她的选书贴近儿童生活，像《虫子旁》《我的自然笔记》等书，是从儿童写作的角度，针对儿童对周围事物视而不见，不会细腻表达而出发的。她重视优秀本土作品的推广，她认为国内优秀作家的作品更有利于学生积累、吸纳语言。她经常开展“读写做”活动，将读、写、玩融入阅读之中，让孩子们能触摸到阅读的新气息。

吉老师是儿童心灵的阅读使者，她的阅读推广是精彩的。

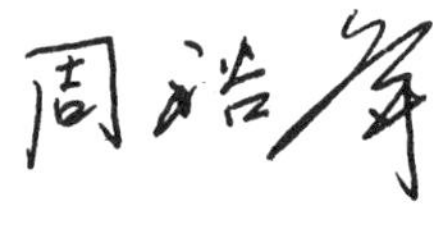

（作者系江苏省海安市曲塘小学校长）

序　三

吉忠兰印象

时下的教育闻人，大抵可以分为两类，一类是或游说于四方，奔走于论坛，或顶戴各种头衔，肩负赫然称谓，被人们“敬”为“大师”“名家”；还有一类则以网络为阵地，发自我之声音，书教育之感悟，被人们戏谑地称为教育“网红”。

吉忠兰如果也可以称为教育闻人的话，自然是属于第二类。

我与吉忠兰结识，当然算不上偶然，但也不能归于必然。

我退休后为南通市主城区崇川区培养青年教师做一点“发挥余热”的工作。在一次教师培训活动上，我请周益民介绍了浦东教育发展研究院的王丽琴来做报告，这样就和王丽琴成了朋友。她知道我是一些教师中青年才俊的师傅，便推荐吉忠兰做我的徒弟。她在介绍吉忠兰的话语中毫不掩饰对这个农村乡镇小学老师的喜爱和赞美。她以为我和吉忠兰成为师徒应该是毫无问题的事情。但是我婉拒了。原因其实很简单，那时我可能工作发力过了头，身体疲惫不堪，所有的事情都在“做减法”，几个学校的辅导导师兼职都辞掉了，自然不能再收徒弟。不知道后来王丽琴有没有把这一节讲给吉忠兰听，但由此我记住了吉忠兰的名字。

偶然吧？假如我和周益民没有师徒名分（真的只是“名分”，在小学教育特别是儿童阅读上，周益民应该是我的老师），假如周益民没有介绍王丽琴和我认识，假如王丽琴没有提到吉忠兰的名字……

必然吧。以我不算闭目塞听于教育，吉忠兰迟早会引起我的注意，就像她已然引起许多人的关注一样。

因为信任王丽琴，自然不会轻忽了她的推荐，于是凡是耳畔飘过吉忠兰的名字或者眼前闪过吉忠兰的字眼，我就不经意地会留意起来。

我断断续续地知道了不少关于她的信息——

她是中国儿童阅读著名推广人，被业内人士称为儿童阅读的“堂吉诃德”，因为她十余年专心做一件事情：坚持每天为儿童朗读优秀儿童文学作品，许多书是她自己掏腰包为她的学生买的；

她是亲近母语总课题组的核心成员，且在其中十分活跃（“亲近母语”有好几次活动邀我参加，都因为这样那样的原因没有能够赴约，至今都很歉然）；

她在线上线下都很积极。她笔耕不辍，一直可以看到她的文字，也常常可以知晓她在哪儿上课。有时候会在一些研修班上见面，但大抵也就是简单的对话：“你也来了！”“嗯，是的！”顶多她会略带调皮地笑着反问：“我为什么不能来？”

然而她仍然是普通的乡镇普通的小学里普通的老师，除了“儿童阅读著名（优秀）推广人”，我并不知道她还有什么可以印在名片上炫耀自己、吓唬别人的头衔。就是“推广人”云云，也只是在当下教育评优的种种项目中断不被承认的“民间桂冠”。

吉忠兰的兴趣不在那些“名师”的“名”上。时下的不少“名师”，不可谓不努力，但他们往往注重的是自己的“附加值”：在“核心期刊”上又发表了多少论文了，又拿到更高级别的课题立项了，

“头衔”又添了“正高”了，又有哪些地方来请去“讲学”了……让人乐此不疲的如果只是这些，那么，势必没有更多的精力放在课堂上，放在孩子们的身上。几年前，我忍不住说了这样两句话：名师成长在课堂，名师成就看学生。一时间许多教育同行纷纷叫好，可见对时下变味的“名师”现象不满的人不在少数。

吉忠兰的行走深得我心。她极用情地说，“我要上好每一节课。课堂是我的舞台，孩子和我都是主角，我们在这里上演最精彩的心灵和情感故事。用激情去点燃激情，用心灵去唤醒心灵，用思维去碰撞思维。让我的语文课成为一扇窗，一扇干干净净、透明的窗，一扇连接世界、通向未来的窗”，“我要做执着的儿童文学阅读推广人。我的童年没有书籍的滋养。我至今无法站成一棵茂盛的大树。即便现在拼命地汲取大地的养分，使劲地往高处攀爬，依旧觉得根底虚空。我要像斯蒂文森诗中的点灯人李利那样，每天太阳落下后，就扛着梯子走来，把街灯点亮；我要像芭芭拉·库尼笔下的花婆婆一样到处播撒花的种子；我要像《种树的男人》里的主人公一样，在阅读的荒原上种下一棵棵小树苗”，“让每一个孩子都拥有一颗透明、纯净、积极向上的心，那样的心灵会生长出最高大的树，会开出最艳丽的花”。

愈是了解吉忠兰，愈是认可她的努力和追求。其实她的初心就是因为自己童年的阅读饥渴而竭尽全力地要让她今天面对的孩子用阅读来“解渴”。“我喜欢阅读，迷恋声音的魔力，这也成为我站在讲台前的资本，是我成为一个孩子喜欢的故事老师的根本原因。原来人长大后的一切，其实在小时候就埋下了伏笔。”我宁愿相信吉忠兰的儿童阅读推广热情首先是来自她的情感、审美喜好，而不是某种“崇高”目的的驱使。而正是这一种情感、审美的，亦即自由的心愿和选择，让她有了对这样的“有意思”的工作的倾情投入，而错过了对一些“有意义”的身外之物的汲汲探取。

和吉忠兰的交往渐渐多了起来，她也像我的许多徒弟那样，拿她的课堂实录来叫我点评。我自然很乐意这样为青年教师“打工”，借此也可以让我感受与时俱进的青年人别样的课堂呈现。她的《美人树》课堂实录和我对这节课的点评一起发在《小学语文教学》上。我不知道读者看到我这样略显“理性的老态”的评论文字和感性的年轻人的活泼声口摆在一起，会不会觉得滑稽可笑，但我相信吉忠兰肯定相信我和她之间没有教育认知的隔膜与代沟。

前些时整理过去的材料，在一大堆的纸片中，突然发现“第六届世界华语教育小学语文优课展示活动”的报到名单，“海安老师”的报到单上，我清楚地看到“吉忠兰”的名字。2006 年由南通市教育学会参与举办的那次活动上，有北京的王文丽，还有台湾的苏兰，国外的则请了马来西亚的张发（笔名“年红”的著名儿童文学作家），他们献上了一堂堂精彩的课。那是我主持南通市教育学会工作时自己极为满意甚至得意的一个“作品”，受益的老师甚至过了多少年还激动回忆。当时，吉忠兰的名字淹没在几百个老师的名字当中，不，这样说不准确，应该说，她就是那几百个老师中普普通通的一个。

吉忠兰听我说了这一段，笑了：“老师，我们其实十几年前，就有渊源啊！”

我也笑了。

所以，是不是师徒，有那么重要吗？

严清

（作者系南通市教育学会专家）

目　录

上篇
回溯来时路——我的阅读和整本书教学历程

下篇

课堂风景线——我的整本书精读和群书阅读案例

上篇　回溯来时路

——我的阅读和整本书教学历程

我是一个虔诚的“朗读者”
我喜欢
用声音
用文学的温度和神采
“驯养”每一个孩子

1. 写一个冗长的开头

——我与“阅读”的前世今生

“冗长”应该是一个贬义词，但我莫名地喜欢这个词。

很久以前，我不认识“冗”字，便问邻座的女同学，而且言之凿凿地说：“你肯定也不认识！”谁料，女同学淡定地说：“读 rǒng。”我内心顿时掠过一丝羞愧，不该小瞧人家，其实她是一个不折不扣的学霸。多年以后，依然记得那个瞬间，不是因为羞惭，反而觉得美好。我喜欢那位同学的勤勉、淡定和宽容，也喜欢探究未知世界的愉悦和满足。

喜欢“冗长”，还因为我喜欢蒙古族作家格日勒其木格·黑鹤的大自然文学。他的作品文学性极强，开头往往会有很长的铺叙，没有耐心的人很难一下子进入并喜欢上。但是，细读之后就会发现那些描写是非要不可的铺垫，情感蓄势待发，直至喷薄而出，激荡你的心灵。**只有静下心来，反复阅读，甚至朗读出声，才能体会到他文字的魔力**。

说实话，我不知道该从哪里开始我的书写，用一种怎样的笔调。有一段时间，我甚至有些焦虑、抑郁，茶饭不思，辗转反侧，连胃都疼了。我想把我的故事讲给你听，恨不得从自己降临这个世界开始。

伯母说，我出生的时候，像小猫，脑袋只有芋头头子那么大。我是早产儿，七个月就迫不及待地出来了，一直觉得爸爸妈妈把我养这么大，不呆不傻不丑，活蹦乱跳，还算能说会道（遇到自己喜欢的话题时），真心不易。

我没见过亲外婆，她在我母亲八岁的时候就去世了。母亲这一生充满苦难，但她坚强而隐忍。年幼的她，要拉扯弟弟妹妹。少女时代忍受病痛的折磨，落下了腿疾。中年，日子稍稍好过一些，外公病逝；我的姨妈，母亲唯一的妹妹，也遭遇车祸，当场气绝。是怎样的刚强，才不会被这一连串变故打垮？她拖着病弱的躯体，抚养我成长，照顾我的女儿长大。

母亲原本没有机会读书，因为靠在村小的窗外偷听而打动了老师，老师游说外公让母亲读书。母亲便上午做家务，下午上学，也只读了不足两年，认识几个简单的字。我上小学的时候，农村扫盲。母亲时常拿着识字课本，问这问那，我总是嫌烦，其实内心有些小小的自卑。

“你妈很聪明，如果能上学肯定有出息。”我先生不止一次这样说。母亲有语言天赋，模仿别人说话活灵活现；母亲有创新精神，日常生活中常常会冒出很多绝妙的点子；母亲胆大，家里的电器什么的，无师自通；母亲善良，我小时候家里虽穷，但逢有叫花子上门，母亲肯定会塞上好几个馒头……

父亲比母亲多认识几个字，但也只读到小学六年级。小学的时候，老师让我回家签字，父亲反反复复只会写同样一句话：“请老师多多督促！”周末，在家写作文，绞尽脑汁不知道写什么。父亲也总是老生常谈，让我虚构帮老爷爷推车之类的事情……（正因为如此，当了老师之后，我很能理解家长签名并写评语的难处，还有个别孩子无人协助、独自完成作业的艰辛。)

“父亲是拉车的牛，登天的梯。”“人落水了，总会拼命挣扎，学习也是如此。”偶尔，父亲也能说出几句这样有哲理、充满启迪的话。

父亲脾气坏，经常数落母亲手脚慢、话多。从小到大，我害怕和别人发生冲突，喜欢把自己幽禁在一个相对安全的空间里。**童年，需要足够的安全感。被爱和宽容包裹的孩子往往更自信、乐观，内心更强大**。

我一直觉得自己是传统意义上的乖孩子、好学生，在家听爸妈的话，在校听老师的话。就连迟到这样的事情也觉得是犯了天大的错。小学一年级时，因为不吃早饭，被父亲锁在屋里，结果迟到了，刚巧校长站在门口，说了一句：“吉忠兰，好娃儿啊！”那意思是，好学生怎么能迟到呢？我便更觉惭愧。

小时候，家里没有课外书，老师也不会讲课本以外的东西。三年级时，遇到一个刚刚从师范学校毕业的年轻老师——许宁，他俊朗帅气，最喜欢唱《小白杨》。他教我们数学，课余会带我们唱《外婆的澎湖湾》，用风琴伴奏。现在回想起来，那场景，就像电影里的镜头，充满意境，美得无法形容。

四年级时，许老师教我们语文，带全班同学到缫丝厂参观，我第一次觉得写作文一点儿也不难。我用了一连串的比喻形容喷泉的水珠以及腾起的雾气，老师画了红红的浪线，写了很长的批语。

许老师辅导我参加乡里的演讲比赛，我讲的是赖宁的事迹，其中有一句是这样的：“十四岁，温文尔雅的赖宁，毅然选择了前者（救火）。”三十年过去了，我居然记得这么清楚。决赛那天，我穿了一件缀满白点的粉色连衣裙，那是去大姨家的路上，舅舅给我买的，我唯一一条好看的裙子。那次比赛，小小的我居然战胜了高年级的大哥哥大姐姐，得了一等奖第一名，奖品是一本影集。这离不开许老师的认真改稿和悉心辅导。我一直觉得，许老师那样的老师，应该就是好老师。

五年级时，许老师虽然不教我们了，但时常帮我从图书馆借书，都是些美文，很诗意，很文学。其实，我并不爱读，总觉得读不进去。多年以后，读到蒙台梭利关于“敏感期”的话题，我终于明白，**童年的阅读启蒙多么重要，如果一个孩子错过了阅读的敏感期，想要再引起他对文字的兴趣，其实很难**。

1992 年，我小学毕业，去城里的亲戚家做客。读到一本《故事会》，讲述一个走夜路的女孩遇到熊装死躲过劫难的故事，情节惊心动魄，令人毛骨悚然，我一下子被吸引了。亲戚见我喜欢，就把书送给我了。2018 年 8 月 31 日，我特地去小城的“欲晓旧书斋”，找到了这个故事，实际上它并不是一个高雅的故事，情节跟记忆中有很多出入。唯有对黑夜的描写，依旧觉得熟悉。“黑夜犹如一个魔鬼，在制造着恐怖和神秘。远处不时传来几声野兽互相厮打和吞噬的惨叫声。”

上初中了，啃过一本不知道从哪里来的《毛泽东传》。还有一本《董小宛传》才翻了几页，就掉进了粪坑，想来是多么令人懊恼的事。后座的男生经常会带武侠小说给我看，老师禁止读，还叫过家长。在最繁忙的养蚕季，父亲穿着一身脏衣服“冲”进了教室，我瞥了一眼，瞅见他的裤管可能是被桑树枝条扯破，因疾步而飞起，像大耳朵，一扇一扇的……现在的我，成为一个阅读推广人，并没有禁止孩子读武侠，相反，我支持他们广泛阅读。曾听一个师长说起自己的孩子高三时读了全套的金庸，并没有影响她考取北大。

读师范时，喜欢风花雪月，读琼瑶、席绢，读《知音》《爱人》，最高级也就是读读《青年文摘》《读者》……师范二年级时，交了笔友，是个校园作家，他给我寄了不少好书——《简・爱》《安妮日记》《苏菲的世界》《从优秀到卓越》《第五项修炼》《名家经典散文》……但，那时候的我，真的没有读进多少。印象中，好像被《穆斯林的葬礼》打动过，那是我送给室友赵四小姐的一本书，因为马大哈的我晒丢了她的新裤子——白色的，借来参加活动穿的。

长大之后，常常觉得后悔，如果那时多读一些书，也许根底不会那么虚空，站在讲台前会更有底气。

所幸的是因为父亲爱听广播，我算是用耳朵听“书”长大的——小喇叭、评书、广播剧、天下奇闻……单田芳、袁阔成、孙敬修……听广播，培养了我倾听的能力和良好的语感。朗诵、演讲比别的孩子略高一筹。小学时，主持“红领巾广播台”，每每节目结束，从后面二楼飞奔而下时，总会引来前排教学楼很多人注视的目光；师范时，主持“书坛画苑”，经常被学妹提起；毕业后，担任乡镇自办节目主持人，赚取了工作后第一笔微薄外快。

2007 年，我在县广播电台兼职一档直播节目——《月光心情》，每周六晚上九点十分，伴随着舒缓的音乐，和听众朋友们侃大山、聊家常，也会趁机谈谈童书。这份兼职因为我狂热地迷恋上儿童阅读，经常要出去听课学习而不得不终止，但留给我一份独特的生命体验和珍贵记忆。记得看《从你的全世界路过》这部电影，镜头切换到直播间的场景时，总有一种温热的感觉在心底流过。**“每一个人都是过去经验的总和，过去的经验造就现在的你。”**这话说得太有道理了。

我喜欢朗读，迷恋声音的魔力，这也成为我站在讲台前的资本，是我成为一个孩子喜欢的故事老师的根本原因。**原来人长大后的一切，其实从小时候就埋下了伏笔。幼年的成长环境，对一个孩子的未来产生的影响是你无法想象的。**正如美国诗人惠特曼所写：

有一个孩子每天向前走去，
他看见最初的东西，他就变成那东西，
那东西就变成了他的一部分，在那一天，或者那一天的一部分，
或者几年，或者连绵很多年。

2. 一“网”情深

——第一次睁眼看世界

1998 年，怀揣着“三好学生”和“优秀毕业生”的奖状，我回到母校——江苏省海安县①雅周镇倪庄小学任教。刚毕业的我，带着满满的干劲和热情，甚至是傻劲，但很快被应试的焦虑、自考的烦琐淹没了，日子成为一潭死水。

我的大专、本科报考的南京师范大学汉语言文学专业。每逢考试，我就把装满复习资料的塑料袋拎来拎去，甚至连偶尔逛街也带着，不带着心不能安。考试前一个月，一直套一件黑色的风雨衣，蓬头垢面，神神道道，有时候早早醒来，看一会儿资料，有时候上下班途中，回忆不出复习内容，就停在路边，打开资料袋看一眼。前后用了四年时间完成了近三十门科目的考试。而当初那些一起参加自考的人，多数中途放弃，选择了函授。

考完之后，我才觉得有些后悔：为什么不享受这个过程？为什么

① 2018 年 5 月，海安撤县建市。

不慢慢品读那些书籍，而不仅仅是为了通过考试而强制记忆？古代文学、外国文学、现代文学、鲁迅研究……其实每门功课都挺有意思。作为一个小学语文教师、一个母语教育工作者，我们需要很多的知识储备，尤其是文学素养，要求很高。作品解读能力取决于品味文字的能力；教师的知识面决定着课堂的视野。**书读多了，格局自然不一样。我们要将世界带进课堂，而不是将孩子们囚禁于一本教材、一间教室**。这一切我到后来才慢慢领悟到。

应试更可怕。作为初生牛犊，我并没有考高分的法宝，没有坐功，没有狠劲，不会死“揪”——扩词居然是靠背的，课文是要反复默的，小蜗牛们是要每天陪着慢慢磨的。那时候，我也没有引导孩子们看课外书。以至于那段时间教过的孩子来看我时，总是有些惶恐，觉得没有给孩子们更好的引领。不过，教高年级时，为了搞定几个调皮鬼，我也用过不少招数，比如，周末约男生们钓鱼，借此“动之以情晓之以理”；和心思细密的女生在日记里对话，引导她走出心灵的困境。用心经营过，总会带来回报，这帮孩子，自上高中以来，年年会来我家小聚。如今，他们已经研究生毕业，走上了工作岗位。

约　会

那几天，一直在下雨，我也一直在担心——和孩子们的约会泡汤。

那个周末，天气奇迹般地好起来。虽然他们说好下午才来，我却一早便起来，开始等待。有些不安，担心他们不认识路，怕他们不注意安全。十一点钟，我终于忍不住，拨通了一个孩子的电话。正好，几个家伙全在呢！没来我家吃饭，也许是怕给我添麻烦吧！这些孩子，真逗。

打第二个电话的时候，他们已经出发了，我赶紧跨上车子去接，这里的路弯子太多，没法找。穿过一小片树林，高高的树干，绿油油的枝叶挡住了我的视线，但分明听到了孩子们的欢笑声。是的，他们来了，机灵的王定，调皮的倪伟，少语的景飞飞，勤学的夏小晨，还有可爱又可“恨”的江涛。也许是骑车骑得太热了，几个孩子都把外衣脱了，扔在车篓里，满脸通红，小小的身躯散发着太阳的香气。见了我，他们亲热地打招呼，我们一路说笑着往家赶。

到了家，孩子们拎了车篓里的大包小包，被我拦住了。早说了不允许带东西，我嗔怪领头的江涛，他忸怩地一笑，像个女孩子。我把东西“夺”过来，放回车篓。

进屋坐了没有一分钟，几个家伙飞也似的跑了出去，我也跟着追出去。他们很快发现了墙脚的竹竿，赶忙挑选起“武器”来，个个有备而来，从口袋里取出鱼钩，麻利地装起来。不一会儿便准备妥当，没等我招呼，抓起渔具就往屋后跑。我也像个疯孩子一样，一路跟着他们。

来到河边，孩子们迅速找到自己的地盘，抛下鱼钩，等待战利品的到来。只见他们双手紧紧握住鱼竿，眼睛凝视着水面。先前的喧闹没有了，我也坐在一旁的树桩上静静地看着这帮可爱的家伙，那是从来没有过的宁静。

“钓到了！钓到了！”小王定最先欢呼起来。我循声望去，只见他高举着鱼竿，一条小鱼，正悬在半空，扭动着身子。

“快放到桶里！快！”我生怕这条可爱的小家伙又蹦进河里，赶紧大叫起来。

孩子们也放下手里的鱼竿，跑过去凑热闹。大家手忙脚乱地把鱼从鱼钩上取下来，放进水桶里，羡慕地看看游得正欢的鱼，又看看王定，然后各自跑跳着回到自己的战场。

“钓着了！”“上钩了！”欢呼声此起彼伏，桶里的战利品越来越多。好强的夏小晨开始和江涛比拼，他们一个钓了七条，一个钓了八条，各不相让。

倪伟早就失去了耐心，在河边乱窜，一会儿还把鱼钩伸进桶里钓。这孩子就是没有耐心，每一次描《习字册》，开始总是很认真，后来就不像话了。其实，他模仿能力挺强，认真起来，描的字像模像样。我在他耳边偷偷说了几句话，他不好意思地吐了吐舌头，一溜烟跑了。

不知不觉两个小时过去了，孩子们收获不小。我说："倒进袋子里你们带回家，好吗？"

"不行，煮给我们吃！"

"对，红烧！"孩子们附和着。

煮就煮呗，不一会儿，一大碗香喷喷的红烧鱼就端上了桌。"小强盗们"一拥而上，瞧他们那吃样，简直像三天没吃饭。拿在手里啃的，夹在筷子上慢慢品的，有的干脆将鱼汤泡在饭碗里，吃得津津有味。不一会儿，一大碗红烧鱼就剩下汤了。这帮"无礼"的家伙，竟没一个人招呼我过去一块儿吃。我在一旁看着，乐着，也旁敲侧击了一番："以后，可要好好学习，多读课外书，别给我添乱，期待你们更大的进步！"不知道这帮小家伙的点头是在回应，还是吃得太过忘乎所以，一会儿便风卷残云，桌上一片狼藉。

他们要走了，我真有些不放心，抄了电话号码发给他们，再三叮嘱他们到了家，一定记住打电话。又把他们藏在房间里的零食找出来，一一分给他们，还到家里抓了一大把饼干装在江涛的车篓里。这孩子，从小没有妈，我对他总是多一份疼爱。

孩子们走了，我一直目送他们的身影消失在路的尽头。转身回来等电话，二十分钟后，我接到了第一个电话，是夏小晨打来的。一个小时过去了，电话铃仍然没有再响起，可恨的江涛，肯定又去打篮球了，景飞飞、倪伟、王定绝对是同伙。我打了好几个电话到几个孩子家去追问，终于证实了自己的猜想。臭家伙，一打球，就什么都忘了，看我怎么收拾他们……

改变，发生在2005年。镇教研员橡树（网名）——一个爱阅读、爱思考的"领头雁"，带领老师们注册"教育在线"，在网上学习、交流。我因此开始了一段无法自拔的"网恋"时光，也学会了更多“骗”小孩的法宝。

我注册的网名叫“沉砂”，个性签名是“**沉下去是希望，沉下去是勇气，沉下去是我百折不挠的信念**”。头像是师范毕业前拍摄的白衣短发照。这张照片，成为很多网友记忆中我的模样；这句话，触动了许多像我一样迷恋“教育在线”，虽然天各一方，却有着相同痴迷的人。我像刘姥姥进了大观园一样，带着好奇，一头扎进了神奇的网络世界。在那里，来自天南海北的老师们，交流教育教学的心得体会，谈自己的读书感悟，甚至日常生活。那时候，家里还没有电脑，上完课，我就到学校的机房，手指在键盘上轻舞飞扬，记录每天的教学日记。后来打印出来，几年时间竟累积了厚厚几大本，其中有一些如梦的喃喃呓语：

2005 年 11 月 16 日　星期三　晴

清晨。阳光。清风。

丝巾。风衣。裙裾飞扬。心情特别明朗，一天的开始竟是如此美妙。

上课、读课文、读儿歌、识字、写笔顺、默写、订正、生气。

到二楼借书，在线光顾“蓝蓝 ND”的主题帖，诗意、梦幻、缥缈、空灵的文字深深吸引、打动了我，顿时释然。于是脸上的笑容抑制不住。

早早放学，接女儿回家。她满嘴的蓝彩笔印记，松散的卷发，可爱又可恨的家伙。

天渐黑，冷冷的风吹来，手脚冰冷，心依然温热。

3. 大声读给孩子听

——班级整本书阅读起步

[美] E.B. 怀特 / 著
任溶溶 / 译
上海译文出版社
2014 年 8 月出版

2006 年 4 月，“第六届世界华语教育小学语文优课展示活动”在海门举行，我向校长申请去听课。这是我第一次自觉自愿外出学习，如愿以偿地见到了网上的语文教育大咖们：周益民（民一）、张祖庆（万鍪松）、王文丽（溪桥）、李怀源（阿远）……终于把网名、真名和真人画上了等号。

更值得一提的是，我遇到了一节班级读书会——施伟东老师执教的《夏洛的网》。因为没看过这本书，对书中的人物没有基本的了解，整节课都在雾里看花，只记住了“夏洛”“威尔伯”“坦普尔顿”几个名字，教学环节忘得一干二净，但我分明被什么触动了，当即请人从县城购买了一本《夏洛的网》。从此，我走上了儿童阅读推广之路，已经 27 岁的我有了“走进新世界”的感觉。

回到班级，我固执地利用课前几分钟朗读起来。没想到，这些一年级的小鬼居然听懂了，每节课前总是屏气凝神听我朗读，哪怕是公开课前的几分钟，我也雷打不动地朗读。每天抽空记录自己朗读的感受和孩子们的反应，发在“教育在线”论坛。没想到，那以后，外出参加活动时常遇到一些“教育在线”的网友，他们不约而同地提到一件事——自从看了我的朗读日志，他们也开始尝试给班里的孩子朗读，并且收获了很多意想不到的惊喜；多年以后，一些家长还记得当时孩子回去复述故事的情形。

因为威尔伯，所有跟“猪”相关的东西都变得温馨可爱起来，文学作品就是以这样温情却恒久的力量温暖着我们的心灵。《夏洛的网》——这首关于生命、友情、爱与忠诚的赞歌，成为我班级整本书阅读教学历程中浓墨重彩的一笔，让我的课堂重新焕发了生机，也给我的生命增添了很多光彩。

这是 2006 年的一篇日记，真实地记录着当时的感受：

读《夏洛的网》之《臭蛋爆炸》

2006 年 4 月 21 日　星期四　晴

刚刚宣布今天的故事题目，孩子们就议论开了：

“是不是威尔伯爆炸了？”

“哈哈，威尔伯身上的确很臭，但他怎么可能爆炸呢？”

“是不是那个臭鹅蛋爆炸了？”

“暂时保密，听了故事，你们就知道了。”

夏洛要救威尔伯，她要戏弄一个人，她觉得人没有甲虫机灵，人是阿木林，是大傻瓜。威尔伯听了，终于叹了一口气，然后躺下来，呼呼入睡。夏洛充满深情地注视着他，盘算她的计划。

孩子们猜得真准，的确是那个臭鹅蛋爆炸了，奇臭无比，熏走了想要捉夏洛的艾弗里。原来是调皮的艾弗里单腿站在猪栏上举起树枝去打夏洛，没站稳，倒下来，弄翻了食槽，那个鹅蛋才闷声爆开。

还好，救了夏洛一命，否则，这个故事就要戛然而止了，这小小的玄虚的的确确让我们捏了一把汗。

威尔伯感谢坦普尔顿对蛋的保管，给它留了一根面条和几滴牛奶。夏洛被拉掉一大片网，又开始织起来，忙忙碌碌到半夜还没有停止……

故事读完，不容我说什么，小手已经高高举起来了，他们不断猜测着夏洛救威尔伯的办法，就是猜不着，我就是不告诉他们，我要留着这份期待；但我又是多么想告诉他们啊……

我的孩子们每天都有了期待，每天见到我就乐不可支，变得更爱问了。

同年五一劳动节，我放弃休息自费去通州听课。清瘦俊朗的周益民老师在桌椅间从容踱步，把一个个话题抛给孩子。“驯养是什么？驯养容易吗？驯养需要什么？是小王子唤醒了狐狸，还是狐狸唤醒了小王子？”随着交流的推进，我豁然开朗，“驯养”就是建立联系，其实就是相互的爱。周老师带领孩子们讨论的是《小王子》——哲学家周国平眼中的天才之作。

最令人拍案叫绝的是最后一问：“世界上真有小王子和狐狸吗？”随即，大屏幕上出现了一串诗句：

孤帆远影碧空尽，唯见长江天际流。

海内存知己，天涯若比邻。

在天愿作比翼鸟，在地愿为连理枝。

曾经沧海难为水，除却巫山不是云。

子在齐闻韶，三月不知肉味。

衣带渐宽终不悔，为伊消得人憔悴。

顿时觉得洞天石扉，訇然中开。正如薛瑞萍老师所言：“伟大事物是有生命的，她不仅可以发出呼唤，还可以牵着我们往上飞，往前飞。”**原来，古今中外的文学作品，可以联结得如此天衣无缝，妙不可言**。

这一次，只有两面之缘的周益民老师给我带来了《我要做个好孩子》《今天我是升旗手》等几本童书，它们成为我阅读儿童文学的入门书。不知不觉中，书香“驯养”了我，而我，也用书香濡染着我的孩子们。

还记得触网最初，看到别人才情横溢，文采斐然，恐慌如我，觉得自己什么都不懂，痛心疾首地明了童年阅读的荒芜，给我的根底带来无法弥补的虚空；“饥荒”如我，却不知道该读什么书，饥不择书，看到别人分享的书名便记下来，疯狂买书、啃书。那一年，我几乎以每天一本的速度恶补着儿童文学和一些教育教学、儿童文学理论书籍。我的抽屉里，压着厚厚一叠购书发票。家里的书逐渐增多，已经装了整整十个书柜。

因为童书，一切都变得不一样了。这是当年《海安日报》征集的“辞旧迎新”文稿：

猪年的“黎明感觉”

2007 年 1 月 23 日　星期一　晴

每每辞旧迎新之时，不免会生发许多感慨。其实，我是个大大咧咧，甚至有些散漫的人，几乎没有盘点的习惯，虽然常有许多想法，总是想想就罢了。记得读书时一个老师曾说过：“每年大年初一，睁开眼睛第一件事情，就是问问自己在哪里。”那时候，对这句话并没有什么深刻的理解，以为就是一句平常的问话而已。而今天，我终于可以回答自己了，我在路上，在追寻梦想的路上。因了这个梦，一切都是新鲜活泼的：对每一个清晨，每一堂课，每一个孩子，我的内心都鼓胀着澎湃的激情，奔流着脉脉的情愫。我真切地体验到了钱理群教授所说的那种可贵的“黎明感觉”。

新的一年，新的起点，新的征途，我已经不再是那个拖拖拉拉、磨磨蹭蹭、得过且过的我了。我把心愿写在这里，时时警醒自己。

我要上好每一节课。课堂是我的舞台，孩子和我都是主角，我们在这里上演最精彩的心灵和情感故事，用激情去点燃激情，用心灵去唤醒心灵，用思维去碰撞思维。让我的语文课成为一扇窗，一扇干干净净、透明的窗，一扇连接世界、通向未来的理想之窗。

我要做执着的儿童文学阅读推广人。我的童年没有书籍的滋养，我至今无法站成一棵茂盛的大树。即便现在拼命地汲取大地的养分，使劲地往高处攀爬，依旧觉得根底虚空。我要像斯蒂文森诗中的点灯人李利那样，每天太阳落下后，就扛着梯子走来，把街灯点亮；我要像芭芭拉·库尼笔下的花婆婆一样到处播撒花的种子；我要像《种树的男人》一样，在阅读的荒原上种下一棵棵小树苗。我点亮一盏盏心灯，我播撒灿烂的阳光，我种植无限的希望。童年的阅读，让每一个孩子都拥有一颗透明、纯净、积极向上的心，那样的心灵会生长出最高大的树，会开出最艳丽的花。

我的手指在键盘上舞蹈，我要用文字铺就一条通往心灵的幽静小路，记录每一个瞬间的感动，记录我的课堂，我的读书体会，我的教育故事，我一切的一，一的一切。

猪年的每一天，“黎明感觉”和我同在，日子因此而充满勃勃生机。

4．月亮河的故事

——我和《鼹鼠的月亮河》

我的整本书阅读实践就这样从“大声读给孩子听”开始了。那时候，我是语文老师兼班主任，除了语文课，还有诸如晨会、班队课等边边角角的时间。我便乐此不疲地每天朗读，《绿野仙踪》《大林和小林》《鼹鼠的月亮河》……一本接着一本。这十几年，我到过三所不同的学校，教过不同的班级，但是，朗读的行动一直没有停止。我是一个虔诚的“朗读者”，我喜欢，用声音、用文学的温度和神采，“驯养”每一个孩子。**有时候，只是纯粹地朗读，安静地聆听；有时候，会在悬疑处停下来猜测情节，或者进行话题讨论，也会设计一些读写互动的小练笔**。

还记得，二年级的小朋友在聆听《鼹鼠的月亮河》的时候，改写和续写了很多故事，发布在“亲近母语论坛”上。我把链接发给作者王一梅，王老师特别感动。后来，我参加“亲近母语第一届讲述大赛”扬州赛区的比赛，讲述的就是《鼹鼠的月亮河》。怎样把一本书，浓缩成十分钟讲述出来呢？必须精心选择最能打动自己的精彩片段，如果都不能打动自己，怎么能触动听众呢？这是“首届全人教育奖”获得者马玲老师给我的建议。那次比赛，我单枪匹马奔赴扬州，获得了二等奖第一名，我的讲述稿和孩子们的6篇小故事发表在2007年5月的《阅读前线》上。这是我开展朗读活动以来，第一次有文稿发表在省级刊物上，特别激动，孩子们也一样。

“月亮河”成为我生命中又一个重要的语言和精神密码。教课文《月亮湾》时，我会想起它；到大兴安岭旅行，看到“月亮天池”时，我也想到它；更神奇的是，那天，我们住宿的地方，居然有一条河，就叫“月亮河”。

《鼹鼠的月亮河》讲述稿

美丽的月亮河边，有一只与众不同的小鼹鼠叫米加。他呀，长得又瘦又黑，不像他的哥哥们有着棕色发亮的毛。他的生活习惯也和别人不一样，哥哥们荡秋千、弹钢琴、爬烟囱、做游戏的时候，他一直在睡觉。哥哥们看电视的时候，他早就不知道跑到哪儿去了。

米加是特别的，也是孤独的，在夜晚，没有伙伴和他一起玩。他不知道自己为什么是黑色的，为什么总是爱睡觉；他更不明白，为什么鼹鼠一定要学习挖掘。他喜欢做别的事情，要么看书、画图纸，要么在月亮河边，用卵石筑长长的堤坝，堆迷宫，搭没有顶的城堡，在里面看星星和月亮。他的脑子里，总有许多奇奇怪怪的想法，比如发明鼹鼠天文望远镜什么的，他为刺猬先生发明了滑轮搬运机，他还想为尼里发明一台洗衣机，因为尼里每天晚上都要到河边洗全家人的衣服。

尼里是谁呢？她也是一只小鼹鼠。她的爸爸尼先生是个重男轻女的大人，一直想要个儿子，可太太一连生了十三个女儿，最小的一个就是尼里。

尼里和米加，一个因为与众不同而烦恼，一个希望自己和别人不一样。有一天，他们在月亮河边相遇了。一个特别幽静的夜晚，月亮升得很高很高，周围只有几颗星星。穿着绿花裙子的尼里正盯着水面上的月亮发呆，她的衣服掉进了河里，漂到了正在对着天空发呆的米加面前。米加从来没有遇到过这样小声说话的鼹鼠，尼里从来没有遇到过夜晚出来的鼹鼠，而且是一只黑色的鼹鼠。他们肩并肩坐在河边，脚垂在水里，眼睛望着远方。

“我喜欢河边。”米加说。

“我也喜欢，是从这会儿开始喜欢的。”尼里说。

在这样的夜里，两只小鼹鼠的心，悄悄地靠近了。就在这时，一只破坏气氛的小螃蟹来了，他轻轻地夹了尼里的脚，“哎哟——”尼里疼得叫了起来，米加正想回去发明“对付咬人螃蟹机”，小家伙已经偷偷地溜走了。

为了给尼里发明洗衣机，米加离开了家乡。他唯一的行李是尼里送给他的月亮石，圆圆的，淡青色的，就像那只夹住尼里脚的小螃蟹。米加在一个叫“书城”的地方，遇到了魔法师咕哩咕。这个魔法师记性很差，总是念错口诀，想把马铃薯变成滴滴答答走的钟，结果却变成了硬邦邦的石头。不过，米加还是觉得他很了不起，有点崇拜他，便跟着他学习魔法。聪明的米加很快就学会了用纸变树叶，他们在黑熊剧院的表演受到了观众的热烈欢迎，米加上了电视，成了大明星。做明星多好啊，可以赚很多钱。可是，米加并不想当明星，他一直没有忘记要给尼里发明洗衣机，天冷了，尼里还要去洗衣服，多辛苦啊，米加常常对着月亮石想念尼里。“尼里，你在做什么？你还在夜里洗衣服吗？你还在河边等我吗？”

可是，就在洗衣机快要完成的时候，咕哩咕不小心把米加变成了一只乌鸦。米加来到了乌鸦坡，他遇到了乌鸦红辣椒和黑炭。为了帮助乌鸦们战胜一个叫铁嘴的老鹰，米加带领大家挖掘洞穴。奇怪吧，做鼹鼠的时候，他不喜欢挖掘，没想到成了乌鸦之后，挖掘本领反而起了作用。米加设计好了图纸，挖好了一个很大的客厅，还有许多弯弯曲曲的地道。这样老鹰来袭击他们的时候，小乌鸦们就可以从地道里钻进来，躲到大厅里。变成乌鸦的米加，依然没有忘记尼里，他说："如果可以变回去，我真想马上回到家，我已经很久没有回家了。尼里还在等我回家。"

一百天过去了，米加身上的魔法消失了，他变回了鼹鼠，回到了日思夜想的月亮河。他用咕哩咕寄来的零件安装了洗衣机。圆圆的洗衣机在洗衣服的时候，像个皮球一样滚来滚去。尼里追着洗衣机跑啊跑。等洗衣机停下来的时候，衣服就洗得干干净净了。米加还开了一家发明店，咕哩咕也来到了月亮河，当了米加的帮手，他们发明了很多既有趣又有用的东西。

从前，米加为自己黑色的皮毛担忧过，现在，这一切对他根本就不重要了。他早就不在乎了。但是，他也有在乎的事情哦，那是什么呢？他想念他的朋友黑炭和红辣椒了……

孩子们续编、改写或扩写的故事：

米太太又生小鼹鼠了

王　洁

一天，米太太正在洗衣服，但总觉得肚子有点不舒服，就告诉了米先生。米先生很爱米太太，就把米太太带进了城里，去看医生。医生告诉他们，米太太要生孩子了。米先生和米太太听了很开心。不久，米太太果然生了一个胖乎乎的小鼹鼠，他有着棕色发亮的毛。米加知道后，整天在家里陪伴着小弟弟。有一天，米加想起了他的朋友尼里，于是，就带着弟弟到月亮河边去看尼里。他们来到河边时，看见尼里正跟在米加发明的洗衣机后面跑，小弟弟觉得很好玩，也跟着追了上去。

玩具树

周　睿

新年到来时，外面放着鞭炮，米加和咕哩咕一起出去玩，他们的心情很好。

“我们去找尼里吧！我们买个好玩的玩具给她当礼物吧。”米加边走边说。

路上听说有什么“玩具树”卖，米加一下子买了好几棵。到了尼里家，米加大声说：“尼里，有礼物送给你。”尼里听了，赶忙跑出来看，咕哩咕悄悄念了一串魔法口诀。

“你们好！”尼里说，“什么礼物？”

“是玩具树。”米加摘了一个玩具，没想到那个布猴子居然活了，尼里也摘了一个玩具，哈哈，她的玩具也活了。

他们一起说：“真好玩啊！”咕哩咕偷偷地乐了。

乌鸦坡的守护员

杨周鑫

过了一百天，铁嘴老鹰恢复了原形，因为乌鸦妈妈的精心照顾，他的心灵却变得善良了，他当了乌鸦坡的守护员。

一天，打败铁嘴老鹰的那只老虎来袭击乌鸦坡。

当时，米加正在想念黑炭和红辣椒，月亮石上出现了铁嘴老鹰和老虎正在搏斗的场面。米加赶紧去找咕哩咕，请求他去帮助铁嘴，咕哩咕急忙念魔法口诀：“咕哩吗唏，嗦啰哆……”口诀刚念完，咕哩咕就消失了……

咕哩咕来到乌鸦坡，把老虎变成了小猫，他让乌鸦们欺负小猫。小猫疼得很，他一想：“我欺负他们时，大家也是这样痛苦的。”他也变得善良了，从此，乌鸦坡有了两个守护员。

相　遇

夏燕京

一个天朗气爽的日子，红辣椒和黑炭想去月亮河看看米加和尼里，于是他们便出发了。

米加和尼里也想去看望乌鸦坡的红辣椒和黑炭，于是，他们也出发了。

到了半路上，红辣椒和黑炭遇到了米加和尼里。

尼里摸了摸红辣椒和黑炭的孩子的头，说：“好可爱哦！”

红辣椒摸了摸米加和尼里的孩子的头，说：“好可爱哦！”

5. 蹒跚学步

——第一节大声读导读课

2007 年暑假，“第一期亲近母语种子教师研习营”在扬州举办，由我执教导读课《鼹鼠的月亮河》，这是我第一次用大声朗读片段的方式进行整本书导读。

接到这个任务，特别忐忑——我从来没有上过正规的导读课。虽然放假了，但我在外地参加教师培训，忙得不可开交。我常常一心二用，躲在角落里琢磨该如何备课。为了选择合适的片段，我把这本书反反复复看了十几遍，选出了“米加和尼里夜晚初遇”“米加写给尼里的信”“老鹰铁嘴被咕哩咕变成小鸡”等几个片段，通过讲述、朗读、猜测、表演等环节步步推进。

我的教学设计先后改了六七稿。我将设计打印出来，一遍遍修改、空讲。那些稿子我至今保存着，它们见证了我的汗水和付出。去扬州的途中，我发信息给王一梅老师，让她推荐几个精彩片段，没想到，居然和我的选择不谋而合。真的是“书读百遍其义自见”，我真正领悟了作者的写作意图。

上课的前一天，周益民老师让我说课给他听，并且耐心地指导我的教学语言。同样的一句话，经过他的复述，变得更加儿童化了。三言两语一点拨，我顿时豁然开朗。功夫不负有心人，这节未经试教，却分明历练了无数次的课取得了很好的效果。经由我的讲述和朗读，师生完全沉浸于文学氛围中，这节课得到梅子涵、薛瑞萍、窦桂梅、王一梅、周益民等老师的夸赞。

这之后，我上过《青草国的鹅》等多节导读课，大声读的技巧——“适时停留”“有效讨论”“悬念设置”等被运用得炉火纯青。现在，我拿到一本新书，只要翻上一两遍，就能选取值得分享的片段。《美人树》的教学设计就是读过一遍之后，在一个小时内设计出来的。我在《小学生作文》开设了通过截取精彩片段推介阅读的专栏，已经坚持了好几年。**坚持朗读，让孩子们有了幸福聆听的灵敏的内在耳朵；反复阅读，让我的作品解读能力在不知不觉中提高了**。

做谁不重要，关键是你想做什么事情

——大声读《鼹鼠的月亮河》导读课设计

设计理念

在儿童阅读推广活动中，“大声读”是最实用也最普遍的一种读书形式，深受广大阅读推广人的青睐。所谓“大声读”，就是大声有感情地朗读给孩子听。可以在亲子之间开展，也可以是教师面对整班或个别学生。

大声读的读书形式充分解决了困扰大家的书源问题，全班只要有一本书，就能带领孩子亲近经典，走进名著，既培养了孩子倾听的习惯，也激发了他们自主阅读的兴趣。

大声读时，可以是整本书按部就班地朗读，每天安排固定的时间朗读一个章节或片段，其间加入学生的猜测、表演、交流和讨论，也可以设计一些小练笔。这种做法比较适合低年级孩子，他们识字量较少，独立阅读的能力相对欠缺。

对于高年级的孩子，可以从中选取几个最精彩的片段朗读，这样可以激发他们自主阅读的兴趣。本文就是针对二、三年级孩子设计的一节大声读读书会方案，是利用一节课进行整本书导读推荐的一种形式。

教学目标

1. 培养倾听的习惯，在猜测、交流中，激发自主阅读的兴趣。

2. 感受米加的特别，体会他的烦恼，感悟成长过程中拥有友情与梦想的可贵。

教学过程

一、谈话导入，营造氛围

小朋友们，你们喜欢听故事吗？

有故事听的耳朵是幸福的耳朵。有故事读的嘴巴是幸福的嘴巴。今天，我要给大家读的这本书，有个好听的名字，叫《鼹鼠的月亮河》。（出示封面、齐读题目）

谁来说说你看到了什么？（根据学生回答做出相应评价，板书：米加、尼里）

王一梅 / 著
新蕾出版社
2010 年出版

二、走近米加，体会米加的孤独

静静的夜晚，深蓝的天空，圆圆的月亮，哗啦啦流淌的小河，青青的草地，在这样美丽的月夜，在这样美丽的地方，总有许多美丽的故事等待着我们去聆听，去分享。先来认识一下小鼹鼠米加吧。（读P.13、14① 的文字“米加是黑色的鼹鼠”到“看天上的星星和月亮”）

听到这里，你们觉得米加和别的鼹鼠有什么不一样？（从长相、习惯、爱好等方面引导学生比较）

在别人眼里，米加是一只特别的鼹鼠，米加也觉得自己跟别人不一样，他一直很孤独。

三、夜晚相遇，感受米加和尼里的友情

有一天，孤独的米加在月亮河边认识了另外一只孤独的鼹鼠，就是封面上这个穿绿花裙子的鼹鼠姑娘，她叫尼里。一个鼹鼠小子，遇到了一个鼹鼠姑娘，他们之间会发生什么有趣的故事呢？他们会说些什么呢？谁来猜一猜，演一演？

书里是怎么写的呢，我们接着听。

（舒缓的音乐《月光》起，读P.20—30的文字“他们坐在河边，脚垂在水里”到“有这样的想法就已经是很了不起了”）

在尼里的眼里，米加又是一只怎样的鼹鼠呢？

从此以后，米加和尼里还会孤独吗？

朋友之间可以一起分享快乐，相互诉说烦恼。友情是一盏明亮的灯，温暖了我们每一个人的心，也让米加和尼里不再孤独。（板书：友情）

四、流浪远方，感受米加的成长变化

自从有了发明洗衣机的念头，米加就常常在夜晚画他的设计图。

---

① P.13、14指原书本的第13、14页，下文出现同此。

咱们来听听，米先生和米太太，还有米加的朋友刺猬先生是怎么说的呢？请三个小朋友来读读大屏幕上的话。（投影文字）

“发明就像星星一样，离我们很遥远。”米太太这样说。

“一只鼹鼠整天想一些不着边际的事情，而把大白天浪费在睡觉上，他早晚要吃亏的。”米先生这样说。

“如果我有米加这样的儿子，我会很高兴的，虽然他有些瘦小。”刺猬先生这样说。

同样一件事情，三个人却有三种不同的说法，米加心里会怎么想，他该怎么办呢？

对于米加来说，发明就是他的梦想。人是应该有梦想的。（板书：梦想）

米加在发明洗衣机的过程中遇到了困难，需要到很远的城市去买零件，所以，他带着尼里送给他的一块月亮石离开了家乡，开始了流浪的日子。他走了很远的路，脚上的靴子都磨破了。在一个叫“书城”的地方，米加遇到了一个魔法师——咕哩咕。这个魔法师整天念一些啰里啰唆的魔法口诀，可是，他的记性特别差，总是念错，想把马铃薯变成手表，结果却变成了硬邦邦的石头，想把石头变成手表，却又变成了钟。但米加很崇拜咕哩咕，下决心跟着他学习魔法。聪明的米加很快就学会了几个简单的魔法，比如用纸片变树叶。米加和咕哩咕被邀请到黑熊剧院演出了。

（出示海报，齐读）

黑熊剧院推出最新节目：大变特变

演出者：天才的魔法师和精灵的鼹鼠

（大声读 P.60 的文字“他们的演出每场都很成功”到“黑熊先生数着演出得到的钱非常满意地说”）

米加上了电视，真的成了大明星，就连月亮河也出名了。月亮河一带的鼹鼠每天晚上都可以在电视里看到米加，米加成功了！现在，你们觉得米加的梦想实现了吗？

米加给尼里写了一封信，信里怎么说的呢？（大屏幕出示米加的信 P.68）

亲爱的尼里：

离开家乡的这段日子里，我已经改变了很多，最重要的是我克服了白天睡觉的毛病。

我不想做明星，我会用演出得到的钱买零件。洗衣机的外形已经设计好了，是圆形的。到时候，洗衣机可以像皮球一样到处滚，而你可以像玩皮球一样追你的洗衣机了。

我已经祈求螃蟹不要夹你的脚。

你永远的朋友：米加

谁来读一读这封信？你们读懂米加的心了吗？

就在洗衣机快要完成的时候，一件意外的事情发生了——什么事呢？猜猜。

买零件的钱还不够，米加决定再去表演一次。在这次的演出中，咕哩咕不小心把米加变成了一只飞向远方的乌鸦。他流浪到了乌鸦坡，过起了乌鸦的生活。米加带领大家挖掘洞穴，帮助乌鸦们战胜了一个叫铁嘴的坏蛋老鹰。乌鸦们都很喜欢米加，非常信任他。你们说，米加是继续做快乐的乌鸦好呢，还是做回鼹鼠好？能说说你的想法吗？（学生自由表达自己的观点）

你们真是米加的知音，跟米加想的一样。可是，老鹰铁嘴被咕哩咕变成小鸡后，却再也不愿意做回老鹰了，这是怎么回事呢？

（读 P.119 的文字“有一天，米加和咕哩咕经过这棵树的时候”到 P.120 的“但他一点儿也不快乐”）

老鹰铁嘴为什么不快乐呢？

难怪他不愿意做回自己。还是米加说得好："做谁不重要，关键是你想做什么事情。"一起来读读米加的话。

无论你走到哪里，无论你是鼹鼠还是乌鸦，是老鹰还是小鸡，只要你心中有了友情，就不会孤独；心中有了梦想，生活就会充满阳光。

五、读后推介，拓展延伸

读到这里，你还想知道什么？

米加最后变回鼹鼠了吗？老鹰铁嘴是做了小鸡还是做回了老鹰？米加到底有没有发明洗衣机？《鼹鼠的月亮河》等着你去读呢！

六、板书设计

米加

友情　　梦想

尼里

（2007 年 8 月 7 日，第一期亲近母语种子教师研习营"儿童文学作家作品风格研究"板块执教）

6．书里的故事　路上的课堂

——女儿的故事

女儿小冉的临摹作品

一位老师在电话里说："我看了你女儿写的儿童诗，她真是个天才！"我并不激动，因为我知道，我的小冉只不过是个普通孩子。她有很多弱项，譬如没有多少运动细胞，跑不快，跳不远，协调性极差。只因她是我的小小的孩子，我从心底里感到骄傲。

上课铃响了，我边往教室走边这么想着。眼保健操的音乐已经响起，小冉一手挤按“睛明穴”，一手压着一本书——《当世界年纪还小的时候》，眼睛半睁着。中午上学的路上，她说：“妈妈，这本书我能看懂。”

胎儿在娘肚子里六个月就可以听妈妈朗读了，但小冉的阅读起步并不早。牙牙学语时，零星地背过几句古诗词。坐汽车过桥，她会稚嫩地吟诵“小桥流水人家”；面对落山的太阳，她曾语出惊人“夕阳西下，断肠人在天涯”；她还一本正经地跟老爸说过“养不教，父之过”……

直到小冉上小班，我才与儿童文学结缘，眼前訇然洞开一扇门，世界上还有图画书这么美妙绝伦的读物。从小没有浸润过曼妙文字的我，极其缺乏品读能力，那些经历了时间洗礼而成为经典的作品，我在初读时常觉索然无味。但我固执地每晚给女儿读书，读了很多像《妈妈讲故事》等书中的短小故事。

朗读的第一本“大书”是《木偶奇遇记》，读得一字不差，有时惟妙惟肖，绘声绘色；偶尔也应景式地匆忙念过。那个时候，我不懂什么“大声读”技巧（其实热情和坚持就是最高的技巧），不晓得在朗读中穿插讲述，也不晓得有些听起来让人晕乎乎的对话或昏昏欲睡的景色描写（可以专门品读）可以省略。我舍不得落下一个字，生怕文字的精华白白流失。每次，女儿都睁大眼睛倾听，她就这样练就了内在的耳朵。

有一回，我问她：“冉冉，你能听懂吗？”她摇摇头，一脸无辜和天真。不管她听得懂还是听不懂（冉冉只几个月的时候，我整天在她耳边数数，某一天，不满周岁的她突然清晰地从一数到十，全家惊喜万分），我依然锲而不舍地读。

给孩子读书是需要韧性精神的，在学校里工作了一整天，嗓子已经累得冒烟了。大声朗读已经成为神圣的使命和仪式，哪天不读，心里便觉得缺了一块。

不久后的一天，我惊奇地发现，女儿能把整本《逃家小兔》“读”

得一字不差，在我疲惫的时候，她曾趴在床前给我读过；上小班那年的“六一”儿童节，她在家长们惊诧的目光中，给全班小朋友读过。陪我去学生家做“让世界变得最美丽的第三件事”（给学生读故事）时，她能给二年级的大姐姐把刚刚听过两遍的《花婆婆》流畅地读完。每天放学回家，她把30万字的《大头儿子和小头爸爸》翻着看，直到翻烂了，像《尿了一头大象》这样好玩的文字，四岁的她百看不厌，边看边咯咯笑。王一梅的《大蛇莫里》里有句“阿木一屁股坐在老树墩上……放了一个臭臭的屁……”（记忆版），这个含“臭屁”的句子，她百笑不厌，边笑边读给我们听。我每天坚持给她读，她每天随便翻，我不知道给她读了多少书，也不知道她究竟听进、看进了多少书。她是家里的图书馆馆长，我需要什么书的时候，通常会咨询她：这本书在不在家？放在哪里？有一次，全家人惊喜地发现，她几乎能准确地读出奶奶同学聚会时拍的照片上每个人的名字，其中有很多生僻的字。

转眼要上一年级了，像女儿这样的学生我是不敢教的，她懂得可不少。得知任教一年级，我整个人都傻掉了。

没想过要教一年级，更没想过要面对自己的孩子。经常听老师们说，千万别把孩子放在自己的班上，弊端很多。可是……可是，我该怎么办呢？第一时间求助好友欣如，她说：“我的启蒙老师就是我母亲。只要把握好角色，利绝对大于弊。”犹豫再三，还是放在自己班上吧。

整理完教室，在黑板上抄了金波的《蝴蝶飞》（很仓促，没有挑到更适合开学的文本，正好同事还我一本一年级的《日有所诵》），希望明天就能带着孩子诵起来。

校园里早就安静下来了，同事们大都离开了。我摊开《班主任工作手册》，把手头已有的学生信息填完，然后，带着小冉回家。夕阳西下，西边的天空被染成彩色。冉冉背起了儿歌“朝霞红，红似火，里面装个大苹果”。她总能在各种场合想到切合的句子。其实，先前我也曾经想过，假如当小冉的老师，我真不知道该让他们诵背点什么，该给他们朗读哪本书，因为小冉已经背过那么多儿歌、童谣，看过那么多图画书，阅读了那么多文字书。我怕她进了一年级会很失望。往黑板上抄儿歌的时候，我也提醒自己，别用衡量小冉的标准来看待班上的孩子，因为不经意间我会提高教学要求，而这对于某些孩子，肯定会很吃力，我要权衡好……对于小冉，我是妈妈，也是老师；对于别的孩子，我是老师，也应该是妈妈。

开学后不久，我就发现，我不能像我设想的那样放开手脚带孩子们诵背儿歌。我没有时间和精力给他们朗读整本书，甚至连读一个小故事的时间都少得可怜，我很少给他们上图画书阅读课。时间被机械的拼音占去了，被干巴的课文垄断了，被恼人的生字绊住了，我也被现实打垮了，理想的微光在一声声叹息中逐渐暗淡。学生的素质参差不齐，"贫富"差异实在悬殊，更无法向家长"借力"推广阅读，我只能按部就班地"教教材"。女儿毫不留情地把我的课评为"最没有意思的课"。我茫然、心痛，怀着深深的负疚感，甚至罪恶感。几年前，我在带其他班的时候，曾经义无反顾地大声读了那么多经典作品——《夏洛的网》《绿野仙踪》《爱的教育》《大林和小林》……却不能把最美好的印记留在女儿最初的小学课堂中。

我在现实和理想的夹缝中经受拷问和煎熬。2008 年 12 月的一个周末，我一个人悄然赴沪参加了"第二届上海儿童阅读论坛"，过了一天半"云上的日子"，在聆听、交流、分享中寻求自身的认同和完整。回来之后，重新坦然地面对一帮蜗牛孩子和我那课堂上因了反复朗读、书写而无精打采的女儿。

我亲爱的孩子，我不能给她更鲜活更丰富的课堂，我只能把课后的美好时光留给她。放学了，我让她在校园里和好朋友尽情玩耍，我不催她写无聊机械的作业；我纵容她一个人在沙坑里玩沙子到天黑。冉冉在《我不想回家》里写道："我不想回家 / 我想和小伙伴捏橡皮泥 / 玩过家家 // 我不想回家 / 我想一个人在沙坑里堆城堡 / 挖地道 // 我不想回家 / 我想一直玩到天黑 / 等星星出来 / 和他捉迷藏"

刘晓东在《儿童精神哲学》里说，“儿童通过游戏来展现其潜在的精神”，“生命是主动的，在没有任何外部压力、外部目的和功利的情况下，儿童自发地担负起发掘自身先天资源的工作——这就是游戏”。我很功利地让冉冉去“游戏”了，不得不喊她回家时，她会噘着小嘴嗔怪地说：“人家玩得正欢呢！”

其他孩子都在暑假上过“拼音班”，冉冉没有，我也担心她跟不上。学“新内容”时，别的孩子早已雀跃着举起了小手，嘴里喊着“我！”“我会！”“我来读！”冉冉的泪眼里掩饰不住沮丧。听别人读过两三遍，她也便会了，眉眼间不再惆怅，小手举得高高的。拼音没学完，我就辅导她写拼音配图日记。第一天写“爸爸，我爱你！”费了很大的劲，我得先告诉她写什么句子，然后把每个字拼读给她听，再教她声母韵母怎么写，声调怎么标，标点怎么点。练写了一个星期，冉冉有了自主性，不但知道写什么话，每个字怎么拼读，而且已经基本掌握了字母的运用。偶尔，也会闹笑话。她的衣服口袋里，有洗烂了的折纸玩具，写着“公主”“王子”“巫婆”“qì gǔ”“qàng 子”等选项，小家伙把“屁股”“胖子”拼错了。

冉冉的学习比其他孩子轻松得多，因为识字早，阅读能力强，做数学题不需要等老师读题，这也滋生了她的心急和毛躁，做题常常丢三落四。我不斥责她，只在适当的时候暗示她，我相信这些毛病会慢慢治愈。我上小学的时候，也被老师冠之“大江大海（难题）都能过，掉在脚印坑（简单的题）里能淹死”，直到现在也还是个“马大哈”。冉冉对阅读有热情，我不打击她，偶尔瞥见她在语文课上开小差读课外书，我也视而不见，又怕她养成不听讲的坏习惯，有时左右为难。现在，看她能像其他孩子一样参与到课堂中的各个环节中来，真不知是高兴还是悲哀。作为语文老师，我也每天积极思考如何让课堂变得更有生机，兼顾到所有孩子。

冉冉从幼儿园小班开始，坚持“日有所诵”（有时“间有所诵”）。从《新编365夜儿歌》到《童谣诵读》，从《日有所诵》到《古诗词诵读100首》，背了几百首童谣、儿歌和古诗。大班时，有一次下班回家，她跑到大路上来迎接我，兴奋地告诉我，她背了18首儿歌，我一检查，真没吹牛。我提醒她，不要贪多，熟读成诵，不能抢记。冉冉时常心急，有添字、漏字、改词现象，我便陪着她一点点克服浮躁，我们常常在散步或步行上学的路上轻松地诵背。

2008年暑假，我出差一个星期，冉冉在不需要人督促的情况下（通常是奶奶午睡的时候），背了48首儿歌。现在冉冉正在诵读《日有所诵》的三年级读本，她背泰戈尔："夏天的飞鸟，飞到我的窗前唱歌，又飞去了。秋天的黄叶，它们没有什么可唱，只叹息一声，飞落在那里。"有兴趣的时候，冉冉会根据自己的想象给童诗和古诗配画，想不出古代诗人的形象，便央求我百度"李白"的画像，然后依葫芦画瓢。诵读练就了她的记忆力。上《司马光》时，开课前全班诵读《宋史·司马光传》中的古文："群儿戏于庭，一儿登瓮，足跌没水中，众皆弃去。光持石击瓮，破之，水迸，儿得活。"领读，指名读，只几遍，不做深入理解，小冉竟猜出了古文的意思。晚上，我试探着问她大概内容，她居然能准确地背出来。

虽然冉冉已经能很顺畅地默读了，速度比我还快，但我仍然坚持大声读给她听。2008年暑假，读安房直子的幻想小说，冉冉饶有兴趣地配画。2009年3月，我用二十多天时间，给她朗读米切尔·恩德的长篇幻想小说《永远讲不完的故事》，记了近万字的流水账。

3月的天依然寒冷，阴霾笼罩大地，却主宰不了心灵。心的苍穹可以无限浩瀚，无限晴朗。

今天是第三次给冉冉朗读《永远讲不完的故事》，从15页读到25页，因为字小，费时不少。将这本31万字、416页的书读完是个大考验，照这样的速度推算，至少需要42天，希望我和小冉都能坚持到最后。（2009年3月2日）

……

3月的最初和3月的月末，因为朗读而变得不一样。故事里的巴斯蒂安终于明白：能够爱就是快乐。我们亦是如此。爱自己，爱孩子，爱家人，爱工作，爱生活……爱能创造奇迹。我相信奇迹。（2009年3月24日）

我还和冉冉一起“长征”，带她在野外朗读故事。

九点十分，背上背包，和冉冉一起从奶奶家步行出发。行囊里装了牛奶、饼干和几个果冻，还有一瓶白开水、一本故事书。

冉冉奶奶家离外婆家也不远，十多里路。早就有了陪孩子一起走走看的计划，一直未能成行。最初的触动是汶川地震时那帮步行逃命的师生，想想若是换了瘦弱的冉冉，肯定没有这样的耐力。

穿过一片浓密的桑田，两边的桑条把原本就狭窄的路遮住了。我们弯腰穿过浓荫，想起了一起看过的《仙境之桥》，想象着穿越密密森林的感觉，心底升腾起一股冒险的英雄气概。一路上，我们走得很慢，时而停下来看水渠里的水草，小小的青蛙栖息在渠道中央的水草上，察觉到我们的声音，灵敏地跃出老远。路边，碧绿的草间开满了各色的花，金黄的、浅蓝的、雪白的、粉红的……冉冉说，妈妈，我想起了几个词语：五颜六色、五彩缤纷、色彩斑斓。

走走停停，很快就到了一座桥口，过了桥，拐个弯，就到了住宅区，河边的大树撑起很多阴凉的地方，我们找了个干净的地方坐下来。冉冉喝了一瓶“爽歪歪”，吃了一袋饼干，然后，我掏出包里的《第十二只枯叶蝶》，她挑了《小手屋》，我便旁若无人地朗读起来。读完故事，我们把空的爽歪歪瓶子放在显眼的地方，作为“记号”留给冉冉老爸，又精神抖擞地上路了。

走到一大半路的时候，冉冉有点累了，甚至想打电话让老爸来接。我们又停下来读了一个故事——《胡萝卜先生的胡子》。冉冉吃了两个果冻，又神气十足了，很快就到了水泥路，更好走了。11点钟，我们走到了学校门口，和朋友汇合一起吃午饭。吃完饭，又从学校走回家。这样算起来，我们走了整整两个钟头。（2008年9月7日）

傍晚，我带冉冉重新穿过那片田野从奶奶家回来，找了一个安静的可以坐下来的地方读了三页纸的故事，很享受田间的微风和菜花的清香，还有天放晴后的阳光。我和冉冉一路兴奋地寻找、期待这样一小块可以栖息的角落，终于找到了。故事剩下最后的三章了。这个三月，因为恩德的文字而充满幻想色彩。年年有3月，岁岁有今朝。因文字而留存的记忆将永远芳香。

这个春天，冉冉在我的“蛊惑”下迷上了儿童诗。那个阳光暖暖的中午，小冉想起她最喜欢的一条牛仔裤，裤脚的正前方开了个小小的叉儿，绣了一圈碎花。裤子已经很旧，洗得发白了。小冉兴高采烈地穿上了——哈哈，怎么这么短呢?！我的冉冉一年就蹿得这么高了。小鬼舍不得脱下来，她说：“妈妈，你看，我的裤子会爬高。”“裤子会爬高”是多么形象的描述啊，我又惊又喜，这样诗性活泼的语言脱胎于长久以来诵背的那几百首童谣和儿歌吧。从那以后，我们便多了一个话题——儿童诗。在通往学校的小路上，我们走走看看、说说想想、停停走走……不经意间，捡了一首首诗，它飘在菜花的香气里，它舞在蝴蝶的翅膀上，它飞在小鸟的歌声中，它躲在野蘑菇的伞下，它开在蒲公英的灿烂里……我们把它轻轻地写在唇上。每一首诗，就是一个故事。

《小露珠》：夜晚送给麦苗 / 一颗颗小露珠 / 阳光把它们变成 / 一串串晶莹的项链

《影子和我们来比赛》：妈妈送我去上学 / 朝阳把我们的影子 / 画在宽宽的水泥画纸上 // 妈妈的腿细 / 影子妈妈的腿粗 / 妈妈的车轮小 / 影子妈妈的车轮大 // 妈妈的脚 / 踩了一圈又一圈 / 影子妈妈的脚 / 也

踩了一圈又一圈 // 一直比到学校 / 她们都不分胜负

《太阳雾》：中午 / 雾弟弟出来捣乱 / 气得太阳公公脸色发白 / 远处的村庄 / 也生气了 / 板着灰蒙蒙的脸

《晚霞》：太阳公公要回家了 / 云宝宝们舍不得 / 奔跑着追赶他 / 个个跑得满脸通红

《接班》：太阳公公累了 / 月亮婆婆来接班 / 星星好娃娃 / 为月亮婆婆照明 / 和她作伴 // 月亮婆婆累了 / 太阳公公来接班 / 白云好娃娃 / 为太阳公公擦汗 / 和他捉迷藏

《蒲公英》：一个外国小姑娘 / 顶着黄灿灿的头发

《蒲公英》：小时一头黄发 / 长大变得白花花 / 风儿一吹 / 他成光头了

《追赶》：一放学 / 我就变成小马驹儿 / 撒着欢儿往家跑 / 妈妈的车轮永远追不上我 // 只有目光 / 紧紧追随

《有礼貌的树》：太阳出来了 / 树也醒来了 / 他挺直身子 / 挥舞绿色的手臂 / 跟每一个过路人 / 说“早安”

《水果味的嗝儿》：香蕉味的嗝儿 / 黄亮亮的 // 苹果味的嗝儿 / 红彤彤的 // 葡萄味的嗝儿 / 紫盈盈的

……

《中国童诗》2009 年第三期“小脚丫”栏目刊登了冉冉的童诗《看书》《我的裤脚会爬高》《问爷爷》《按钮》，这些诗的灵感来源于我们的日常对话，我随时用耳朵捕捉她嘴巴里的诗意。其实她并不最爱读诗，我也不逼着她去读，有时早餐过后，我会给她朗读几句诗，喜欢了，就背一背。我也不逼着她去“创作”，只凭她自己喜欢，我愿意等待她灵感的喷发。早读课，背完指定的课文，她会自觉地诵读“泰戈尔”，我见了，便会心微笑；冉冉被评为“镇优秀少先队员”，我在奖给她的本子上画了画，写了字：“冉冉，你不是一直期待能有一本本子用来摘抄吗？现在，它就在你的面前，但愿它能伴随着你，读书写字，开心成长！”她说要把试卷上那首《夏天的夜晚》抄下来，

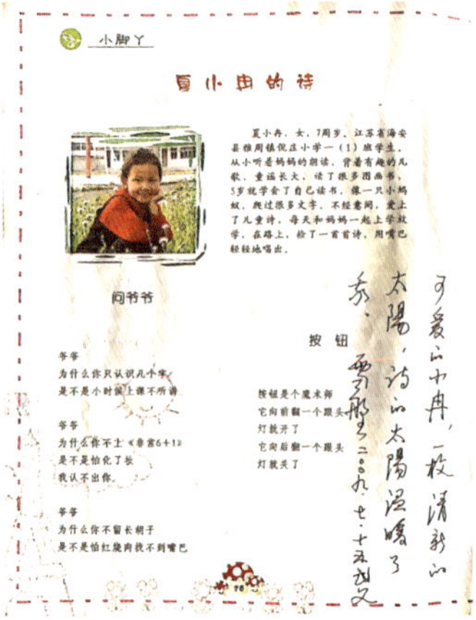

小脚丫

夏小冉的诗

夏小冉，女，7周岁，江苏省海安县雅周镇倪庄小学一（1）班学生。从小听着妈妈的朗读，背着有趣的儿歌、童谣长大，读了很多图画书，5岁就学会了自己读书，像一只小蚂蚁，爬过很多文字，不经意间，爱上了儿童诗，每天和妈妈一起上学放学，在路上，拾了一首首诗，用嘴巴轻轻地唱出。

问爷爷

爷爷
为什么你只认识几个字
是不是小时候上课不听讲

爷爷
为什么你不上《非常6+1》
是不是怕化了妆
我认不出你

爷爷
为什么你不留长胡子
是不是怕红烧肉找不到嘴巴

按钮

按钮是个魔术师
它向前翻一个跟头
灯就开了
它向后翻一个跟头
灯就关了

76

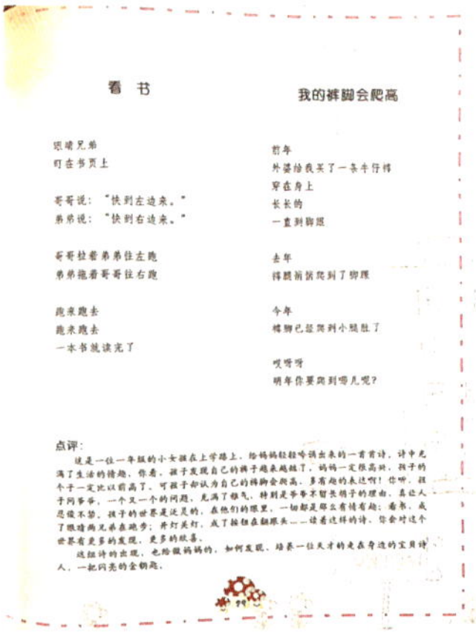

看书

眼睛兄弟
钉在书页上

哥哥说："快到左边来。"
弟弟说："快到右边来。"

哥哥拉着弟弟往左跑
弟弟拖着哥哥往右跑

跑来跑去
跑来跑去
一本书就读完了

我的裤脚会爬高

前年
外婆给我买了一条牛仔裤
穿在身上
长长的
一直到脚跟

去年
裤脚悄悄爬到了脚踝

今年
裤脚已经爬到小腿肚了

哎呀呀
明年你要爬到哪儿呢？

点评：

这是一位一年级的小女孩在上学路上，给妈妈轻轻吟诵出来的一首首诗，诗中充满了生活的情趣。你看，孩子发现自己的裤子越来越短了，妈妈一定很高兴，孩子的个子一定比以前高了。可孩子却认为自己的裤脚会爬高，多有趣的表达啊！你听，孩子问爷爷，一个又一个的问题，充满了稚气，特别是爷爷不留长胡子的理由，真让人忍俊不禁。孩子的世界是这样的，在他们的眼里，一切都是那么有情有趣：看书，成了眼睛两兄弟在跑步；开灯关灯，成了按钮在翻跟头——读着这样的诗，你会对这个世界有更多的发现，更多的欣喜。

这组诗的出现，也给做妈妈的，如何发现、培养一位天才的走在身边的宝贝诗人，一把闪亮的金钥匙。

77

我欣然赞同；偶尔，她也会兴致勃勃地说："我又想了一首儿童诗。"其实也不过是些平常的句子，但我不忘褒奖，随后悄然点拨；为了能写出更好的儿童诗，我也买了不少书籍，经常看似随便地和她讨论诗中的佳词妙句，冉冉竟然能评得有几分恰当。

给冉冉取名字的时候，我说："夏小冉，简单，有味道，可以当笔名用。"我是个喜欢文字的人，因为根底浅薄，写不出好文字，我期待我的孩子能够写出好的文字。但是，她不是我梦想的延续。她是她自己，她会成为她自己。她喜欢读书，能享受其中的乐趣，我就备感欣慰了。

7. 如何精读一本书

——《你是我的妹》精读笔记

彭学军 / 著
二十一世纪出版社
2011 年 5 月出版

十几年的“大声读”经验充分证明，本土优秀的儿童文学作品，更适合朗读给孩子们听，尤其是在孩子学语言初期这一极其重要的时间段。每天抽出 10 分钟，进行亲子朗读或班级朗读，活泼、丰富的口头语，优美、生动的书面语，能唤醒、激活孩子的语言天赋。为什么有些从小跟着不识字的爷爷奶奶的孩子会出现语文学习困难的状况？就是因为，他们周边的语言不够丰富，甚至是粗糙的、不文明的。

我选书一直比较挑剔，能打动我的首先是鲜活的语言。我上读书课从不迷信推荐书目，总是带着自己的评判标准。十几年来，在推广阅读的过程中，我一直孜孜不倦地将国内最优秀作家的作品带到孩子们面前。比如，王一梅、汤汤、郭姜燕、格日勒其木格·黑鹤，还有彭学军，他们的文字各具特色：王一梅的灵动智慧、汤汤的清浅深刻、郭姜燕的幽默生动、黑鹤的细腻质感、彭学军的自然天成……**把最优秀的原创作品带到孩子们面前，让他们在新鲜灵动的母语环境中愉快地接触语言，认知语言，吸纳语言，激活语言潜能**。

彭学军的《你是我的妹》是我自己反复读过，也带着孩子们细细品味过的书，是一本真正值得花时间精读的书。

这是一个发生在湘西苗寨的故事。

有一个女孩，名字叫阿桃。

阿桃的五官并没有十分动人的地方，但它们搭配在一起就使阿桃有了一张十分清秀的脸。苗族是习惯戴头帕的，阿桃很少戴，阿桃喜欢梳一条黑亮的辫子垂在腰际，或将它们盘在头顶。但那天阿桃最吸引我的地方是她身上的那条围裙。围裙上绣了两朵色彩缤纷的并蒂莲，我被它的艳丽和精致所吸引。

阿桃有四个妹妹：二桃、三桃、四桃、五桃。阿桃父母一直热切地盼望着能生一个男孩，可他们总是接连生女孩。每生一个女孩，阿桃的爸爸就要砍一棵桃树。后来，阿桃的妈妈又生了一个女孩：

阿桃妈身旁躺着一个小小的婴孩，露出一张比巴掌大不了多少的皱皱巴巴的小脸，那就是阿桃的妹——我没想到她会那么小，又那么老。很可怜的一小团，只有一只小猫的分量，浑身呈紫红色，皮肉皱皱巴巴的，额头上横亘着三道触目惊心的皱纹。

她是那么温软，我觉得像是托着一块豆腐，或是一片云，不知道如何摆弄她才恰到好处。我战战兢兢地把妹放在水里，她就哇的一声哭了起来，她拼命舞动着核桃一般的小拳头，嘴巴张得老大，能看见里面红红的口腔，极像刚出壳的小鸟的嘴。

阿桃的妈妈很悲伤，生了女孩，阿桃爸爸又会发火，一发火就砍门前的桃树。阿桃照顾着妹妹们。她和龙老师互相喜欢，龙老师向她求婚了。

龙老师长得很帅气，皮肤是山里人少有的白皙，最出色的是他的眼睛，标准的丹凤眼，这让他看上去英俊而又温柔，更重要的是他读过高中。

但是，如果阿桃嫁给龙老师，就没有人照顾妹了，只能把妹送人。

阿桃是真的想妹，把妹送走后，阿桃没有一个晚上睡得安稳，晚上常常让妹的哭声惊醒，妹在阿桃的梦中哭喊着。有一回，阿桃梦见妹掉进水塘里去了，阿桃冲去救，可那段路好长好长。阿桃看见妹在水塘里很惨地扑打着，哭声尖厉凄绝，可阿桃怎么也跑不到水塘边……

“妹！妹啊——”

阿桃让自己悲怆的哭声惊醒了，缓过神后，记起梦中的水塘就是五姨娘家菜园边的那口水塘，那口水塘没有用篱笆围起来，将来妹大了，会走路了，保不准会到水塘边去玩，万一一脚踏空……

阿桃不睡了，她从床上坐起来，呆呆地愣了好一阵子，然后下床开始装扮自己。

阿桃将齐腰的长发梳拢在后面，盘了一个圆实的髻，然后从藤条箱子里拿出大红嫁衣，那是阿桃妈一针一线缝制的，阿桃自个儿绣的花边。穿好嫁衣后，阿桃又从枕头下拿出红布包，取出银饰戴好。

然后阿桃就坐在了镜子前。

灯泡的瓦数小，光线昏昏黄黄的，镜子用的时间太长，都起了斑点，又小，模模糊糊的看不真切，但阿桃还是被镜子里那个美丽的新娘怔住了。一弯似喜似忧的眉，双眸漆黑如星，耳垂下那对别致的耳环在黯淡的灯光下闪烁着银白色纯净的光。

这样坐了不知有多久，阿桃轻轻地叹了口气，然后取下这些银饰，用红布包好，脱下嫁衣，叠好放回藤箱，再松开头发，钻进被窝睡了。

这以后，阿桃睡得十分安稳，没有再做噩梦。

第二天早上，阿桃把红布包交给她妈，让她退给龙家。阿桃说她要退婚，过一阵子她就去把妹接回来。

阿桃妈捧着红布包半天没吭声，一会儿就嘤嘤地哭了起来……

为了妹，阿桃把自己的幸福交了出去，她把妹接回来了。

路过一条小溪时，我们把妹解下来，我掏出小手绢用溪水把妹脸上的炭粉一点点擦干净。妹不哭不闹，安安静静地躺在阿桃的臂弯里，眼睛扑闪扑闪望着湛蓝的天空。我看见她一尘不染的眼底飘浮着几朵淡淡的白云。

洗干净后，阿桃将妹的头托在手里仔仔细细地看，“瘦了。”阿桃痛惜地说。妹好像知道阿桃在说她，竟冲阿桃笑了笑。

妹的笑给了我们莫大的欣喜，妹居然会笑了，我还是第一次看见妹笑。妹天然纯净的笑，像是幽僻绝世的深山里一朵初放的小花。

这是一个感人的故事，后来，阿桃一家生活得怎么样了呢？读一读彭学军的《你是我的妹》吧。有兴趣的，还可以看看这本书改编的电影《阿桃》。

附：《你是我的妹》精读笔记　作品解读：沉砂　笔记整理：清心

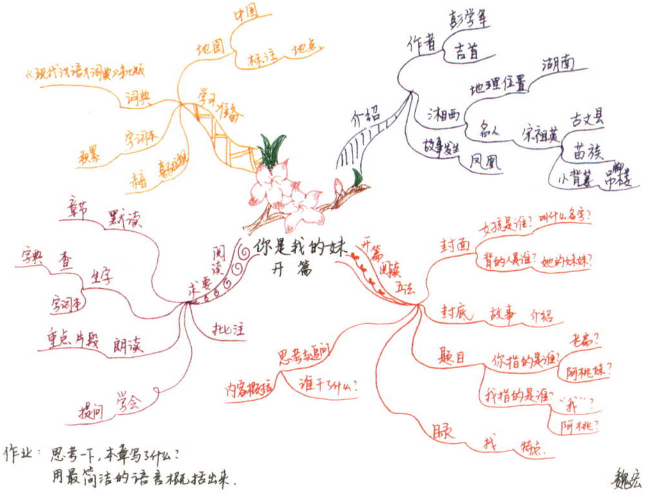

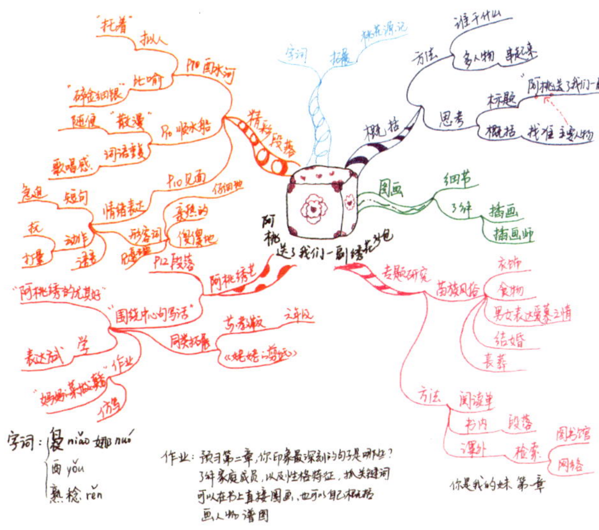

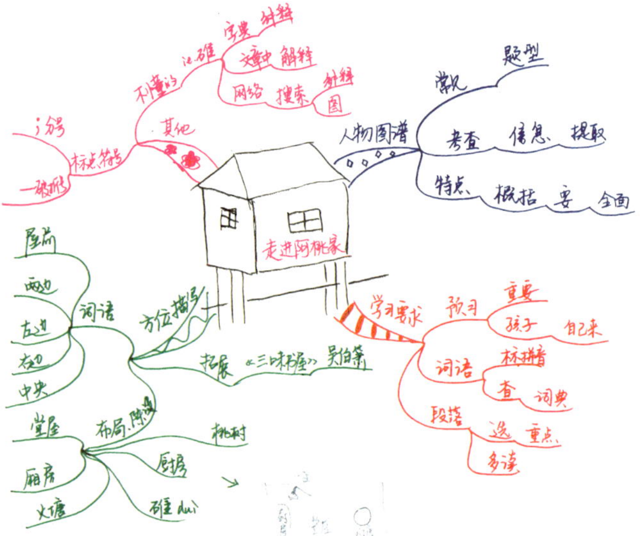

作业：仿写 描写小朋友的卧室

运用方位词 描写布局、陈设，给文字配图

预习：和家长聊一聊对偷的认识

你是我的妹 第二章

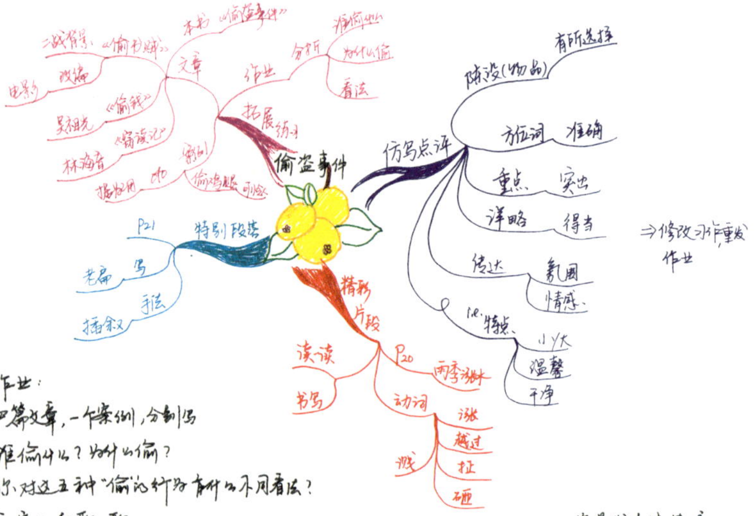

作业：

四篇文章，一个案例，分别写

谁偷什么？为什么偷？

你对这五种"偷"的行为有什么不同看法？

和家长一起聊一聊

你是我的妹 第三章

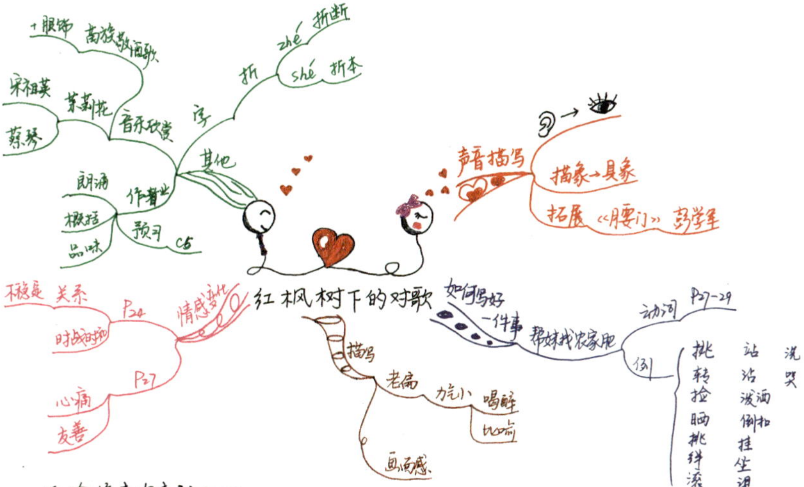

无论将来你走到哪里
请记住家乡的乐曲、家乡的话语

你是我的妹 第四章

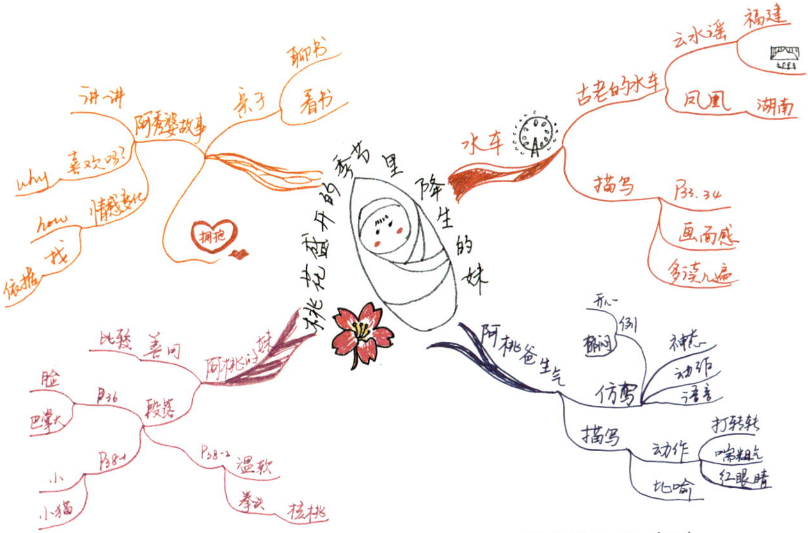

你是我的妹 第五章

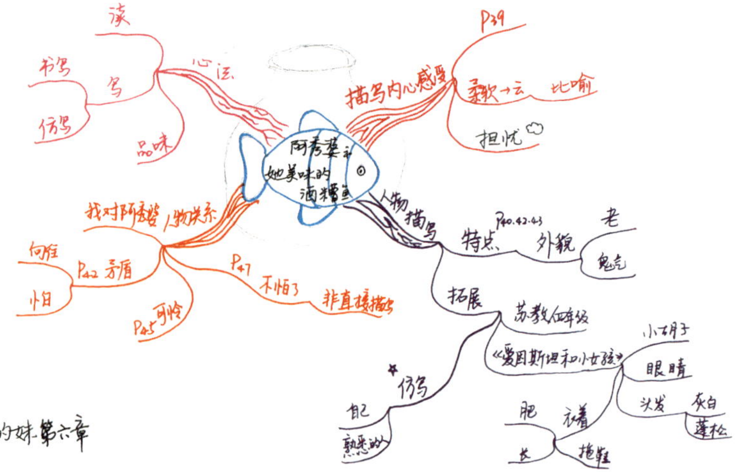

你是我的妹第六章

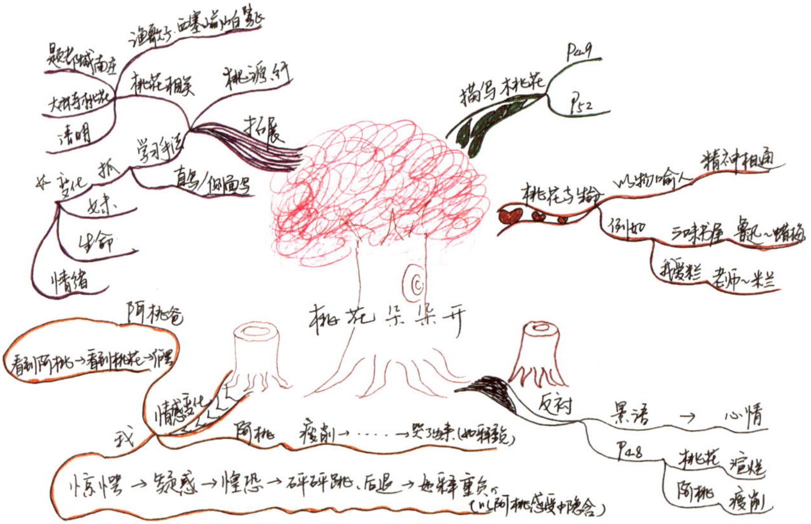

你是我的妹 第七章

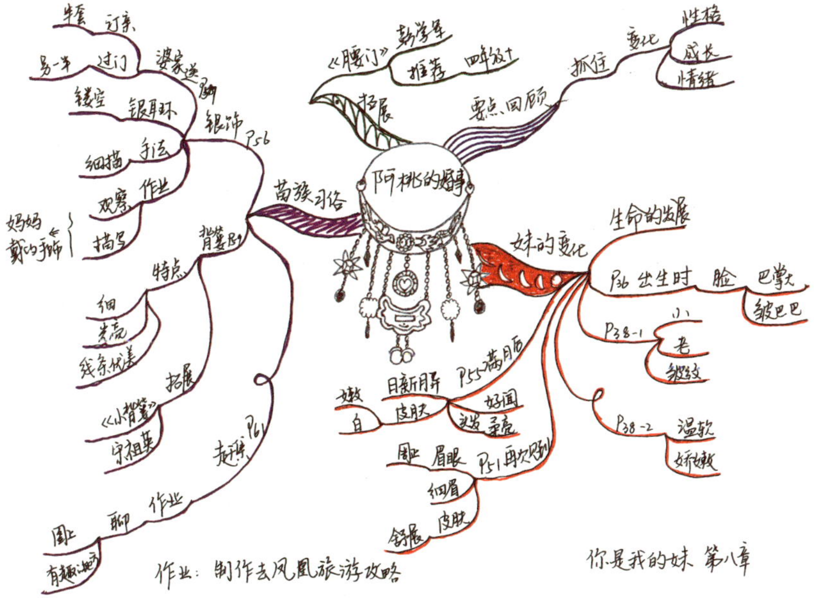
阿桃的婚事
《腰门》
彭学军
推荐
四年级+
拓展
要点回顾
抓住
变化
性格
成长
情绪
苗族习俗
银饰
P56
婆家送聘
过门
另一半
订亲
镂空
银耳环
细描
手法
观察
作业
描写
妈妈戴的手饰
背篓
特点
细
光亮
线条优美
拓展
《小背篓》
宋祖英
赶集
P61
作业
聊
有趣
作业：制作去凤凰旅游攻略
妹的变化
生命的发展
P36 出生时
脸
巴掌大
皱巴巴
P38-1
小
老
皱纹
P38-2
温软
娇嫩
P55 满月后
日新月异
皮肤
好看
白
柔亮
P51 再次见到
眉眼
细眉
皮肤
舒展
你是我的妹 第八章

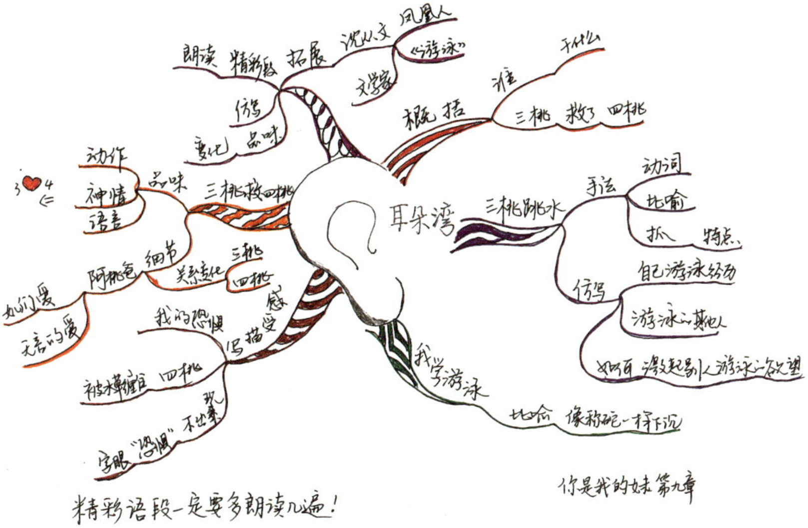
耳朵湾
拓展
沈从文
凤凰人
《游泳》
文学家
精彩段
朗读
仿写
变化
品味
概括
谁
干什么
三桃 救了 四桃
三桃救四桃
品味
动作
神情
语言
细节
阿桃爸
关系变化
三桃
四桃
无言的爱
感受
描写
我的恐惧
四桃
字眼"恐惧"不出现
三桃跳水
手法
动词
比喻
抓
特点
仿写
自己游泳经历
如何激起别人游泳的欲望
我学游泳
比喻
像秤砣一样下沉
你是我的妹 第九章
精彩语段一定要多朗读几遍！

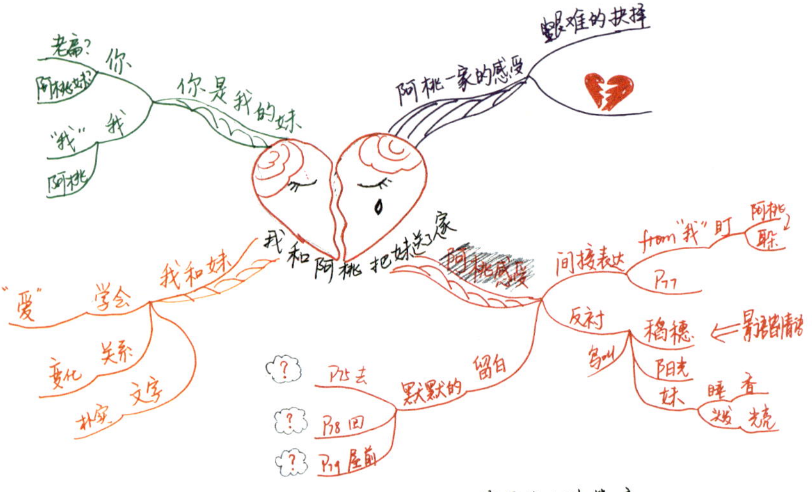

你是我的妹 第十章

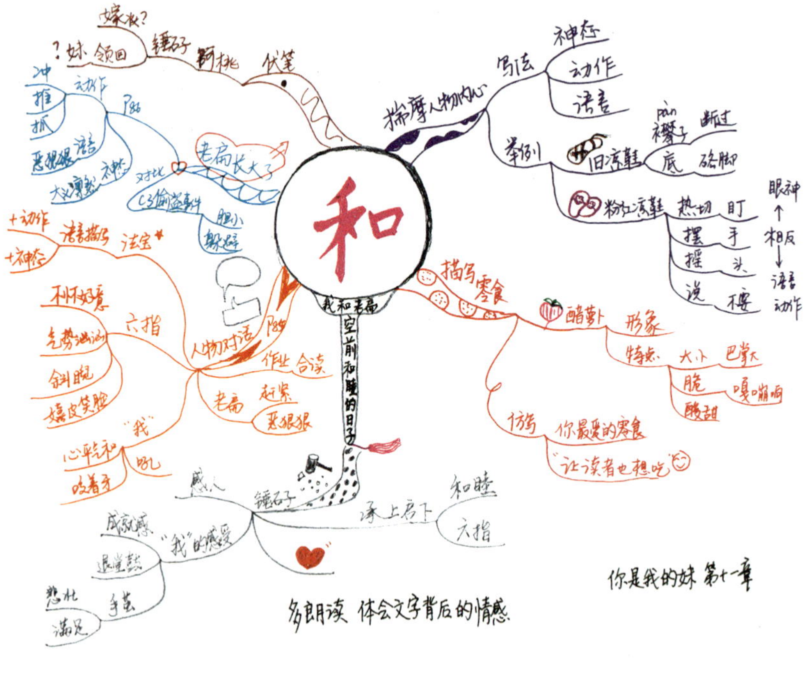

你是我的妹 第十一章

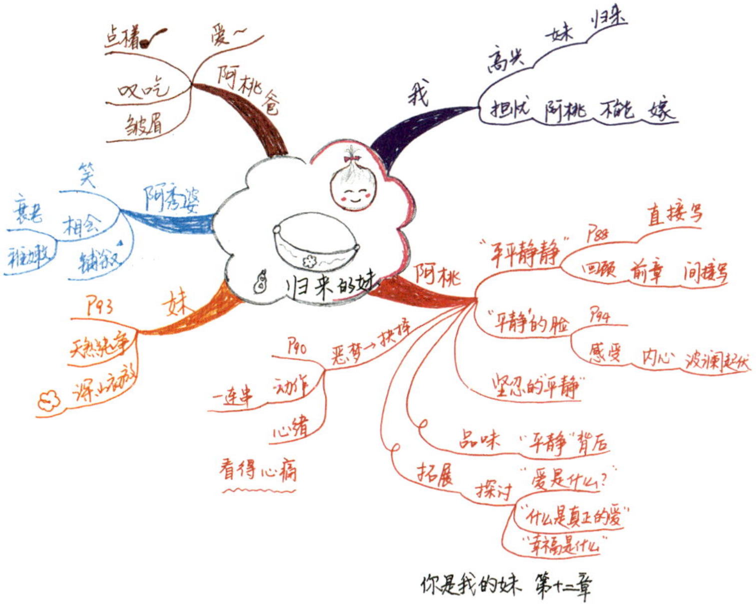
归来的妹
阿桃爸
爱~
点播
叹气
皱眉
我
高兴
妹
归来
担忧
阿桃
不能
嫁
阿秀婆
笑
相会
衰老
铺叙
妹
P93
天然纯净
深山花
阿桃
"平平静静"
P88
直接写
回顾
前章
间接写
"平静"的脸
P94
感受
内心
波澜起伏
坚忍的"平静"
恶梦→扶梯
P90
动作
一连串
心绪
看得心痛
品味
"平静"背后
拓展
探讨
"爱是什么?"
"什么是真正的爱"
"幸福是什么"
你是我的妹 第十二章

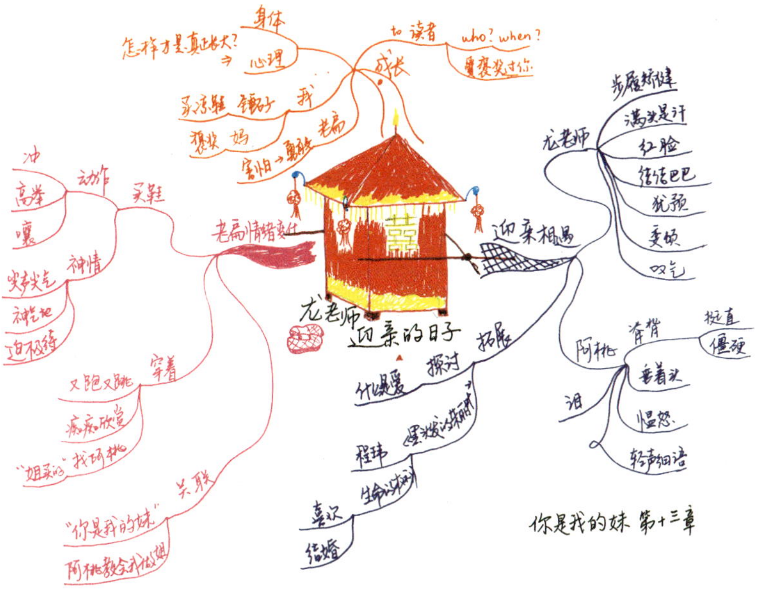
龙老师
迎亲的日子
成长
身体
心理
怎样才是真正长大?
to 读者
who? when?
我
老扁
妈
害怕→勇敢
老扁情绪变化
买鞋
动作
冲
高举
嚷
神情
神气地
迫不及待
穿着
又跑又跳
关联
"你是我的妹"
迎亲相遇
龙老师
步履矫健
满头是汗
红脸
结结巴巴
犹豫
叹气
阿桃
挺直
僵硬
垂着头
恼怒
轻声细语
泪
拓展
探讨
什么是爱
程玮
喜欢
结婚
你是我的妹 第十三章

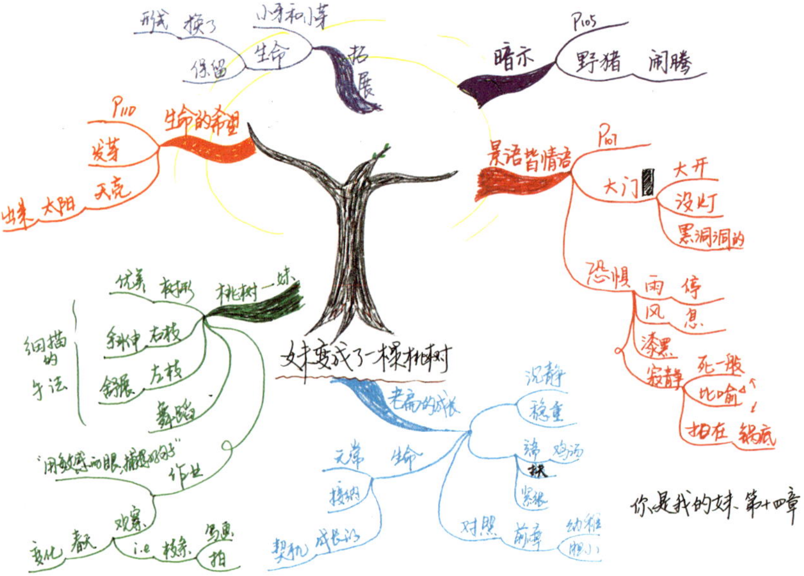

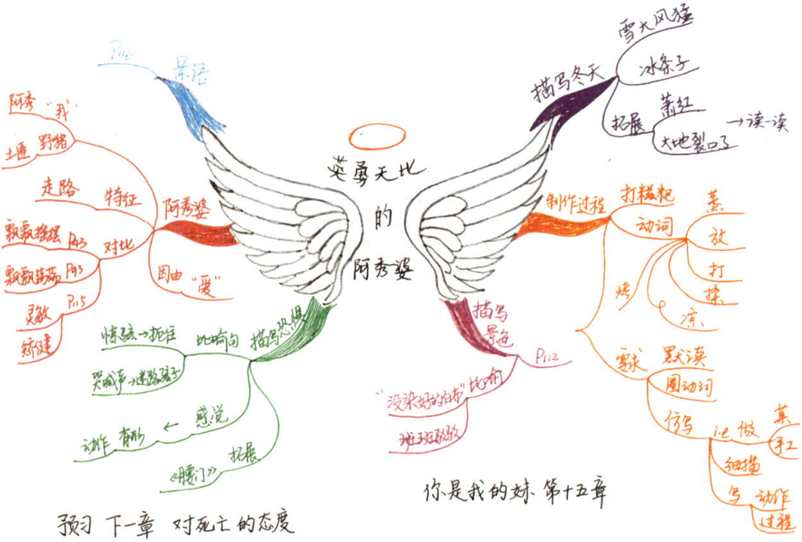

预习 下一章 对死亡的态度

精彩语段，多朗读

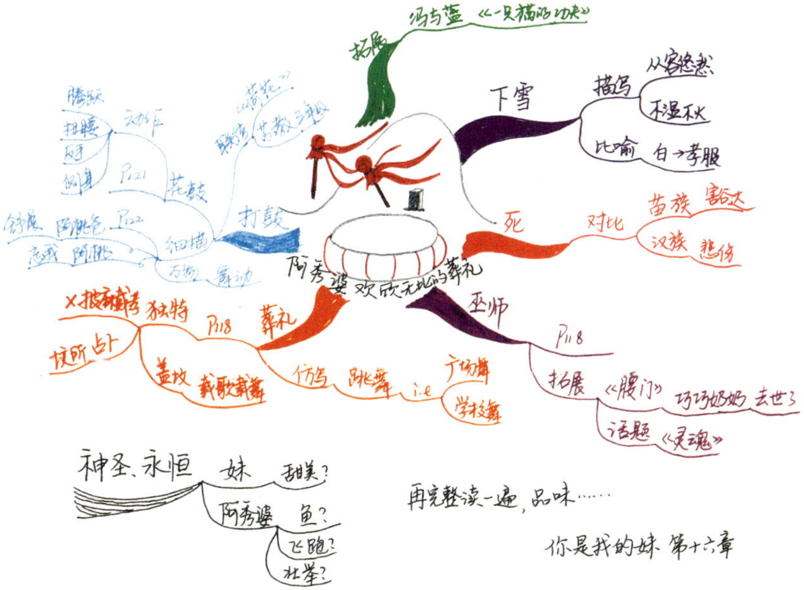

阿秀婆欢欣无比的葬礼
拓展
冯与蓝《一只猫的功夫》
下雪
描写
从容悠然
不温不火
比喻
白→孝服
死
对比
苗族
豁达
汉族
悲伤
巫师
P118
拓展
《腰门》
奶奶去世了
话题
《灵魂》
葬礼
P118
独特
盖坟
载歌载舞
仿写
跳舞
i.e
广场舞
学校舞
打鼓
花鼓
细描
动作
P121
P122
神圣、永恒
妹
甜美？
阿秀婆
鱼？
飞跑？
壮举？
再完整读一遍，品味……
你是我的妹 第十六章

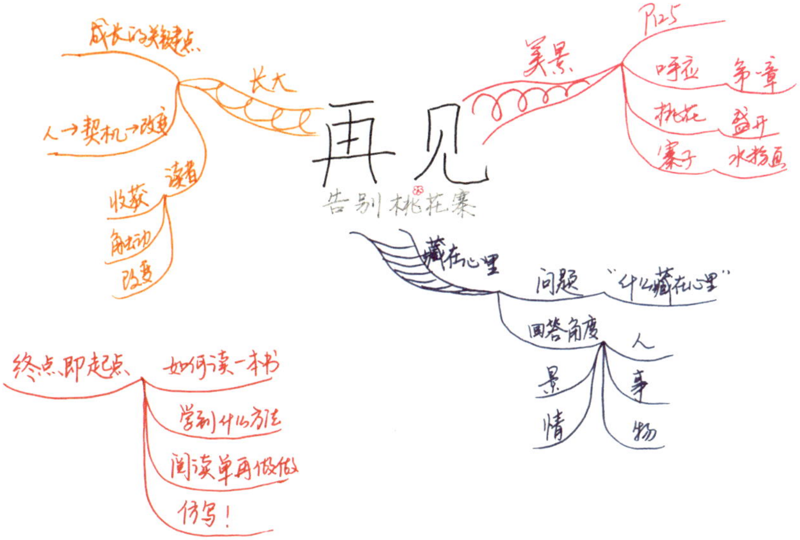

再见
告别桃花寨
长大
成长的关键点
人→契机→改变
读者
收获
触动
改变
美景
P125
呼应
第一章
桃花
盛开
寨子
水粉画
藏在心里
问题
"什么藏在心里"
回答角度
人
事
物
景
情
终点即起点
如何读一本书
学到什么方法
阅读单再做做
仿写！

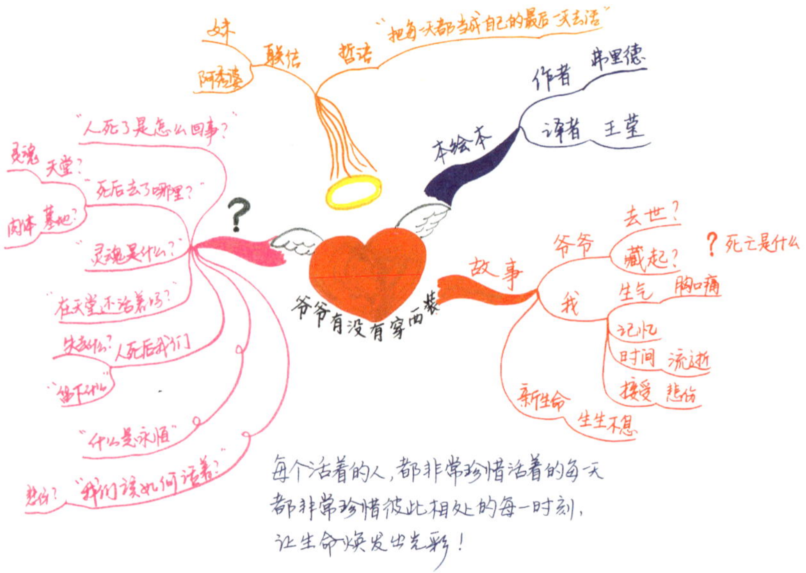

爷爷有没有穿西装
故事
爷爷
去世？
藏起？
死亡是什么
我
生气
胸口痛
记忆
时间
流逝
接受
悲伤
新生命
生生不息
本绘本
作者
弗里德
译者
王莹
哲话
"把每一天都当成自己的最后一天去活"
联结
妹
阿秀婆
"人死了是怎么回事？"
"死后去了哪里？"
天堂？
灵魂
墓地？
肉体
"灵魂是什么？"
"在天堂还活着吗？"
人死后我们
"什么是永恒"
"我们该如何活着？"
每个活着的人，都非常珍惜活着的每一天
都非常珍惜彼此相处的每一时刻，
让生命焕发出光彩！

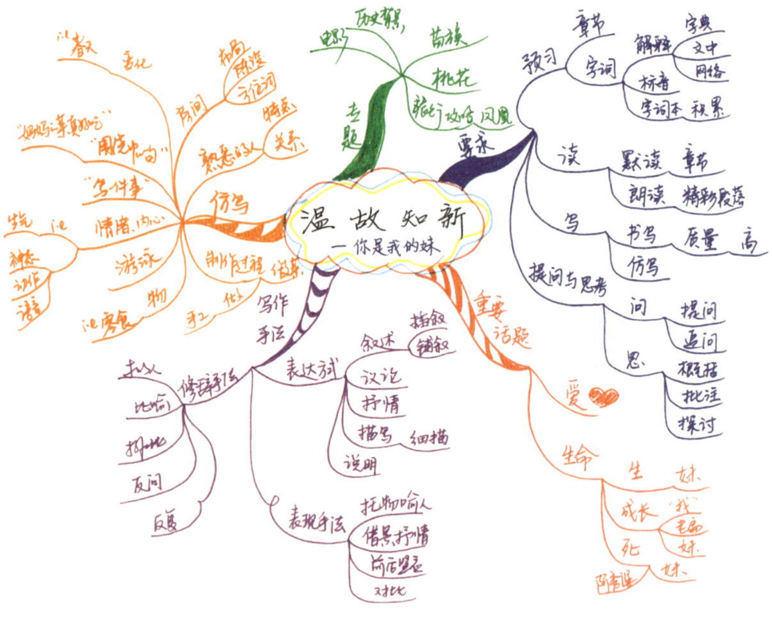

温故知新
——你是我的妹
要求
预习
章节
字词
解释
字典
文中
网络
标音
字词本
积累
读
默读
章节
朗读
精彩段落
写
书写
质量
高
仿写
提问与思考
问
提问
追问
思
概括
批注
探讨
主题
花桃
桃花
凤凰
重要话题
爱
生命
生
妹
成长
"我"
老师
妹
死
妹
阿秀婆
写作手法
叙述
插叙
铺叙
表达方式
议论
抒情
描写
细描
说明
表现手法
托物喻人
借景抒情
前后照应
对比
修辞手法
拟人
比喻
排比
反问
反复
仿写
布局
关系
熟悉的人
情绪、内心
"写一件事"
游泳
物
写作过程

8．兴趣是最好的老师

——从选书到导读

阅读很重要，这是毋庸置疑的。到了一年级才开始阅读启蒙，为时已晚。现在，很多家长非常重视孩子的早期阅读。前不久，我看到一位外公分享的刚读幼儿园的外孙 2018 年 10 月份的阅读统计，新书阅读 15 本，重复阅读 24 本，其中，数学占比 36%，图画书占比 28%，科普书占比 5%，文学书占比 5%，另外，还读了 8 本原版书。这样的孩子到了小学一年级，和那些一本书都没有读过的孩子一定有天壤之别，这差别不仅仅指语文学习方面。

《朗读手册》里有一句话：“你读得越多，理解力就越好；理解力越好，就越喜欢读，就读得越多。你读得越多，你知道的越多；你知道的越多，你就越聪明。”我一直坚定地认为“最远的路是最近的归途”，背景知识越丰富，理解能力越强。背景知识体现在两个方面：一是生活的阅历，走过的路，看过的风景，遇到的人，经历的事；二是阅读的经验，读到自己熟悉的东西，或者听别人讲到自己了解的事物，往往会会心一笑。有些孩子，在听故事时，无法将文字切换成画面，想象突然中断，就极其容易走神。

“要重视培养学生广泛的阅读兴趣，扩大阅读面，增加阅读量，提倡少做题，**多读书，好读书，读好书，读整本的书**。”《全日制义务教育语文课程（修订稿）》里的这段话，大家耳熟能详。曹文轩老师也曾经说过：一个孩子必须阅读规模较大的作品，随着年龄的增长，越是如此。因为，大规模的作品，在结构方式上，是与短篇作品很不一样的。**短篇作品培养的是一种精巧和单纯的思维方式，而长篇作品培养的是一种宏阔、复杂的思维方式**。

我小时候读书少，整体把握的能力严重欠缺，最怕给课文分段、概括段意。长大以后，书读多了，才慢慢练就了这方面的能力。

我的女儿从小耳濡目染，喜欢读书。书读得不少，但偏爱科幻和漫画。中考结束后，整理她的房间，从各个角落搜罗出近百本“垃圾书”。对于孩子的阅读，应尽早加以引导，甚至矫正。

如何选择班级共读的书籍呢？除了学校或区域规定的必读书目外，也要有“自选动作”，可以从以下几个方面去选择：

1. 符合孩子年龄特点的书（有时候阅读能力与年龄并不成正比）；尽可能关照每一个个体，竭尽所能帮助其找到真正能打动他们的生命之书。

2. 有助于提升阅读品位、阅读能力的书。师生共读的书，尤其是教师朗读给孩子听的书，可以稍微高于孩子的阅读水平。

3. 有助于吸纳语言的书。

4. 教师自己喜欢的书。从喜欢出发，慢慢跳出自己的阅读舒适区，去挑战、探索未知领域，拓宽阅读视野和格局。

关于选书，还可以参考刘绪源老师的《儿童阅读的三大母题》，书中有三大分类：爱的主题（母爱型作品、父爱型作品），顽童的母题，自然的母题。每学期和孩子共读3—4本书，可以是同一主题，或同一体裁，或同一作家的书，也可以是三种母题的互补。整本书的阅读关乎孩子语言、思维和精神的生长，这是一个共生共长的过程，也是师生共同成长的过程。

选好了书，从哪些角度进行解读呢？我的方法是多一些追问，如，这本书写了什么——理清人物、梳理情节，为什么写——探究主题，怎么写的——揣摩谋篇布局、遣词造句、文体特点、写作风格。总之，教师自己先要反复阅读，甚至放声朗读，待自己有了体会后再检索相关评论，整合自己的理解，设计教学。设计好了，可以到“知网”上检索优秀案例，取长补短。总之，以最能够抵达孩子的方式开展导读、自读、交流和延伸活动。

导读课的目的有两个，一是激发自主阅读的兴趣，二是习得阅读方法和策略。导读方式很多：朗读片段，讲述故事，谈谈感想，聊聊作者，分享书评，播放电影、动画，观看立体书等。如果是家常课，可以随意混搭，五分钟、十分钟都可以。如果是公开课，则要找到一个合适的切入点。

导读《鸟儿街上的岛屿》，可以**从封面切入**，解题激趣。鸟儿街是什么样子的？朗读书中描写鸟儿街的句子。封面上的小男孩是谁？介绍主人公阿莱克斯，突出其犹太人的身份。引发质疑：一条街上为何会有“岛屿”？这岛屿究竟指的是什么？出示图文，观察、朗读。

导读《查理和巧克力工厂》，可以**从主人公查理开始**，介绍查理以及他的家人，他们居住的房屋，他们少得可怜的食物，从而引出查理对巧克力的热爱。对于孩子们已经认识的作者，可以进一步**介绍作者**，讲述创作的故事。也可以从**插图**入手，或**从相关影视作品入手**。但我认为，最好看完书再看电影，这样有更多想象的空间。有些书，可以直接从**精彩片段**开始朗读，一下子吊起孩子的胃口。

不同类型的书籍，导读课的设计也不一样。对于故事情节连贯、一气呵成的作品，选择 3—5 个片段串联，用讲述过渡，以了解全书概貌。在尊重作品的前提下，为了课堂效果，可以对所选片段进行删减、合并和顺序调整。但片段选择不能过于琐碎，要注重趣味性、适切性、经典性、层递性、完整性。有些书籍，各章节可以独立成篇，意思表达相对完整，可以抽出其中一个章节，进行潜入式精读，周益民老师的《小王子》之《驯养》和《乌丢丢奇遇记》之《逆风的蝶》，堪称经典。

目前，导读课也存在不少误区。不是每一本书的导读都要从封面开始，有时候，可以在课堂结束的时候揭示封面；也不是每一节导读课都一定要出示作品目录，让孩子选择喜欢的章节试读；对于陌生的作者，学生没有读过他的作品，对他没有任何感觉，大篇幅的作者介绍意义不大，除非这个作者身上的确有很多好玩有趣、能够激起学生兴致的故事。

有些老师在揭示了书名之后，喜欢出示各种评论，以证明这本书的价值。实际上，这在某种程度上替代了孩子对书的理解，先入为主了。这些评论完全可以放在交流课时，等学生发表了对该作品的评价之后再出示。

上导读课之前，要充分了解学情。如果班上已经有部分孩子读过这本书，那么那些猜猜猜的环节就要做一些调整，可以让没有读过的孩子来猜，请读过的孩子来评价，合理运用教学资源，让学生与学生之间充分对话、互动。

导读课往往需要营造一种氛围，把孩子带入故事情境，切忌让孩子在现实和文本之间进进出出。一会儿以书中人物的身份情境对话，一会儿又从旁观者的角度发表意见，容易产生错乱的感觉。

徐冬梅老师一直反对导读太过充分，我深以为然。孩子还没有阅读，就用大量的信息干扰他们的自主阅读和自我感悟。有些老师在上导读课时，对主题的挖掘过深，抢了交流课的戏。

我平时上导读课，多采用大声朗读片段的方式。选择3—5个片段，其中至少有一个片段稍长，通过教师范读、指名读、自由读、分角色读、开火车读等多种朗读方式推进，并用讲述来过渡、串联片段，使学生对整个故事有大体的了解。在悬疑处稍稍停留，引导猜测。常用比较阅读的策略，对人物、环境、情绪等前后对比，在矛盾冲突点、价值取向不同点，设计话题，展开思辨。当然，这样的话题比不上交流课的话题更有张力。

近些年，无论是导读，还是交流课，我都**从最初关注情节，到更关注阅读策略、语言和写法**。比如彭学军老师的《腰门》，我把书中有关湘西的衣食住行、风土人情的片段摘取出来，设计出以“湘西风情”为主题的朗读课，用朗读代替导读。让孩子朗读这些片段，其实也是让他们学习这种写法。在上《查理和巧克力工厂》导读课时，引导学生对比书中查理两次吃巧克力的片段，学习写法；并渗透圈画关键词，学写批注的阅读方法，展示人物关系图、游览图，让孩子们在潜移默化中习得阅读策略和方法。总之，不同的老师、书籍、学生，可以有多种导读的方式。

9．授人以渔

——整本书的精读策略例谈

十多年的整本书阅读实践，从一年级到六年级，摸爬滚打了两轮多，我也悟出了不少门道：**低年级，大声读给孩子听是激发自主阅读兴趣的最好选择；中年级，采用潜入式伴读的方式，带领孩子们在文本中“出生入死”，习得阅读方法，养成良好的阅读习惯；高年级借阅读单助力推进，提升孩子自主阅读、深度思考的能力，通过读书交流会等形式，交流、碰撞出智慧的火花**。

这几年，除了继续坚定不移地大声读给孩子听以外，我也在不断揣摩“导读课”“交流课”的上法，研究“整本书的话题设计”。整本书教学从最初关注情节，转向聚焦语言和写法，注重教给孩子阅读策略，授人以渔。

精读，即精细深入的阅读。对文章的语言、结构、内容、写作方法等，进行细琢细磨的研读。

这几年，我正努力尝试带领孩子们精读优秀的整本书。整本书精读读什么？是不是只要精读，不要略读？

一、巧用“思维导图”学概括

经常有孩子说：“这本书太好看了。”让他讲讲故事内容或“说说好看在哪里”，要么支支吾吾说不出来，要么啰啰唆唆讲一大堆。因为孩子们阅读时关注的大多是故事情节，阅读时沉浸其中，但读完迷迷糊糊。所以我尝试**运用思维导图，梳理人物、情节等关键信息，进而理清线索，梳理脉络**。

思维导图有很多种，各有各的特点。不同的书可以选用不同的思维导图呈现。人物众多、关系复杂的书，可以围绕中心人物梳理人物关系图谱；情节性较强，一波三折，情绪大起大落的书，可以做情节情绪图；单篇连成整本的故事类书籍，比如历史故事，可以按照时间轴或地理位置轴来画……总之，在做思维导图阅读笔记时，可以参照常见的思维导图，但也不一定非得拘泥于某种范式，完全可以根据不同的书，创新出带着书籍特色和个人风格烙印的图文笔记，下面举几个例子：

1. 表格式

《爱德华的奇妙之旅》是韩剧《来自星星的你》中男主角都敏俊的枕边书，讲了一只瓷兔子异乎寻常的旅程——从海洋深处到渔夫的渔网，从垃圾堆的顶部到流浪汉营地的篝火边，从一个生病的孩子的

《爱德华的奇妙之旅》统整表

主人	新名字	遭遇	变化
我的发现			

床前到孟菲斯的街道上……借助表格统整，孩子们的讲述会更有条理性。

2. 阶梯式

汤汤的《一只小鸡去天国》讲了一个清浅又深刻的关于“生命”的故事：刚满月的小公鸡生病了，在死神要送它去天国前完成了很多心愿，它每做完一件事，心里就好过一些……下图中，阶梯的上方是小鸡做的事情，下方是它的情绪变化。有三处表达情绪的词语直接从文中提取，考查了学生提取信息的能力，还有两处文中没有直接表达，孩子们可以从字里行间感受到小鸡的心情，考查了感悟概括的能力。用情节情绪阶梯图把整本书的情节发展脉络梳理出来，也是对故事整体把握的一种方式。

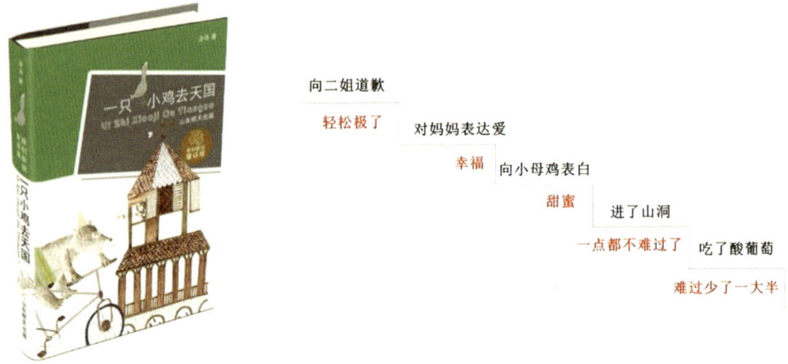

《一只小鸡去天国》情节情绪阶梯图

3. 桥型图

汤汤的《美人树》深受孩子们喜欢，这是一个关于友情、信任、自由与梦想的故事：很多年前，一棵叫作冬小青的冬青树，为了获得自由，欺骗了村里的女孩儿小美，与小美互换身份之后走了。小美成了一棵树，她不得已，又欺骗了女孩桑桑，桑桑迫于无奈才欺骗了土豆。善良的土豆，凭着自己的勇敢和智慧，终于让这四个灵魂各归原位。重新变成冬青树的冬小青把自己从土中拔了出来，土豆把它制成一只小船重新赋予了它自由的生命。书中，同一个情节，不同关系的人物，并列或对立，会有不同的心情，可以采用双线结构。

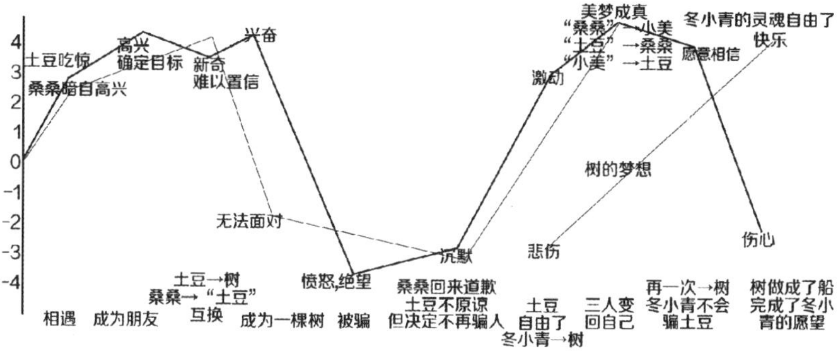

《美人树》故事情节 + 人物心情双线图

横轴：故事情节发展；

纵轴：人物心情变化。

心情指数：正数是正面积极的情绪，负数就是负面消极的情绪，列出数字就是给各种情绪打分，起点在原点“0”；

（作者：上海市长宁区适存小学三（6）班刘昱麟）

4. 地图式

《驯鹿牛仔裤》是“自然之子”格日勒其木格·黑鹤的作品。敖鲁古雅是驯鹿生存和繁殖的家园。一只美得如从童话里走出的驯鹿再也回不去了，幼年的一次劫难让它失去了家园和母爱，但它意外地得到了一位鄂温克老人芭拉杰依的爱怜和照顾。从此，这只小鹿就有了一个不可思议的名字——牛仔裤，也有了比名字更加不可思议的命运。

牛仔裤身上发生的一系列故事，其实与它各地辗转的经历有关。地图化的读书笔记再现了书中的故事，把牛仔裤在辗转中的遭遇、变化和解决方式在地图上一一标注出来。

5. 树状图

《写给孩子的趣味图解中华上下五千年》是《上下五千年》儿童版，共四册，计 204 篇历史故事。时间轴与思维导图相融合，梳理书的内容，用不同颜色区分不同历史时期，这样就一目了然，其实这就是“年谱”了。

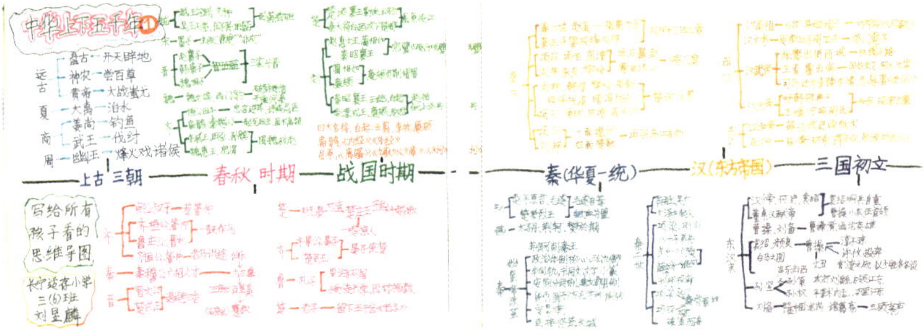

《写给孩子的趣味图解中华上下五千年》树状图

（作者：上海市长宁区适存小学三 6 班刘昱麟）

在尝试运用思维导图进行阅读梳理的过程中，我们发现每一本书梳理出来就是一个创意的思维导图。我们还发现很多书都有共同的叙事模式：在家——离家——归家。比如《爱德华的奇妙之旅》，爱德华在家时不懂得爱，离开家之后，慢慢学会了倾听，学会爱，最后又回到了当年的小主人的家里，重新得到了爱。《一只小鸡去天国》《数星星》，还有下文提到的《妈妈走了》都是这样的叙事模式。

二、“阅读单”助力话题讨论

形式新颖活泼的阅读单是帮助孩子深入阅读的拐杖。在教学中，面对不同的书，不同的教学目标，可以有不同的设计方法。在孩子们自由阅读的基础上，可以每章或几章设计一张阅读单，也可以针对整本书设计一张或一组阅读单，推进学生自主深度阅读，潜入文字背后，综合、思考、推论，让整本书阅读走向纵深。在阅读《时代广场的蟋蟀》这本书的时候，我就采用了阅读单伴读的方式，每个章节精心设计阅读单，带领孩子们潜入文字深处，学习批注阅读，真正实现精读内化（阅读单见《时代广场的蟋蟀》听课札记后）。

阅读单的设计考验着教师解读文本的能力，需要从提取信息、推断解释、整体感知和评价鉴赏，还有联结运用等几个维度去设计。低年级的阅读单要注意形式的丰富活泼，以画画、口头表达等活动为主。下面就以两张适合中高年级整本书的阅读单为例作说明。

比较阅读，发现变化，似乎是很多书都可以深入挖掘的一个话题，经过这样的精读操练，孩子们在阅读其他书的时候，就可以举一反三，应用自如。我经常设计比较阅读的阅读单引领孩子深入阅读。

1.“变”中提炼主题

《妈妈走了》讲述了漂亮干练、满面笑容的妈妈因病永远地走了，全家人陷入了以泪洗面的日子，他们会如何面对亲人的突然离去呢？这是一本以死亡为主题的小说，作者把妈妈的死亡和爸爸雕塑受难圣母雕像两条线索巧妙融合在一起，妈妈走了，但是妈妈的微笑会永留人世。导读这本书时，我就通过阅读单引导孩子在比较中提炼书的主题。

妈妈走前，这一家的生活怎么样，提取概括信息。妈妈走后，家里发生了什么变化？有表层变化——变得悲伤了；也有潜在变化、人物内心的变化——从不能接纳妈妈离开，到慢慢接纳这个事实，他们的内心在成长。这些隐含信息需要反复阅读，综合推断，得出结论。妈妈走后这一家人是如何走出悲伤的呢？课前思考，课中讨论，通过品读重点语段，孩子们领悟到：虽然妈妈已经不在了，但这种曾经的幸福是永恒的，妈妈对他们的爱也是不会逝去的，依然留在他们的记忆中，温暖着他们，给他们力量。和孩子们聊书的过程中，还探讨了圆满与不圆满，幸福与不幸这些具有哲学思辨色彩的话题，孩子们是天生的哲学家，他们并不像我们想象中的幼稚无知。

《妈妈走了》阅读单

比较阅读　发现变化　找出重点

——《妈妈走了》阅读单 2

友情提醒：通读全书，搜集整理信息，记录妈妈离开前后，“阳光之家”家庭成员的细微变化，并找出对一家人影响重大的关键人物和事件。

整合这些信息，你读懂了什么？**【提取的信息可以备注页码，方便交流】**

<table>
<tr><td></td><td colspan="3">“家里的一切都变了。”P25、26</td></tr>
<tr><td></td><td>妈妈走前</td><td>妈妈走后（不能只写负面变化，要善于发现积极的一面）</td><td>让一家人走出“悲伤”的关键人物和事情（简要写出理由，可以标注页码）</td></tr>
<tr><td>家庭氛围</td><td></td><td></td><td rowspan="6"></td></tr>
<tr><td>爸爸</td><td></td><td></td></tr>
<tr><td>妈妈</td><td></td><td></td></tr>
<tr><td>卡勒尔</td><td></td><td></td></tr>
<tr><td>保罗</td><td></td><td></td></tr>
<tr><td>乌娜</td><td></td><td></td></tr>
<tr><td>推论</td><td colspan="3"></td></tr>
</table>

2.“变”中感悟形象

《数星星》这个故事发生在丹麦。德国兵到处抓捕犹太人，安妮帮助好朋友艾琳一家逃亡，每一次遇到德国兵都幸运地化险为夷，最终成功将他们送往瑞典。书中说“整个世界好像也变了，只有童话没有变”。整个世界在战前和战后发生了怎样的改变呢？除了表层衣食住行的变化，人物的内心发生了什么改变呢？这说明了什么呢？我通过阅读单引导孩子思考。

《数星星》阅读单 1

整个世界好像也变了。只有童话没有变。P.19

方　面	改　变
表层（日常生活）	
深层（人物内心）	
我的感悟	

安妮从最初遇到德国兵害怕得心跳都停止了，到最后主动冒着危险给舅舅送“手帕”——能够使德国兵的狗失去嗅觉的手帕。这个故事探讨的是“什么是真正的勇敢”——真正的勇敢是明知道很危险，但还有勇气去做。我设计了阅读单 2，引导孩子们通过重读关键语段进入人物内心深处，感受人物在整个故事情节发展过程中的细微变化，感受人物的成长。

《数星星》阅读单 2

安妮的成长之路

品读重点词句，用关键词写出安妮的感受和表现

重读片段		安妮的表现
1	初遇德国兵P. 2—5	
2	全丹麦人都是他（国王）的卫队P. 15	
3	丹麦人应该做犹太人的卫兵P. 29—30	
4	拉断艾琳的项链P. 52—56	
5	与舅舅聊天P. 86—87	
6	德国兵到大舅家搜查P. 95—96	
7	主动送手帕P. 116—117	
8	路遇德国兵P. 128—133	
9	和大舅聊天P. 137—138	

除了通过比较阅读单，我有时还带着孩子从书中挖掘专题，进行专题研究。例如带孩子们精读《你是我的妹》，除了品读精彩片段，

感悟人物形象等常规动作之外，我还给出了一系列专题研究的选题参考（如下表）。一个家长感叹地说，没想到，一本薄薄的书，居然可以挖出这么多名堂，平时孩子自己读书只是看个热闹，只有师生共读、亲子共读，才能如此深入。

苗族民俗风俗——《你是我的妹》阅读单 1

衣饰	
食物	
男女表达爱慕之情	
结婚	
丧葬	
其他	

在书外，我学习到的苗族民俗风俗：

对生二孩的看法——《你是我的妹》阅读单 2

家长版		孩子版	
生二孩的坏处	生二孩的好处	生二孩的坏处	生二孩的好处
我的决定：		我的态度：	

一本好书就是一眼清泉，可以从不同角度挖掘出清冽可口的泉水。读了《你是我的妹》还可以根据学生兴趣和能力，开展其他各项

专题研究。比如，排演《你是我的妹》，观看电影《阿桃》，与原作对比阅读；阅读沈从文《边城》，制作去湘西旅行的攻略；写写自然笔记——研究桃花、看桃花、画桃花，写桃花……“萝卜青菜，各有所爱”，这么多专题当中，总有一样是孩子感兴趣的，只有找到适合自己的项目，孩子们才会兴致盎然地投入研究学习，发挥积极主动性。这也算是语文项目式学习的一种尝试吧！

三、玩转“语言魔方”

1. 品味内化语言

很多家长问：“为什么我家孩子读了那么多的书，作文却总是写不好？”很多孩子看书只是看情节，对于精彩的语言不会停下来品读，甚至跳过去不读，他们甚至不知道什么才是真正的“好词好句”。

品读精妙的句子也是整本书精读的必修课，尤其是在阅读国内优秀作品时。冯与蓝的《一只猫的工夫》这样写：天气真好！一朵云也没有，天空蓝得仿佛要掉出一整个大海，这是一个如同新鲜橙子一样鲜艳柔软、酸酸甜甜的假期。

短短两三行，语言非常特别。学生也常把天空比作大海，但却没有冯与蓝写得这么令人拍案叫绝，“天空蓝得仿佛要掉出一整个大海”，那该多蓝。形容轻松、愉快的心情，从来没有人用“新鲜橙子一样鲜艳柔软、酸酸甜甜”来作比。这么美妙的语言，不需要过多讲解，只要以范读、指名读、齐读、自由读等多种形式诵读，在舌尖上滚过7遍以上，这样的句子就已经深深印在孩子们的脑海中，总会在某次写作时，自然而然地流淌出来。

读彭学军的《腰门》，我折服于她对语言文字的精雕细琢，书中有大量贴切、灵动的比喻，尤其是描写声音（见《腰门》第三课时设计）。和彭老师聊书时，她说：你注意到了比喻，我太高兴了。因为，在读别人的书时，我也特别喜欢注意比喻。一本书，或者是一段话、一个章节，如果有一两个特别有想象、很别致、别人不会这样用的比喻，我就会特别佩服这个作家。

我有些小雀跃，孩子们也特别喜欢这些句子，每节语文课开课前2分钟，选择一个精彩语段诵读3遍，如春风化雨，润物无声。读得多了，孩子们自然练就了一双火眼金睛，知道什么才是最好的语言。

2. 把握作品风格

我读过很多优秀的中外儿童文学作品，其中彭学军的作品风味独特。她生于湖南吉首，童年时代跟随父母下放到湘西苗寨。她的文字带着独特的生命体验和地域风情，语言精妙，闪耀着灵性、智慧和温情。《腰门》以湘西凤凰为地域背景，讲述了六岁女孩沙吉被寄养在湘西小城云婆婆家中的特殊生活遭遇和成长历程。《腰门》读后交流上了四节课，其中一节为专题课“魅力湘西凤凰风情”，把书中描写凤凰特色景点的语段罗列出来品读，同时，教会孩子可以通过品读同一作家的作品，发现其写作的风格特点。

黑鹤的作品也具有显著的个人特色，多以内蒙古大草原、大兴安岭原始森林为背景，讲述人与动物的故事，细节真实，是对即将消失的草原文明唱出的挽歌。黑鹤的文字优美，极具画面感，这可能跟他小时候学过绘画有关。他擅长长短句的穿插应用，有时候，一个字、一个词或一句话独立成段，极具张力。为什么要单独成为一段？长短句的交替穿插有什么特殊的表达效果？研读、讨论，会带给孩子很多写作的启迪。

孩子们在茫茫书海中遨游，爱上一本书，爱上一个作家，反复品读研究，浸润其中，文字自然而然带上了这个作家的气息。读梅子涵的《绿光芒》，读沈从文，读丁立梅，文学的气息氤氲开来，孩子们的习作自然而然地灵动、厚重、有韵味起来。

3. 悦读悦写，读写互动

精读整本书，几乎每个字都从唇上、心里流淌过多遍，我发现了很多写作迁移点。读了《你是我的妹》中对苗族住房布局的描写，才二年级的叶心怡小朋友写出了下面的片段，语言质朴，但情感真切：

我是没有房间的，以前我倒是有一个，自从奶奶搬到我们这边来住后，我的房间就让给奶奶了。妈妈把我的床搬到了客厅靠窗户的一个小角落里。一打开我家的门，就能看到我的小床。床头有四个隔层，第一个隔层放了一个大箱子和我的书包也就满了；其他三层挤满了我的玩具。有时候我会在床上放几个小娃娃，因为我喜欢抱着它们睡觉。我一直期盼着能有完完全全属于自己的房间。

《查理和巧克力工厂》是一本情节性非常强的书，且是翻译的作品，孩子们容易忽视语言表达，书中对查理吃巧克力糖的吃法描写细腻：

每次在美好的生日早晨收到这样的一块巧克力糖时，查理总是把它小心地放在自己的一个小木盒里，宝贝得像是一根金条。开头几天，他只是看着，从来不去碰它，后来实在忍不住了，他才把包糖纸的一角拉开一点点，露出一点点巧克力糖，然后轻轻地咬一点点，只让那可口的甜味足够在舌头上慢慢地散开。第二天他再咬一点点，第三天又咬一点点，一天天这样一点点咬下去。用这个办法，一小块六便士的生日巧克力糖，查理可以吃上一个多月。

——第一章《查理》

查理把它一把抓住，马上撕掉包糖纸，咬了一大口。接着又是一口……又是一口……噢，能大口大口吃一整块甜甜的巧克力糖，这多么痛快啊！能把这么多食物塞满一嘴，这简直是无上快乐！

查理继续狼吞虎咽地吃那块巧克力糖。他停不下来。不到半分钟，整块巧克力糖已经进了他的喉咙不见了。他简直连气也透不过来，但是觉得异常痛快。

——第十一章《奇迹》

孩子们比照批注阅读之后，发现了写作的奥秘，无论是吃得快，还是吃得慢，都写出了查理对巧克力糖的爱。作者抓住一连串的动词，活灵活现地写出了查理的吃法、吃相。

以前经常看见姐姐被逼着喝姜汤，她总是先贴着碗边儿闻一下，然后把头迅速向后“拉”，做出一脸嫌弃到恶心的模样，拒绝与汤“亲密接触”，当时我觉着特好笑，心疼这碗汤五秒。后来，我不笑了，只有哭的份儿了，因为我也要“试汤”了。我把鼻子凑近了那碗人人嫌弃的汤，只感觉鼻子受了莫大的刺激，连视觉也遭到了无情的打击。那碗姜汤黑中带着些许棕色，汤面上还弥漫着阵阵热气，那股生姜味随着蒸腾的热气氤氲在汤碗四周。奶奶逼着我喝，我摇头顽拒，紧闭牙关，发誓至死不喝！奶奶善言相劝，我只得贴着碗边儿轻啜一小口，“噫！”入口又辛又辣。我的味蕾受到了莫大的刺激，全身不由得抽搐了一下，仿佛置身于“地狱”……最后，终于喝完了那碗“无与伦比”的汤。（陈睿杨）

孩子们回忆自己在吃喜欢或讨厌的食物时的场景，写出了真实、细腻、趣味十足到令人莞尔的片段。习作中，多了这样的细节描写，会更加生动耐读。

曾经有人这样形容，如果一篇优秀作文能得 100 分，孩子们读了之后，吸收百分之五十，也只有 50 分；如果，优秀作家的作品能得 200 分，孩子们即便只是吸纳百分之五十，也可以得到 100 分。单单就《查理和巧克力工厂》《你是我的妹》《腰门》中就有众多写作点可以挖掘，如果孩子们能真正精读几本这样的书，写作不是什么难事。当然，如果教者能博览群书，设计出有梯度的片段写作课程，也是一种不错的选择。

整本书精读任重而道远，需要家长、教师做阅读的同盟军、讨论者、聊书人，共同将阅读引向深入。当然，精读并不意味着每个字每句话都要嚼烂了，而是要根据不同的书有所侧重。**其实，无论图画书还是文字书，无论是童话还是儿童小说，大都离不开梳理情节、感悟形象、探讨主题、学习表达、学会思辨等方面**。当然，这几个部分并不是完全割裂的，对于刚刚开展读书交流会的老师，可以采用板块式交流。在实践中慢慢锻炼自己提炼话题的能力，如果能每本书找到一个有张力的话题统整，挑起对人物、情节、主题、语言的探讨，就更好了。在这一点上，蒋军晶老师功力深厚，他设计的话题大开大合，牵一发而动全身。

另外，**浏览、略读、跳读、快读等阅读方式同样很重要**。在精读训练中，尤其在完成阅读单的过程中，或是开展读书交流会的过程中，会反复操练到快速阅读。

还有，从整本书精读到群书阅读是自然而然的过程。群书阅读就是师生围绕几本书，进行阅读和集体建构的过程。群书的选择可以是相同主题、相同体裁，或者同一作家，还可以是含有相同关键词的书籍等。本书案例部分搜集了“幻想文学”单元，以及“自然”“生命”“爱情”“战争”四个主题单元，也有作家单元。群书阅读教学应注重书与书之间的勾连、比较、印证和互补。从单本走向多本，整体导读，整体交流，用有张力的话题串起几本书，学会理性思考。笔者正在实践书名中含有“图书馆”字样的群书阅读，选择了图画书《图书馆狮子》，文字书《周末图书馆》《图书馆男孩》《无字书图书馆》等，通过开展读后交流，多主题互补，丰富儿童的精神世界。

经过整本书精读和群书阅读训练的孩子，具备了一定的独立阅读能力，拥有了一定的阅读志趣和品位。因此，对他们来说，离开家长和教师指导的自主阅读，也将是一件惬意而幸福的事情，他们会从中收获很多很多。当然，最远的路是最近的归途，也许读了很多的书，并不能在习作和应试中立竿见影，但是孩子们会成为一个精神清明，有智慧，有生活情趣的人。

总之，在和孩子一起读书的过程中，要尊重孩子的阅读兴趣，也要发挥教师的引导能力，提升孩子的阅读品位。在精读中提升思考力，让孩子成为有想法的个体，会用自己的头脑去思考，而不仅仅停留在看热闹的层面。

下篇　课堂风景线

——我的整本书精读和群书阅读案例

日不间断地阅读

带来不拘一格的精彩

读过、讨论过必留下痕迹

愿我们都做一扇窗

让孩子们看到更绚烂的风景

眼界不一样了

格局自然不同

让我们和孩子一起聊书一起成长

一起遇见最好的自己

1. 图文合奏里的生命智慧

——绘本花园

[瑞士] 莫妮克・弗利克斯 / 文・图
明天出版社
2015 年出版

我接触的第一套图画书是世界著名插画大师莫妮克・弗利克斯关于小老鼠的无字书。说实话，翻开这套书，我有点懵。我的读图能力实在弱爆了，根本不知道图画在表达什么，更不知道该如何给孩子们讲这样的书。依稀记得，我和孩子们在兴奋中用了大半堂课“读”完了《飞机》，没有任何教学技巧，孩子们兴高采烈地围着我，一页页地翻，一页页地看，一句句地抢着说。

图画书绝不是“小儿科”，对这套书，梅子涵老师的解读很有意味。譬如这本《飞机》，他如是说：“勤劳的小老鼠总想有新发现，原来白纸头的后面是丰硕的田野！可是它吃不着那金色的谷粒。怎么办哟？折叠一架飞机就可以飞临啦！有一个哲学，陪伴孩子阅读的大人知道：勤劳和发现固然都十分可喜，知识和智慧才最后帮助抵达。飞机是折叠出来的，知识和智慧才是永远的飞机。”

这些年，精雕细琢的图画书阅读课不多，更多时候只是随意读读、猜猜、聊聊、演演。我阅读图画书的方法大都来自《图画书阅读与经典》《图画书这样读》等书。图画书阅读教学一般流程为：导入＋讲述（交流）＋话题讨论。以下课例都比较早，很不成熟，但代表了我在整本书阅读实践中的一个阶段，现在回忆起来，是极其美好的经历。

心里的阳光

——《我好快乐》教学札记

［新西兰］特蕾西·莫洛尼／著·绘
萧萍／译
广州出版社
2007年8月出版

好久没有给班上的小不点儿讲故事了，这天中午，我怀揣着《我好快乐》飘进了教室。

故事的主角是一只穿绿色毛衣的兔子，她的眼睛小小的，只有油菜籽那么大，脸上挂着一抹羞涩的红晕，手上高举着一朵红艳艳的花。

师：来吧！孩子们，快坐到我身边来，讲故事啰！（小鬼们很兴奋，开学以来第一次看图画书。）

师：我想先问小朋友们一个问题，什么时候你们觉得很快乐？

生：下课了，和小伙伴一起玩，我觉得很快乐，心里就像有了阳光。

生：周末，爸爸妈妈带我去公园玩，我觉得很快乐。

生：和爸爸妈妈一起旅游的时候，我觉得很快乐。

生：过年，穿新衣了，我觉得很快乐。

生：过生日，吃蛋糕了，我觉得很快乐。

生：元宵节，放烟花，吃汤圆，我觉得很快乐。

师：我们一起大声地念出故事的题目——

生：我好快乐！（童音声震瓦屋。打开书，翻到内文。）

师：瞧，小兔子遇到谁了？

生：一只小狗。

生：这只小狗打扮得像个小丑。

师：是啊，他戴着尖尖的帽子，脖子上围着带花边的项圈，鼻子上还有一个红红的圆球。小兔子见到小狗这副模样会说些什么呢？

生：小狗，你真可爱。

生：小狗，你的样子真滑稽。

师：也许，她还会用英语和小狗打招呼呢？还记得我们昨天学过的问话吗？

生：How are you？

生：I'm fine，Thank you！（哈哈，把英语对话也加入了故事的讲述。）

（翻页。小兔子高兴地蹦、蹦、蹦，蹦到了一片缤纷的花海。“当我快乐的时候，我好像变成了小小的回力球，蹦，蹦跳，跳出开心的节奏。”）

师：小朋友，当你开心的时候，你会干什么呢？

生：我会哈哈哈地大笑。

生：我会蹦蹦跳跳。

生：我会大声地叫。

生：我会唱歌跳舞。

生：我会躺在草坪上晒太阳。

师：哦，是吗？你看，小兔子“躺”在一片花海里呢！

生：哇——（画面太炫目了，孩子们一阵惊呼。）

师：那是真的花海吗？

生：不是，是她心里乐开了花。（哈哈，小鬼太聪明了。）

（翻页。小兔子悠闲地坐在小山坡上吹着蒲公英，小狗在和蝴蝶做游戏，就连天空的云朵也露出了开心的笑脸，这个**细节**很容易被忽视，看图画书需要一双火眼金睛。）

师：快乐的时候，面带微笑，我们的快乐就会传递给身边的每一个人。

（翻页。正是扉页上面对滑稽小狗的那张图。“我会不停地笑呀笑，笑疼了肚子，笑弯了腰。哈哈哈，就是这样！笑的感觉真是好！”）

师：原来小兔的快乐是小狗带来的，我们分明听到了小兔子爽朗的笑声。

（翻页。“和朋友们一起玩我好高兴，和奶奶一起烤出香喷喷的小饼，我好开心。还有，和爸爸一起去快乐地旅行，围着篝火，一边烧烤一边说说笑笑，让我觉得多么幸福多么美妙！看看远处的星空吧，多么美好的夜晚，多么宁静的世界……”）

师：原来快乐就是享受亲情和友情；快乐就是亲近自然，和夜晚宁静的世界融为一体。

（“快乐好像小花瓣，要学会耐心，学会细心去收藏，不要为小事烦恼，也别去斤斤计较。快乐是最美丽的小花瓣，让我们的心变得好细致好柔软，好好对待身边的弟妹兄长和每个伙伴。”）

师：小兔子的兔娃娃眼睛掉了，小兔子很不开心，妈妈为她缝好了眼睛。小兔子当弟弟的小马，在屋子里快乐地爬来爬去。小朋友，你们有不快乐的时候吗？

生：爸爸妈妈打我的时候，我不快乐。

生：有小朋友欺负我的时候，我不快乐。

生：我没有考到一百分，奶奶骂我时，我不快乐。

生：妈妈拎我耳朵时，我不快乐。

师：不快乐的时候，你会怎么办呢？

生：我就找我的好朋友一起玩。

生：别人有什么不会的，我就去帮助他。

生：我会找一本自己喜欢的书看，或找一件自己喜欢的玩具来玩。

生：我会和我的好朋友一起说说话。

师：是啊，当我们不快乐的时候，我们要想办法让自己快乐起来。为了让别人快乐，小兔子乐意扮成滑稽的小丑，终于逗得伙伴破涕为笑。

我相信，读过这本书，听过这个故事的小朋友，会表达自己的快乐，会与别人分享自己的快乐，也会寻找快乐，化解不快乐。

快乐天天住我家

——《我家是动物园》教学设计

正道薰 / 文
大岛妙子 / 图
游珮芸 / 译
明天出版社
2016 年 1 月出版

教学目标

1. 阅读故事，了解大意，激发学生快乐阅读的兴趣。

2. 培养学生的观察力和想象力，体会作品的幽默风趣。

3. 初步了解绘本中人物与动物的对应关系和相似性，尝试用“这是……其实呢……他（她）是……”的句式表达，体验读写绘的快乐。

教学过程

一、课前铺垫

1. 聊聊家人。（围绕长相特点、脾气、爱好、特长等）

2. 聊聊喜欢的动物。看动物图片，说说动物的特征。

二、导入故事

今天，老师带你们去一个特殊的动物园参观，这是你们的小导游。

1. 出示“祥太”的图片，认识主人公。

这个小男孩叫祥太。他家是动物园，我们一起去看一看。

2. 阅读封面

祥太的家藏在一本好玩的书里，你看到了什么？

（1）题目。齐读。

（2）图画：祥太在玩倒立。祥太爱吃香蕉。

（3）作者、译者和出版社信息。指名读。

3. 阅读扉页

拥有火眼金睛的小朋友们，你们有什么发现？（大门上的犀牛图案）

齐读：欢迎光临！

三、分享故事，尝试表达

（一）师完整讲述故事，生初步了解大意。

要求：仔细看，用心听；翻页时，做短暂停留。

这本书有趣吗？哪些地方有趣？（简单聊聊）

还记得祥太家有哪些人吗？（祥太、爸爸、妈妈、爷爷、奶奶、妹妹、金鱼、曾祖母）

他们分别像什么呢？（出示人物与动物的对应图）为什么说他们像这些动物呢？我们来细细地看看图。

（二）讨论人物与动物对应关系，发现相似性。

1. 祥太图

祥太哪些方面像小猴子？

爱吃香蕉、爬树拿手、爱模仿别人。（喜好、特长）

理解“模仿”，模仿老师的动作。指名到书中找祥太“模仿”的图，一起模仿祥太的某个动作。

祥太是一个怎样的男孩？（调皮、活泼、可爱）

指名扮演祥太，自我介绍。引读祥太的话。

2. 祥太爸爸图

祥太为什么觉得爸爸像狮子？

引导学生从外貌、性格特征及喜好方面联想、分析；观察祥太模仿爸爸的样子，强化祥太会模仿的特性。引说祥太爸爸的文字。

3. 祥太妈妈图

观察妈妈的打扮和表情，发现妈妈的特点——勤劳、爱干净。

妈妈为什么把祥太也洗了？学生自主发现——祥太贪玩，身上很脏。（链接浣熊图片和资料：浣熊生活在美洲，当它捕捉到小动物时，它总要先洗去这些动物身上的泥土再吃，因而得名“浣熊”。）小朋友吃水果前，也要洗一洗哦！

4. 自主阅读，看图想象，猜测交流。

祥太的爷爷和其他家人又像哪种动物呢？谁来说一说。（出示爷爷、奶奶、妹妹和曾祖母的图片）

（1）爷爷图：个子高。（长相）

引导学生关注大街上的动物汽车，有的能装很重的东西，有的开得慢，有的开得快，有的很长……大街上真的有这些汽车吗？这其实是骑在爷爷肩头的祥太想象出来的。祥太为什么会这么想？他是一只爱幻想的小猴子。

（2）奶奶图：奶奶的油炸豆腐和饭卷是带给谁的？关注祥太的表情，模拟奶奶和祥太的对话。（爱美、爱祥太的奶奶）

（3）妹妹图：关注小图，指名看图说话。体会妹妹的调皮、可爱。

（4）曾祖母图：你的太爷爷和太奶奶跟你们一起住吗？他们是不是也像祥太的太奶奶一样？（尊老教育）

四、再次回顾人物，交流读书感受

1.（出示动物园图）你能从图上找出祥太家的家庭成员，以及他们像什么动物吗？（指名自主选择人物来说）

2. 你喜欢祥太的家吗？这是怎样的一家呀？

3. 总结：祥太的家有趣又快乐。

祥太家里有像猴子一样调皮、灵活、可爱的祥太，有早晨凶如狮子的爸爸，有爱洗衣服、爱干净的明美妈妈，有个子像长颈鹿一样高的爷爷，有像狐狸一样多变爱美的早纪子奶奶，有个像兔子一样天真可爱的妹妹，还有个像猫头鹰一样眼开眼闭、静坐不动的太奶奶。他们一家人每天乐呵呵、热热闹闹地生活在一起，他们的家是一个温馨、快乐的家。

五、拓展仿编

1. 激发仿编兴趣：如果你的家是动物园的话，你是哪种动物？你的家人又是哪种动物呢？

2. 师示范仿编。

我是吉老师，其实呀，我是只猫，我最爱像猫一样懒洋洋地蜷缩在沙发上晒太阳、睡大觉。

这是我女儿夏小冉，其实呢——她是只好饿好饿的毛毛虫，最喜欢看书，她从书中得到很多营养。

3. 学生上台交流。（从长相、喜好、特长、脾气、穿着等方面进行联想）。

4. 小结：不管爸爸妈妈像什么动物，有时对我们凶，有时对我们很温柔，都是最疼爱我们的人，所以我们也要关爱他们，爱我们的家。（播放歌曲《让爱住我家》）

六、读写绘作业

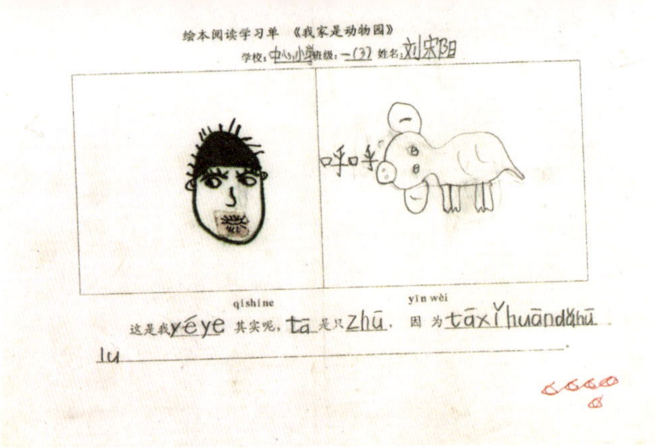
绘本阅读学习单 《我家是动物园》

学校：中心小学 班级：一(3) 姓名：刘宋阳

呼噜

这是我 yéye 其实呢，tā 是只 zhū，因为 tāxǐhuāndǎhū lu。

绘本阅读学习单 《我家是动物园》

学校：曲小 班级：一(3) 姓名：孙恒

这是我妈妈，其实呢，她是只 húdié，因为她很 piào liang，会把快乐 dài 给 bié 人。

绘本阅读学习单 《我家是动物园》

学校：中小 班级：一(3) 姓名：文[illegible]

这是我妈妈，其实呢，tā 是只小马，因为我 zǒu lù zǒu bú dòng 的 shí hòu tā jiù pēi 伴我。

（本设计由我与上海市松江区中山小学崔秀俊共同完成）

生命轮回　爱心永恒

——《彩虹色的花》教学设计

［日］细野绫子 / 文
［美］麦克·格雷涅茨 / 图
蒲蒲兰 / 译
二十一世纪出版社
2005 年 8 月出版

作品解读

这是一个温暖的故事：一朵彩虹色的花，用自己的花瓣帮助有困难的蚂蚁、蜥蜴、小老鼠、小鸟和刺猬，最后，自己却被折断了，覆盖在白雪下面。可是，它的希望和梦想还在延续，春天来到时，新的花朵又在阳光下绽放……

这是一本风格独特的图画书，采取壁画法，先在画布上涂上灰泥，再绘制，画出富于立体感的特殊效果，厚重的纹理、大块的色彩带来原始粗犷的美。

这本书彩虹色的环衬明艳动人，内页的图画也隐藏着很多秘密，时间的推移、季节的变化都在色调的转换间体现出来，云彩、土地、花的叶子和枝干色彩的变化，不仅与故事内容相关，也与故事本身所表达的情绪和情感密切相关。

设计理念

图画书是图文协奏的艺术，通过文字和图画共同讲述故事。阅读图画书，首先，要营造宽松的氛围，激发阅读兴趣，引起阅读动机。其次，要在听故事、看图画、猜情节的过程中渗透阅读方法指导，不露痕迹地培养孩子观察画面、展开想象的能力。最后，学会交流，与文本、同伴、作者不断对话，读出更多的意义，提升阅读质量。

教学目标

1. 学习阅读图画书的方法，体会图画和文字的协作互补关系，培养自主阅读的兴趣和能力。

2. 能根据提示说出故事主要内容，培养整体把握能力；能从小蚂蚁、蜥蜴、小鸟和刺猬的角度复述彩虹色的花对自己的帮助。

3. 在听读、猜测、交流、想象中体会故事里关于生命轮回、牺牲互助、友爱与希望的深刻内涵。

教学过程

一、启动先备经验，激趣导入

1. 联结旧知，激趣导入

小朋友们，今天，我给大家带来了一件礼物。不过，我要先考考你们。

【板书：(　　　)的花】自主发言，适当板书。

预设：美丽、五颜六色、五彩缤纷、万紫千红

评价：在你们的心中，花儿是美丽多姿、五彩斑斓的。

2. 出示封面，引读题目

瞧我送你们的礼物！这是一本图画书，题目叫——《彩虹色的花》。你认识这几种颜色吗？

（设计意图：这一环节，运用了启动先备经验的阅读策略，让读者带着原有对“花”的感性认识走进故事，使阅读与经验联结得更加紧密。）

二、分享故事，走进彩虹花的世界

故事开始了，大家可要认真倾听，仔细看图哦！

1. 出示“前环衬”，你看到了哪几种颜色？

（出示彩虹花）引导发现“环衬”的颜色与彩虹花色彩之间的关系。

2. 出示“扉页”，认读图画书作者绘者、译者、出版社的信息。

看图说话：黑黑的泥土里开出了一朵小小的彩虹色的花。

3. 出示：太阳、彩虹花两页

师讲述：太阳升起来了，把原野照得亮亮的。他说：“今天我一定要把积雪全部融化掉！”可是，他吃了一惊：昨天还是一片积雪的原野上竟然开着一朵花！

你们瞧，这原野上的雪还没有完全融化，彩虹色的花就迫不及待地开放了。

出示太阳和彩虹花的对话，师生对话。

“早安，你是谁？”太阳问。

花儿回答说：“早安，我是彩虹色的花。冬天的时候，我一直待在泥土里，可我再也等不及了。现在终于见到你了，我多高兴呀！我想跟每个人分享我的快乐。”

引导思考：彩虹色的花想和大家分享什么快乐呢？【板书：分享快乐】

指名回答。引导孩子说出彩虹色的花看到的美丽世界，丰富画面内容。

4. 帮助蚂蚁

师讲述：过了几天好像有谁从花儿的身边走过。

出示对话：

“早安，我是彩虹色的花。你是谁呀？”

“我是蚂蚁。我现在要去奶奶家。可是，雪融化了，原野中间有一个很大的水洼。我怎么才能过去呢？”

"是这样啊，那你爬上来，摘一片花瓣试试看，说不定能用得上呢。"

自由读对话。指名对话。

出示小蚂蚁划花瓣船的画面，看图说话：小蚂蚁摘下一片花瓣，放在水洼中，爬上花瓣，用小树枝撑着花瓣船向对岸划去。

5. 帮助蜥蜴

师讲述：又过了几天，一个舒服的晴天，好像又有谁走过。

出示对话：

"你好，我是彩虹色的花。你是谁呀？你为什么那么难过呢？"

"我是蜥蜴，今天我要去参加宴会，可是没有适合的衣服。我怎么办呢？"

"哦，也许我的哪一片花瓣会与你的绿色相配。你看呢？"

男女生对话。

师：你们猜，小蜥蜴会选择哪片花瓣呢？出示蜥蜴披着粉红色花瓣的图。

你们看，图中小蜥蜴是什么表情？一副陶醉的样子。看到如此陶醉的蜥蜴，彩虹花的心情会如何？

6. 帮助小老鼠

师讲述：这些日子，每天的阳光都很强烈。好像有谁从花儿的身边走过。

出示对话：

"你好。我是彩虹色的花。你是谁呀？怎么呼哧呼哧地喘着气呢？"

"哦，你好。我是老鼠，最近天气又闷又热弄得我晕乎乎的。要有把扇子就好了。"

"噢，那用我的花瓣不正好吗？"

同桌对话。

师：猜猜看，小老鼠会拿花瓣来做什么呢？他会怎么扇风呢？这是一只怎样的小老鼠？

7. 彩虹色的花还剩几片花瓣，她还会帮助谁，做什么呢？请你

们来猜猜看？

8. 帮助小鸟和刺猬

师讲述：

白天越来越短了，已经是秋天了。好像有谁从天空飞过。

“你好。你是谁呀？你还会飞呀？”彩虹色的花说。

“你好，我是小鸟。因为我有翅膀，所以会飞呀。今天是我女儿的生日，我出来为她选一件礼物。可是，飞来飞去，什么也没找到，正着急呢。”

“那你看看我这儿有没有她喜欢的彩色的花瓣呢？”

有一天，乌云遮住了天空。好像有谁跟花儿打招呼：“你好，彩虹色的花。最近冷多了，眼看就要下雨了，怎么办？”

原来是一只刺猬。

彩虹色的花用虚弱的声音回答说：“我能帮你什么忙吗？”

引导：彩虹色的花声音为什么会如此虚弱？她在这么虚弱的时候，心里想的是什么？彩虹色的花冒着失去生命的危险把自己所有的花瓣给了需要帮助的小动物们。她是一朵怎样的花？【板书：（　　）的花】

预设：善良、有爱心、乐于助人、舍己助人、甘于奉献……

你觉得此时的彩虹色的花快乐吗？

9.（音乐起）师讲述：

天空越来越暗，传来阵阵雷声。大风把最后一片花瓣也刮走了。

太阳隐去了自己的光芒，彩虹色的花也折断了，但她仍然静静地站在那儿。雪花仿佛要拥抱彩虹色的花，轻轻地，轻轻地飘落下来……

很快大雪覆盖了所有的东西，一片白茫茫的。谁会想到，在这里曾经开过一朵彩虹色的花呢！

就在这个时候……

猜测：会发生什么事呢？

出示：从雪中升起一道耀眼的彩虹色的光芒，把天空照亮了。蚂蚁、蜥蜴、老鼠、小鸟、刺猬都从远处跑了过来。

他们看着光芒，心里渐渐温暖起来。大家都想起了彩虹色的花曾经给过自己的帮助。

情境对话：你能试着从小蚂蚁、蜥蜴、小鸟和刺猬的角度复述彩虹色的花对自己的帮助吗?

10. 出示最后一页，师引读：

漫长的冬天终于过去了——春天又来了。

一天早晨，太阳探出头来，他——吃了一惊，很高兴地说——“早安，彩虹色的花。又见到你了！”

蚂蚁、蟋蟀、小老鼠、小鸟和刺猬分别和彩虹色的花打招呼——“早安，彩虹色的花。又见到你了！”

这朵彩虹色的花，还是原来的那朵花吗？引导孩子感受生命的轮回。【板书：生命轮回】

如果有小动物需要帮助，这朵花会像原来那朵花那样帮助别人吗？她可能会帮助谁呢？引导孩子体会爱心的永恒。【板书：爱心永恒】

11. 出示后环衬，对比发现前后环衬的秘密。

12. 阅读封底。太阳正微笑着看着谁？他们会交谈些什么呢？

（设计意图：指导孩子阅读图画书封面、前后环衬、扉页、内页和封底，引导孩子“看画面”与“听故事”相结合，理解图画书图文合作的关系，渗透阅读方法指导。在听故事过程中引导孩子关注画面细节：蜥蜴的表情，小老鼠的动作，前后环衬色彩的关系等，激发孩子自主阅读、发现、感悟的兴趣。不断引导孩子预测故事情节，是激发孩子参与故事创作的有效途径，并能使他们不断获得阅读快感，培养编故事的能力。在阅读中讨论与主题相关的话题，不断加深孩子对文本核心内涵的感悟。）

三、读后讨论交流，提升感悟

1. 这本图画书讲了一个什么故事，你能用简洁的话说说吗?

彩虹色的花一共有（　　）花瓣，分别是（黄色）、（　　）、（　　）、（　　）、（　　）和（　　）。

彩虹色的花把（　　）色的花瓣送给了（　　）当（　　）；

（　　）色的花瓣送给了（　　）当（　　）；

（　　）色的花瓣送给了（　　）当（　　）；

（　　）色的花瓣送给了（　　）当（　　）；

（　　）色的花瓣送给了（　　）当（　　）；

还有一片（　　）。小动物们非常（　　）。

第二年春天，（　　）。

2. 你喜欢这朵彩虹色的花吗？为什么？

3. 再读图画书，发现地面颜色变化的秘密，感受季节的变化、生命的消逝与精神的永恒。

（设计意图：能根据提示说出故事的主要内容，培养整体把握的能力。孩子们在交流对彩虹色的花的“喜欢”与“不喜欢”时，辩证地认识彩虹色的花，内化汲取精神养料。回读故事，再次整体感知故事内容，体会图画所表达的意蕴。）

四、总结提升，课外阅读拓展

孩子们，今天，我们认识了一朵外表美丽，内心也同样美丽的花。其实每个人的心中，都盛开着这样一朵花。但愿我们能够将这份爱心永远珍藏，并在别人需要的时候，竭尽所能提供帮助，让我们心里的这朵花开得更美。

课后，大家可以去欣赏一棵树的故事——《爱心树》。（出示封面，朗读题目。）

（设计意图：爱心是可以传递的。彩虹色的花的故事一定会像一粒饱满的种子，把善良与美好播种在孩子们的心田，让每一颗玲珑的童心都变得更加柔软而温润。因为一朵花，而走近一棵树。阅读，是经由一扇门，打开另一扇门。让这份爱和对阅读的喜欢一直蔓延下去。）

五、板书设计

分享快乐

（彩虹色）的花 ——→（有爱心）的花

生命轮回　爱心永恒

（设计意图：一目了然的板书设计，将这本图画书传达的精神主旨淋漓尽致地彰显出来。孩子们对彩虹色的花的认识从外在的感性了解，到内在的理性把握，感悟不断加深。经由这个故事，感受到了生命轮回的神奇与美妙，感受到了爱心永恒的纯真和美好。）

牵着梦想的手

——《大脚丫跳芭蕾》教学实录

［美］埃米·扬／文·图
柯倩华／译
河北教育出版社
2007 年 4 月出版

作品解读

贝琳达是一个喜欢跳芭蕾的女孩，但在一次比赛中，因为脚大被评委们奚落，不得不放弃了跳舞。她来到费莱迪餐厅工作，依然怀念舞蹈。一天，在餐厅乐团美妙的音乐中，她不知不觉翩翩起舞。老板邀请她为客人们跳舞，她获得了越来越多的赞誉，甚至连大都会芭蕾舞团的指挥也被感动了，力邀她到大都会跳舞。她终于在舞台上得到了热烈的掌声和飘香的鲜花。

贝琳达对舞蹈有着不可思议的热爱，她跳舞时神情姿态无比欢愉和自信，充满迷人的生命力，让人见证了她的热情、技巧、能力、专注，还有自信。她终于又回到了自己的舞蹈世界里，成长的考验让她变得更加自信。

教学目标

1. 通过讲述、观察、冥思、交流，引领孩子感悟人物形象，把握故事内涵，拓宽作品的延展意义，浸润心灵。

2. 培养想象、表达、沟通、审美能力，学会转换视角看待问题，提升尊重他人、关怀社会的人文情怀。

3. 增进自我了解，看重并发挥自己的长处，勇于追逐自己的梦想，建立执着、自信的人生观。

教学过程

一、导入故事，阅读封面

师： 孩子们好，今天，我们来分享一个女孩的故事。（出示封面）这是一本图画书，封面上的这个女孩名叫贝琳达。仔细看看图画，你有什么发现？

生： 贝琳达在跳芭蕾舞。

生： 我发现贝琳达的脚特别大。

师： 有着一双大脚的贝琳达舞跳得怎么样？能从画面中看出来吗？

生： 贝琳达的舞姿很优美。

生： 她像一只美丽的蝴蝶在翩翩起舞。

生：她像一只小鸟正要展翅飞翔。

生：她的嘴角向上翘着，眯着眼睛，很陶醉的模样。

师：大家能通过动作和表情去揣摩贝琳达的内心世界，真不简单。从封面上，你们还获得了哪些文字信息？

生：这个故事的题目是《大脚丫跳芭蕾》。

生：这本书的作者是美国的埃米·扬。

师：你很细心，这本书的文字作者和图画作者都是埃米·扬。

生：是柯倩华翻译的。

师：这本书由——（生齐说：河北教育出版社出版。）

二、讲述故事，整体感知

师：故事就要开始了，用心听，仔细看，尽量多留意图画。（师讲述故事）

贝琳达非常喜欢跳舞，她每天认真练舞。（师陆续出示贝琳达跳舞的三幅图）她的舞姿非常优雅迷人，可是她的脚非常大，大得有些

吓人。她在参加芭蕾舞选拔赛时，被评委们无情地嘲笑。她决定放弃舞蹈，去找别的工作。她找啊找，终于在一个餐厅找到了工作。

师：轻轻读读这个餐厅的名字——

生：费莱迪餐厅。

师：是什么吸引贝琳达来这里工作？

生：墙上贴着“室内乐团即将登场”的海报。

生：有了乐团演奏音乐，贝琳达就可以跳舞了。

师：你们真是贝琳达的知音。（师继续讲述）

餐厅的老板和客人都很喜欢她，贝琳达也喜欢这份新工作，不过她还是忘不了跳舞。

师：能从画面中体会到贝琳达忘不了跳舞吗？（师放大画面细节，引导学生关注贝琳达手中的《舞蹈杂志》。）

生：她还在想自己跳舞时候的情形。贝琳达休息的时候，还在看《舞蹈杂志》。

师：你有一双火眼金睛，看图画书就是要留意这样的细节。（师继续讲述）

有一天啊，一个乐团来餐厅表演，他们先练了一首轻快的曲子。你们看！贝琳达的脚尖忍不住一上一下地跟着打拍子。接着，贝琳达情不自禁地跳起舞来了！餐厅里的客人都很喜欢她的舞蹈。每天都有很多人来看贝琳达跳舞。贝琳达还被邀请到大都会剧院跳舞。评审委员们纷纷夸奖她。贝琳达非常开心。因为她可以跳舞，跳舞，一直——（生跟着说：跳舞。）至于评审委员们说什么，她一点也——（生接：不在乎了！）

三、话题推进，一起聊书

话题一：贝琳达热爱跳舞，你是怎么知道的？有没有一些画面留在你的心中？

生：她每天都去舞蹈教室认真地练舞。

生：听到评委们说她脚大、跳不好舞时，她很伤心。

……

师：让我们重温这几幅图，（出示贝琳达认真跳舞图）静静地看着贝琳达，从她的舞姿、神情，你能够感觉到什么？

生：她很用心。

师：贝琳达呀，贝琳达，你为什么这么用心地跳舞？

生：因为我喜欢舞蹈，我要努力把舞蹈学好。

师：喜欢和热爱让我们拥有了一种热情，能够把一件事情做好。贝琳达呀贝琳达，你跳舞的时候，有什么感觉？

生：我感觉自己像燕子在飞。

生：我感觉别人都不存在了，只有我在跳舞。

师：贝琳达练得特别投入和认真。（出示贝琳达看《舞蹈杂志》图）再看这幅图，贝琳达在想什么呢？

生：我的脚为什么会这么大呢？

生：什么时候，才能回到舞台去跳舞呢？

师：你读到了贝琳达对舞蹈的挚爱，对梦想的渴望。

师：（出示贝琳达随着音乐跳舞图）你们看到什么了？

生：贝琳达拿着餐巾和餐具就跳起舞来了！

生：她都感觉不到周围还有别人了。

师：（呈现贝琳达组图）一幅幅图画，一个个细节，让我们感受到贝琳达热爱跳舞到了忘我的地步。

话题二：既然如此热爱舞蹈，她为什么要轻易放弃自己的梦想呢？

生：因为评委们说她这双脚大，永远都跳不好舞。

师：（出示评委图）图画会说话，注意观察评审委员的表情和动作，谁来描述一下？

生：他们一个遮住眼睛，连看都不乐意看，那个评委的头发都竖起来了。

生：一个皱着眉头，哭丧着脸，脸都气白了。

生：一个摆着手，脸涨得通红，嘴巴张得老大。

师：真让人心里不好受啊！（出示评审的名字）轻声地读一读这

些评审的名字，有没有什么发现？（生窃窃私语，笑了起来。）

生：“贾庄董”就是“假装懂”。

生：“根毕崇”就是“跟屁虫”。

师：“劳乌柏”就是——

生：（笑）老巫婆。

师：作品中人物的名字用谐音，表达了一种隐含的意思。看到贝琳达的大脚，“假装懂”说——你的脚大得像条船！

师：“跟屁虫”就跟着说——简直和海豹的鳍没两样！

师：（出示句子）贝琳达还没试跳，评审们就说：“回去吧，你那一双大脚，永远跳不好！”这句话里哪个词最刺痛你的心？

生：永远。

生：让人感到一点儿希望都没有了。

师：还有哪些词刺痛了你？

生：还没试跳。

师：跳舞是贝琳达享受快乐的一种方式，可是，她却连试跳的机会都没有。如果你是贝琳达，听到评审说这样的话，你会怎么样？

生：我的心就像被刀割一样难受。

师：（出示贝琳达谢幕图）贝琳达是怎么做的？

生：她很有礼貌地谢幕了。

师：此时此刻，她心里会怎么想？

生：我的脚这么大，肯定跳不好。

师：你们觉得贝琳达舞跳得好吗？

生：（大声地）好！

师：明明跳得很好，却认为自己跳不好，这是为什么？

生：贝琳达不够自信，如果她有足够的自信，就不会在意评审委员的话了。

师：（出示贝琳达伤心图）你能从画面中体会到贝琳达难过吗？

生：画面一片灰蒙蒙的。

师：画家用灰色调来营造悲伤的氛围，表达贝琳达内心的难过、绝望。这就是图画书在用形象和色彩讲述故事。

话题三：悲伤和绝望的贝琳达，是谁燃起了她的自信，是谁让她重新回到梦想的舞台？

生：费莱迪先生。

师：（出示贝琳达手捧鲜花图）贝琳达能重新回到热爱的舞台，还因为谁？

生：贝琳达自己！

生：她走出了失落，自信地在客人面前跳舞。

生：她其实从来没有放弃过舞蹈。

师：这一路的经历，你们觉得贝琳达什么没有变？什么改变了？

生：她对舞蹈的热爱没有变。

生：她的认真没有变。

生：她变得勇敢了，更自信了，更快乐了。

生：她跳得越来越好了。

四、观照自身，启迪心智

师：孩子们，你们有什么梦想？

生：我想开一个“改装店”。

生：我想当个画家。

生：我想吃很多好吃的东西。（生大笑）

师：听了贝琳达的故事，你们觉得实现梦想需要什么？

生：需要自信心。需要认真。需要别人的支持。需要一份热情。需要不放弃的精神。

五、阅读延伸，好书推介

师：我们都要有自己的梦想，我们也要大胆地朝着自己的梦想走

去。一个朝着自己目标永远前进的人，整个世界都会给他让路。向大家推荐几本书和两部电影：（屏幕出示）

影片：《叫我第一名》和《国王的演讲》。

图画书：《雪人》《你很特别》《我就是喜欢我》。

文字书：《特别的女生撒哈拉》《一百条裙子》。

师：（播放歌曲《牵着梦想的手》）孩子们，让我们一起牵着梦想的手，飞向美好的未来，让我们的生命更加光亮。

认识你自己

——《我不知道我是谁》教学设计

作品解读

《我不知道我是谁》是一本充满哲学意味的图画书。主人公达利B是一只棕色兔子，他的生活充满了疑问：我是谁？我应该住在哪里？我应该吃什么？最困扰他的问题是：我的脚为什么那么大？一天，树林里来了一只黄鼠狼——洁西D，其他兔子都躲进了地洞，只有达利B还在树上傻乎乎地吃橡子。黄鼠狼爬上树要吃达利B，被达利B的一双超级大脚踢飞了。兔子们跑出来赞扬达利B是个英雄。达利B更疑惑了：黄鼠狼说我是兔子，怎么大家却说我是英雄呢？

可爱的达利B不仅是兔子中的英雄，他还是兔子中的哲学家，不但面对自己发出了“我是谁”的哲学思考，而且还提出了一个又一个疑问。阅读时，孩子们也许只会一个劲儿地傻笑，这只不知道自己是谁的兔子太好玩了（有趣是图画书最重要的特质之一）。笑过之后，孩子们如果也能发出这样的追问：“我是谁？”“我从哪里来？”“我要到哪里去？”……他们便会在这样的求索中，不断地重新认识自己，建立自我。

自我认识、自我同一性是少年期、青春期最重要的发展主题。“认识自我”对每个人而言都是重要的历程，也是生命教育中最重要的一环。德尔菲神庙的墙上镌刻着古希腊大哲学家苏格拉底的格言“认识你自己”。尼采说：“你要成为你自己。”只有认识自己，了解自己存在的意义与价值，继而成为自己，悦纳自己，才能认识人生，并学会理性地直面人生。

设计理念

把深刻的主题蕴藏在有趣的画面和幽默智慧却又清浅的语言中，这是图画书的特质。本设计试图经由师生大声朗读、讲述，欣赏图画，交流讨论及追问等方式，带领学生了解故事内容，体会图画书的故事节奏、色彩构图、语言特点，初步感受图画书的无限趣味。适当拓展阅读材料，引导学生“认识自我”，进行“自我意识”的哲学启蒙教育，让正处于理性思维发展关键期的高年级学生从中收获阅读的快乐和思想的启迪。

教学过程

一、设置话题，初识自我

1. 讲故事之前，设置话题：“你是谁？”根据孩子的回答，不断追问，让课堂从一开始就笼罩着一种哲学的色彩，让孩子意识到这并不是一个很简单的问题。

2. 出示蝴蝶页，走进故事环境。

今天我们一起阅读一个故事，分享一种思想。这个故事发生在一个美丽的地方，青青的草地上零星地开着几朵缤纷的野花，蝴蝶、蜻蜓、蜜蜂和鸟儿们正自在地飞舞，哦，还有一只小鸽子正在吃虫子呢。蜗牛、甲虫在草地上漫步，小老鼠和兔子们在地洞口钻进钻出。

3. 出示扉页上的插图，认识达利 B。

达利 B 是一只棕色兔子。看到这幅图，你们不觉得奇怪吗？一只兔子，他不待在洞里，居然坐在大树上。这是一只怎样的兔子啊？（糊涂、有趣、好玩、愚蠢、搞笑……）

4. 出示第一幅图，观察达利 B 的表情。

5. 揭示书名：我不知道我是谁。

二、师生共读，寻找自我

1. 教师讲述，学生朗读。

师：达利 B 不知道自己是谁，他对自己充满了好奇。他认识猴子、树袋熊和豪猪等动物，他想知道自己是不是这其中的一种，总是不断地猜测和比较。

生：“我是一只猴子吗？”“我是一只树袋熊吗？”“我是一头豪猪吗？”……

师：达利 B 不知道自己应该住在哪里，但他善于观察，看到蝙蝠、鸟儿、蜘蛛住在不同的地方，就想弄清自己是不是也应该住在这些地方。

生：“我应该住在山洞里吗？”“我应该住在鸟窝里吗？”“我应该住在蜘蛛网上吗？”……

师：达利 B 不知道自己应该吃什么，但他敢于尝试，鱼啊，土豆啊，虫子啊，他都去尝一尝。

生：“我应该吃鱼吗？”“我应该吃土豆吗？”“我应该吃虫子吗？”……

师：达利 B 不知道自己的脚为什么那么大，但他善于想象，想法很可爱。

生：“是用来滑水的吗？”“是用来给老鼠坐的吗？”“是用来遮雨的吗？”……

师：达利 B 看见鸟住在树上，就决定自己也要住在树上，看见松鼠吃橡子，就决定自己也要吃橡子。他善于模仿，不断地学习、尝试、构建属于自己的生活，但他还是不知道自己的脚为什么那么大，这个疑问一直困扰着他。

2. 配上音乐，师大声读。

学生看图，教师大声读。从“一天，树林里的兔子们都慌慌张张的”到结尾“‘真奇怪，’达利B说，‘我还以为我是一只兔子呢。’”

三、交流讨论，追问自我

1. 达利B有哪些困惑？为了弄清这些困惑，他是怎么做的？

2. 故事的最后，达利B依然困惑，但此时的他，还是原先的他吗？他在不断地观察、猜测、模仿、尝试、想象和亲身经历中，有什么收获？我们一起细细地看图，和达利B一起重温他所认识的世界和自己。

【引导学生一幅幅地看图，说说达利B都明白了什么。看图的时候，尽可能地仔细，要善于从图画中获得信息。因为阅读图画书，看图有时比读文字更为重要。最后将几幅缩略图同时呈现在屏幕上，让学生用连贯的一番话说说达利B的收获，以培养学生的语言表达能力。】

3. 读了这个故事，你们有什么收获？

4. 再次追问学生“你是谁？”

【发放小纸条，要求学生（老师也可以加入）在六七分钟内写出15个“我是谁”的叙述句，按思考时的顺序写，不必考虑其中的重要性和逻辑性。注意这些句子是为自己而写，不是为别人。如果时间允许，师生可以做一些交流。如果更侧重心理学意味，就建议孩子们把纸条放进一个密封的小盒子，或带密码的日记本中，等再过一段时间（初中甚至高中、大学）再拿出来读，看看自己对自己的认识有了哪些变化。

追问“我是谁”，其实就是心理学意义上的自我概念建设。这是人格物质论学派的创始人高顿·阿尔伯特发展的一种对自我概念定性测量的方法。一般而言，自我的发展有三个阶段：从生理自我到社会自我（大致从三岁～十三四岁成熟），最后到心理自我。高年级的孩子大多正从关注生理自我走向关注社会自我，如我个子很矮，我是留守儿童，前者是生理自我，后者是社会自我。要让他们关注到自己的个性、人格等深层次问题，还要再大一点，至少进入初中。】

四、阅读拓展，探知自我

1. 链接《苏菲的世界》(乔斯坦·贾德（挪威）/ 著　萧宝森 / 译 P.3—4 作家出版社，1996 年 1 月北京第 1 版)。师大声朗读给学生听或印发给学生自主默读第一章《伊甸园》中的部分文字（约 800 字）：

从“苏菲把书包丢在地板上，为雪儿盛了一碗猫食。然后她便坐在厨房的高脚椅上，手中仍拿着那封神秘的信。你是谁？她怎么会知道？不用说，她的名字叫苏菲，但那个叫作苏菲的人又是谁呢？她还没有想出来。”到“人是什么？她再度抬起头，看看镜中的女孩。”

2. 诵读句子

我存在，乃是所谓生命的一个永久的奇迹。——［印］泰戈尔

同学们，每一个自我的存在都是一个生命的奇迹，不管是自然界的一草一木，还是我们人类自身。今天，我们只是开启了自我追问的思考之门，我们还要不断地阅读和思考，才能真正地洞悉本我的真相，了解生命的真谛。

五、推荐阅读，完善自我

1. 认识自我：《我就是喜欢我》《勇气》《鸭子骑车记》《比得兔的故事》《一口袋的吻》《我是谁？我的爱……》《你很特别》《是蜗牛开始的》《爱花的牛》《大脚丫跳芭蕾》《有个性的羊》《嚓嘭》等。

2. 哲学启蒙：“哲学鸟飞罗系列”《写给孩子的哲学启蒙书》《苏菲的世界》等。

2. 奇幻世界的光与影

——童话王国

早些时候，胡志远多次向我推荐汤汤的作品。除了名字，我对她一无所知。但我向往这种经由文字媒介，对一个人由陌生变得熟悉的感觉。

我第一次阅读的汤汤作品，并不是她擅长的鬼故事，而是一本儿童小说集。

这些年，很多经典的儿童文学作品从我的唇上滚过，唤醒了孩子们沉睡的耳朵和玲珑的童心。以我多年大声朗读而收获的敏感，我深知，汤汤的语言是适合孩子们的。在他们学习母语的最初时光里，优秀的文字总能激活他们潜藏的语言天赋。

汤汤的文字干净明朗、清新鲜活、充满灵气和想象力，满是熟悉的味道，那么轻易地俘获了我，把我拽入故事中，那些故事似乎就发生在我的周围，甚至发生在我的身上。《柿子，柿子》中那棵疯长的柿子树，让汤汤的作品染上了安房直子的气息，在写实和虚幻之间，几乎分不清边界。

汤汤的作品中总是跳跃着一股新颖、活泼的气息。直觉告诉我，她应该是老师。透过故事，我愿意去想象和勾勒她的模样，忍不住百度了她的资料。果然是老师，难怪她笔下的孩子形象一个个如此鲜明、饱满。汤汤居住在浙江武义——我和女儿2009年夏天参加“童诗之旅”待过的地方，不由得又多出了几分亲切。

后来啊，终于读到她更多的童话《青草国的鹅》《美人树》《欢天喜地》……还把这些故事朗读给孩子们听，班里的孩子、家长都成了汤汤迷，我更是逢人便推荐汤汤的书。再后来，我们几次在活动中相遇。听她讲教育教学时的焦虑无助，讲等待灵感降临时的奇怪举动，讲自己创作的童话……她讲述的时候，不急不缓，语调柔和，却像一根银丝一样缠绕着听众的心。

某年某日黄昏，汤汤、梁燕（汤汤的书的责编）和我，漫步在上海的街头，突然惊奇地发现，我们三个一样的长发，一样的长裙，一样的银手镯，一样的弱不禁风……这是怎样的气息相近啊！吃完晚饭，我们在中山公园散步，处处绿树葱茏，俨然一个童话世界，我们也好似在梦里，脚步轻盈，翩翩欲飞。

夜晚的台灯下，汤汤耐心给我们班的孩子写信，签明信片，一张又一张；她在我们的阅读群里给孩子们答疑解惑，不厌其烦……真正优秀的作家都是打心底里愿意亲近孩子的。

我蓦地又想起2015年，马来西亚儿童文学协会黄先炳博士一家带我去看萤火虫。漆黑的夜，小小的船在水中穿行，两岸是树的剪影，偶尔有大批萤火虫飞到我们跟前，闪闪烁烁，又慢慢地飞远……梦幻般的感觉，让我想起了汤汤的《流萤谷》。那个夜晚，如诗如梦；读汤汤的作品时，也常常如梦如幻，分不清现实还是想象。这是汤汤文字的魔力，折射着奇幻世界的光与影，让读者身临其境，沉醉不知归路。

亲情·自由·梦想

——《青草国的鹅》导读实录及评析

汤汤 / 著
少年儿童出版社
2012 年 8 月出版

作品解读

《青草国的鹅》中，一个叫草樱的女孩被鹅疯狂追逐并咬了一口以后，开始想吃青草。原来她是鹅国的公主，被派往人间学习，经过十年，鹅王后要把她召回来。她不愿回到鹅的世界，鹅妈妈体谅她内心的痛苦，设法让她回到了人间。

作品有三个层次：一是生动的、充满童趣的、与众不同的叙述层；二是与现实对应的层面；三是人生意味与生命价值的层面。作品的表层是孩子与鹅的奇异故事；中层所对应的是近年来越来越困扰国人的由迁徙、进城、留学、移民等所造成的身份改变和亲属分离；第三层是鹅妈妈无私的爱，和对后代自由选择的尊重。（刘绪源语）

教学目标

1. 培养学生倾听的习惯，在猜测、交流、讨论中，激发学生自主阅读的兴趣。

2. 感受草樱“从人到鹅”，再“从鹅到人”外形变化时的内心世界，感悟亲情的伟大、自由的可贵和梦想的执着。

教学过程

一、看封面，猜故事

师：孩子们，吉老师给大家带来了一本新书，题目叫《青草国的鹅》(作者：汤汤　少年儿童出版社 2012 年 8 月出版)。联系题目和封面上的图画，猜猜看，这本书可能讲了什么故事？(板书：猜)

生：鹅来到大草原寻求他的梦想。

生：一只鹅想环游世界。

【**评析：**鼓励学生打开思路，大胆猜测故事内容，唤起阅读期待。】

二、认识草樱，感受草樱的内心变化

师：封面上除了鹅，还有一个女孩，她叫“草樱”。(板书：草樱)草樱 10 岁了，和你们差不多大，也上三年级，她从小就喜欢青草，喜欢鹅。她有多么喜欢鹅呢？想不想知道？

生：(大声地)想。

师：那就听我朗读，注意一边听，一边把听到的文字变成画面，你们有这个本领吗？(板书：听、想)

生：有。

【教师朗读 P.13，草樱喜欢鹅，闹着不肯妈妈到集市上卖鹅。】

师：听了我的朗读，你们看到了怎样的画面？

生：草樱一只一只地亲吻着小鹅。

生：草樱闹着不肯妈妈到集市上卖鹅。

师：她会怎么说？

生：你们凭什么把鹅都卖了，我那么喜欢它们。

师：草樱的确很喜欢鹅。（板书：喜欢鹅）

【评析：培养学生边听边想的习惯，充分感受草樱对鹅的喜欢。】

师：这么喜欢鹅的草樱，居然有一天开始惧怕鹅。（板书：惧怕）别说看到鹅了，就连听到鹅的叫声都会吓得冒冷汗。这是怎么回事呢？（暂停，给学生猜想的时间）原来，有一天，村子里突然来了一只陌生的鹅，这只鹅，个儿特别大，羽毛特别白，额头上的包特别红。最奇怪的是，这只鹅一见到草樱就追着她咬，咬了几次都没咬到。后来，村子里所有的鹅都追着草樱咬。草樱被吓得连晚上都做噩梦，没办法，只好从乡下转学到了县城，到舅舅舅妈家去住。

【评析：讲述草樱从喜欢鹅到惧怕鹅的经历，利用矛盾冲突激发学生继续倾听的兴趣。】

师：来到城里的草樱生活得怎么样呢？【教师朗读 P.20，草樱成绩优异，又入选了舞蹈队，有了人生的第一个梦想。】（板书：梦想）梦有多大，舞台就有多大。老师把参加市里独舞表演的机会给了草樱，她跳的舞蹈名字叫作《天鹅之梦》。就在草樱每天认真练习，准备参加表演的时候，意外发生了——（停顿、猜测）

生：那只鹅被卖到城里来了。

生：那只鹅追到城里来了。

师：你们和作家心有灵犀，想得一模一样。那只鹅真的追到城里来了，而且狠狠地咬了草樱一口。被鹅咬了之后，草樱变得很奇怪。她什么也不想吃，但肚子却饿得咕咕直叫，她已经一天一夜没有吃东西了。更奇怪的是，她居然能听懂鹅的语言。我们来听听，那只咬过草樱的鹅到底对草樱说了什么？

【小组开火车朗读 P.42，**这组句子是从鹅与草樱的对话中精选出来的，对文本的顺序做了调整，有所删减。**】

你是一只鹅！

你是一只一出生就被送到人类世界的鹅。

你的血管里流着鹅的血。

你和我一样，和许多鹅一样，都住在青草国。

我们青草国有一个传统，每隔二十年要将一个小公主送到人类世界生活，学习人类的智慧，将来回来担当王后，让青草国的鹅越来越聪明，越来越快乐。

知道吗？只要我咬你一口，你的血液里关于鹅的记忆就会慢慢复苏。

你听得懂我说的话，已经证明……证明你是一只鹅。

我知道，你现在想吃青草了。

吃了草，你就会发现，自己是一只鹅了。

师：草樱胃部的疼痛越来越剧烈，她的脑子里有两个声音在打架，一个声音在喊——

生：“我是一只鹅！我是一只鹅！我就是一只鹅！吃草去吧，吃草去吧，是鹅就要吃草去！”

师：另一个声音会喊什么呢？

生：我不是一只鹅！我不要吃草！

生：我不是一只鹅！我就不是一只鹅！

生：我不是一只鹅，我有我的梦想，我将来要当舞蹈家。

生：我是一个人，不想要吃草，我不想变成鹅！

【**评析**：抓住契机，引导学生进行角色体验，真切感受草樱的内心冲突。】

师：尽管草樱竭尽全力克制自己想吃草的欲望，但浓烈的青草香一次次撞击着她的嗅觉，令她迷醉。她终于忍不住扑到了青草上狼吞虎咽地吃起来，直到打了一个响亮的饱嗝。她突然发现，自己变成了一只鹅。（板书：变成）草樱回到了美丽的青草国。在这里，草樱可不是一只普通的鹅，她的妈妈是鹅王后，她是鹅公主，也就是将来的鹅王后。你们觉得变成鹅公主的草樱，开心吗？

生：开心！

生：一开始不开心，后来和其他鹅熟了，她慢慢地喜欢上了青草国，就开心了。

生：既不开心，又开心。

师：这么矛盾复杂？

生：不开心的原因是跟人类世界的父母分离了；开心是回到了青草国，她原来的家乡。

师：你们想知道故事里是怎么写的吗？【教师朗读 P.88，草樱在青草国很不快乐。】

师：草樱，你该怎么办呢？

生：把自己打扮成人的样子，继续跳天鹅舞。

生：想尽办法变回人。

师：怎么变呢？你来当一回童话作家，编一编这个故事。

生：再让那只鹅咬一口。

生：喝一口神奇的水。

生：找一种书籍，看怎样把自己变成人。

生：吃一种药丸，然后变成人。

【**评析：**通过朗读让学生沉浸在故事之中，变身为草樱，设身处地感受草樱的内心世界，并积极参与到故事的创编中来。】

三、认识鹅妈妈，感受她对后代的爱和尊重

师：这本书里是这样写的：为了能让草樱回到人类世界，草樱的鹅妈妈——青草国的鹅王后，一心一意地去求青草国有神力的鹅巫婆婆。

生：（疑惑地）鹅妈妈真的想离开自己的孩子吗？

师：这个问题问得太好了，我想采访一下现场听课的老师和家长。

师：（采访听课老师）如果是你，你舍得你的女儿离开吗？

听课老师：只要她快乐就行了。

师：真是一位好妈妈。（采访家长）你愿意吗？

家长：愿意。

师：可是，孩子一旦离开，就再也不回来了。你还愿意吗？

（家长沉默。）

师：（面对学生）孩子们，你们知道吗？鹅妈妈也曾在人类世界生活过10年，也曾有过自己的梦想，也曾经历过和人类世界父母的离别，甚至连告别的机会都没有。她特别理解草樱的心情和处境。我们来听听鹅妈妈的心声——【师生合作朗读P.98】

每二十年挑一只小鹅送去人间，长到十岁，不管她愿不愿意都要回来接受“公主”的使命，世世代代如此。

对于每一个被选中的公主来说，这公平吗？

不，这不公平。她们从小就失去选择的权利。

去人世间，不是她们的意愿，回青草国，也不是！

可是青草国不是自由自在的地方吗？不是很尊重每一颗心灵的自由和快乐吗？那又怎么能强迫她们做自己不愿意做的事情呢？

强迫是不对的，哪怕是因为责任和使命。

我们青草国向来是自由的地方，我们应该尊重每一只鹅的心愿和梦想。

师：你们喜欢这位鹅妈妈吗？为什么？

生：喜欢，因为她不强迫孩子做自己不愿意做的事情。

生：她尊重孩子的选择。

生：她给孩子自由的空间。

（板书：自由尊重）引读：

家庭是自由的地方，我们应该尊重每一个孩子的心愿和梦想。

学校是自由的地方，我们应该尊重每一个孩子的心愿和梦想。

【评析：勾连现实生活，体悟鹅妈妈对草樱的尊重、理解和真正的关爱。】

四、草樱别离鹅妈妈

师：草樱就要离开了，鹅巫婆婆把草樱带到一团浓雾面前。【教师配乐朗读 P.99，草樱心里很舍不得，跳了一支舞，大声呼喊："妈妈，我会想你的，我会很想你的！"】

师：草樱又回到了人类世界（板书：人），后来怎么样了呢？你们最想知道什么？

生：草樱回到人类世界之后，她还会吃草吗？

生：草樱如果还想回到青草国，她应该怎么办呢？

师：欲知后事如何，请大家赶紧去读一读汤汤这本《青草国的鹅》吧！

【**评析：**配乐朗读，体会草樱和鹅妈妈的依依惜别之情；再次利用阅读期待，激发学生自主阅读的兴趣。】

五、认识汤汤，推介作家的系列图书

师：（出示作者图片）这就是汤汤，她住在美丽的浙江武义，是一个小学老师，一个经常给孩子们讲故事的老师；她还是一个优秀的作家，写过《喜地的牙》《流萤谷》《到你心里躲一躲》《睡尘湖》等很多书，获了很多儿童文学奖。

听汤汤录音。（**出示汤汤赠言：呼吸书香　润泽童年　好书相伴　幸福童年**）

【**评析：**从一本书到一个作家的一系列书，为学生打开一扇阅读之门。】

板书设计：

青草国的鹅

	喜欢		梦想	
草樱	惧怕	鹅	自由	人
	变成		尊重	

汤汤评课：

之前，吉忠兰老师告诉我，她要上一堂《青草国的鹅》的导读课。对于一个作者来说，自己的作品能被更多的人知道并阅读，自然是件开心的事情。所以她让我录一段话给她们班的孩子，我欣然答应。

去年，在一个论坛上我们有过一面之缘，我知道她是一个小学语文老师，一个执着于儿童阅读推广的母语教育工作者，每天带领着孩子徜徉于经典的儿童文学作品，让他们的童年沉浸在书香里。

如今，有越来越多的语文老师开始关注儿童文学的阅读，他们自己读，读到好的就推荐给孩子们，一有时间就和他们兴致勃勃地聊书。为了引起孩子们的阅读兴趣，想出各种办法。这样的老师越多，孩子们就越幸运。不过也有个值得注意的现象，很多阅读推广人的视野里，绝大部分都是外国的儿童文学，不知道是外来的和尚好念经的缘故，还是中国实在是没有好的儿童文学作品。中国的儿童文学，他们基本不关注，不关注后下的结论就是，中国儿童文学实在是没有好的作品，和世界的差距太大了。

吉忠兰老师上完课，把课堂实录发给我。从实录上看，我发现她是一个特别善于激发孩子们阅读兴趣的老师，她巧妙地抓住草樱从爱鹅到怕鹅到变成鹅这条线索，朗读书中对孩子们最有吸引力的一些段落，又不断地让孩子们做阅读猜测，设置一个个悬念，使他们对书充满阅读期待，并有效地把这种点燃了的阅读热情带到课堂之外。

吉忠兰老师已经是一个成熟的阅读点灯人了，真希望有越来越多这样的点灯人，能多关注当下的、中国的儿童文学。

家长感言：

听吉老师给同学们讲《青草国的鹅》这个故事，感觉汤汤老师这个故事写得很生动、很有趣。其中，最让我感动的是鹅妈妈，当草樱从人类世界返回到青草国的时候，在那儿生活得并不开心，鹅王后看到自己的女儿伤心难过时，她尊重草樱的选择，请鹅巫婆婆用法力把草樱送回人类世界。通过这节课，我也明白了家庭是给孩子们自由的地方，应该尊重孩子的自由和梦想。哪怕是偶尔犯一点小错误，也要耐心地讲解给她听，让她感到家的温暖，让她感觉自己是快乐和幸福的……（丁洋妈妈）

一棵有梦想的树

——《美人树》导读实录

汤汤 / 著
江苏凤凰少年儿童出版社
2014 年 9 月出版

作品解读

《美人树》讲述了这样一个故事：一天晚上，女孩土豆和村头那棵冬青树交换了身份，土豆化身为冬青树，冬青树则变成土豆的模样，走了。土豆受骗了，因为冬青树再也没有回来。原来，很多年前，这棵叫作冬小青的冬青树为了获得自由，欺骗了村里的女孩小美，小美不得已，又欺骗了女孩桑桑，桑桑迫于无奈，才欺骗了女孩土豆。善良的土豆凭着自己的勇敢和智慧，终于让这四个灵魂各归原位。重新变成冬青树的冬小青把自己从土中拔了出来，土豆把她制成一只小船，重新赋予了她自由的生命。

这本《美人树》温暖又有力量，汤汤把自己想要表达的深刻、厚重，用清浅的方式淋漓尽致地泼洒出来：友情、生命、梦想、爱、坚持、信赖、执着……汤汤的文字经得起检验。检验它的最好方式就是朗读给孩子们听，一遍又一遍。孩子们总能走进故事情境，沉醉其中，欲罢不能。

教学目标

1. 大声朗读，激发学生倾听的兴趣和自主阅读的热情。

2. 了解故事梗概，放飞想象，参与推测、创编故事情节。

3. 话题讨论，展开思辨，初步感悟文本内涵：信任与欺骗，友情与生命，自由与梦想。

教学过程

一、揭题想象，打开故事之门

1.（板书：美人树）在你的想象中，美人树是什么样子的？（鼓励大胆想象）

2. 美人树到底长什么样儿呢？让我们跟随一个叫土豆的女孩，一起去看一看。（板书：土豆）

二、聆听朗读，走进故事情境

场景一：土豆遇见美人树

讲述：土豆住在南霞村，村口有十三棵大树。夏天，知了的叫声连成一片。（板书：知了）你们知道吗？知了的一生十分奇特，一辈子几乎都在地底的黑暗中度过，直到生命的最后一个夏天才破土而出。

土豆见过蝉蛹从泥土里钻出来，但却从来没见过它们是怎么从蛹壳里钻出来的，她决定一探究竟。这天夜里，她等家人都睡着了，偷偷溜到村口的老槐树下。她看到了一个大甲虫模样的东西爬上了树，后背“咔嚓”裂开了一条缝，裂缝里挤出来了一个东西。

就在这关键时刻，她身后响起了叹息一般的歌声。这样的夜晚，是谁在唱歌？

朗读：她身后本来是一株冬青树，是这些树里最年轻的。（板书：冬青树）

现在它的下半部分还是一棵树，是冬青树的树干。上半部分却是一个人了，月光里看得清清楚楚，分明是一个女孩儿的模样。

土豆知道有美人鱼，却从来不知道还有美人……树！（边听边把美人树在脑海里画出来哦！）

片段1：

她雪白的脸蛋，下巴尖尖的，嘴唇不红润，闪着淡淡的紫色，鼻梁挺直，鼻翼小巧而精致，一双很大的眼睛，里边有露水一样润泽洁净的光。颀长白皙的脖子上挂着一串紫红的花，而这时冬青树的花早就谢了。她身上裹着叶子连缀而成的衣服，两条修长的手臂交叉着抱在胸前，又温柔又娇弱的样子。腰肢纤细，只是再往下一点，就是硬挺的灰色树干了。这样的组合实在是太奇怪，比人和鱼的组合还不可思议。最美丽的是她的头发，绿色的一绺一绺，像树上挂着的细细的藤，缠着花瓣和叶片，长长地从头顶垂下来，瀑布一样垂到腰际。更有趣的是，头发丛里还露出了半个鸟窝。

这棵美人树叫桑桑。（板书：桑桑）你们喜欢桑桑吗？为什么？

她和土豆之间会发生什么故事呢？（见封面图：桑桑和土豆拥抱在一起）发挥你们的想象力，猜一猜。

正如你们所说的，她们成了朋友，有了这样一段对话，请两个女孩子来读一读。

片段2：

土豆问："现在你可以告诉我，你到底是树，还是人？"

"大部分时候，我是一棵树，就是你看见的冬青树。一年里只有一个夜晚我才有机会变成这样。"

"所有的树都有这样的机会吗？"

"当然不是，只有像我这样心怀梦想的树才有可能。"

"树也有梦想吗？你的梦想是什么？"土豆好奇地问。

"我的梦想是自由！"

"自由？"

"是的，我想要自由！可是对于一棵树来说，自由是不可能实现的事情。我没有像你们一样可以四处行走的双脚，所以……"

这又是怎样的桑桑？（板书：自由）这里有一个省略号，谁猜到桑桑要说什么吗？

女生齐读："土豆，借你的双脚给我一个晚上吧，只是一个晚上，天亮之前我就还给你……"

（现场采访学生）土豆，你愿意吗？（两种观点碰撞）

追问：难道你们没有疑惑吗？

师朗读："你听我说，土豆，这是一件很简单又很奇妙的事情，一点儿也不疼，你不会受到半点伤害。你只是代替我当一个晚上的树，而我用你的脚去实现我的梦想。只是一个晚上，天亮之前我就回来还给你。你……能相信我吗？"

（再次采访学生）土豆，你相信我吗？（板书：信任）

场景二：土豆变成一棵树

变成树后的土豆会怎样呢？请聆听我的朗读，并从字里行间体会一下土豆的心情。

片段3：

土豆整个晚上都舍不得睡觉，天亮了也没有睡意。天原来是这样亮起来的，土豆头一回有始有终地看见。东边天的色彩像在变魔术，星星和月亮依次淡去，滚圆晶亮的露水停歇在植物的叶片上，天色从一块暗沉的丝巾摇曳成清透的白。土豆东张西望，怎么也看不够。

片段 4：

土豆这棵愤怒的树，没三天时间，黄了许多叶子，要知道离秋天还远得很呢，可怜的叶子是被愤怒烤焦了。枝条却往天空直直地戳去，像一根根悲愤站立的头发。愤怒容易使人疲惫，土豆很快疲惫了。疲惫了的土豆，叶子哗啦啦地落，树枝也全耷拉下来，几根枝条碰到了路人的脑袋。

你体会到土豆的心情了吗？（第一个片段：激动、兴奋、欣喜……第二个片段：愤怒、悲愤……）为什么会有这样的变化呢？

是的，桑桑欺骗了土豆。（板书：欺骗）她没有按时回来。你想对桑桑说什么？

场景三：知了唱完最后一首歌

愤怒有用吗？指责有用吗？最后的结果只有一个，那就是——枯死！土豆该怎么办呢？

正在这时，土豆听到一声呼唤，那个夜晚看到的那只知了在喊她。知了说了什么呢？我来读，请注意倾听，知了的哪些话触动了你？

片段 5：

我该做的事都已经做完，刚才唱了最后一曲，我的生命快走到尽头了。

我度过了生命中最美好的十七天，这是一个多么美丽的世界，我心满意足了。

土豆，虽然我每天都在歌唱，可是，你的事儿我全知道。你上了当，成了一棵树，确实很不幸。可是，你的生命还在呀，生命是一件多么珍贵的礼物，你要珍惜哦。世界这么美好，总会有奇迹发生……

没错，生命就是一个奇迹，你要勇敢一些……

活着真好，我热爱这一切……

说完这些，知了便不再发出声音，一动不动地趴在树皮上。

一阵好大的风扑过来，树皮上的知了无声无息地飞起，他肚皮朝上，所有细细的腿都是勾着的，轻轻落在灌木丛上，似乎没有任何重量。

看着知了，原先胀满土豆心脏的悲伤和气愤瞬间都不在了。她定定地望着他，又一阵风，他落到了地上，翻个个儿趴着，一对黑色翅膀紧紧收拢，似乎随时都会起飞的样子。

你再读一读这些话，说说哪些词句触动了你。

如果你是土豆，你只能当一棵树，你会当一棵怎样的树？（板书：珍惜生命、勇敢）

场景四：桑桑回来了

故事总是一波三折、扣人心弦的。有一天，桑桑来了，告诉了土豆事情的真相，原来冬小青骗了小美，小美骗了桑桑，桑桑又骗了土豆。（板画人物关系，连成船的样子。）

片段6：

桑桑说："土豆你在这儿耐心等待，会有重获自由的机会。我是因为内疚才告诉你这些的。一年里你有一个晚上会变成半树半人的样子，如果这时你恰巧遇上一个孩子，呃，最好是像我们这样傻一点的心肠好一点的女孩子，她们容易上当。你就像我一样去骗她……然后你们就会互换，她代替你当一棵树，就像你代替了我一样……但是，这样的机会真的很少，你看，我等了十年才等到你，我听老槐树说，小美等了三十多年呢……但多少算是一个希望，不是吗？有希望，就能好好活着。"

"有希望，就能好好活着。"这就是知了让土豆等待的奇迹吗？

土豆会骗人吗？（生展开思辨。师出示答案，生齐读。）

"哪怕一辈子当一棵树，我也不会骗人的。"

三、根据提示，推测故事结局

如果你是作者，接下来会怎么写？（生充分猜测）

提示1：

片段7：

老槐树爷爷说："冬小青就要回来了，每年中秋夜，冬小青都要回来一次。因为就算她拥有了人的模样，她还是一棵树，她的身体需要来自泥土深处的养分，否则她就会枯萎死亡……她来了，趁你睡着觉，用一根藤把你和她自己紧紧绑在一起。她会给你唱催眠的曲子，会让你睡得很深很深，她脱了鞋子，光脚踩着你露在泥土外的树根上……然后，她会重新成为一棵树，根须扎进泥土，贪婪而迫切地汲取大地深处的营养和水分。而这时，你将会重新拥有双脚，变回一个人。因为你睡着觉，你完全不知道。不然这是你逃开的最好机会。这个过程是两个小时。过了这两个小时，你们会再次互换。她松开你们身上的藤，走了。如果你能醒着，那么，那两个小时就是你重获自由的最好机会。在这段时间，她十分虚弱，只能乖乖地当一棵树。"

提示2：

（板画船）谁变成了船呢？为什么要变成船呢？

结局究竟是怎样的呢？请大家自己去看看汤汤的新书《美人树》。这本书里有生动的语言，有耐人寻味的细节，有飞扬的想象，有巧妙的构思，也有深刻的思想，值得我们去细细品味。

板书设计：

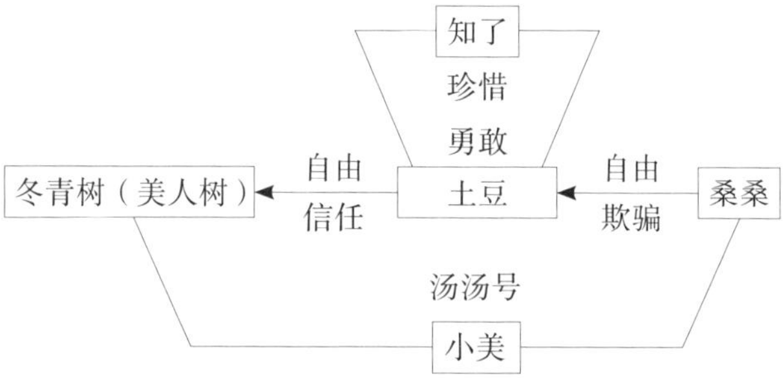

在幻想与现实之间穿行

——《银孔雀》交流课设计

[日]安房直子/著
彭懿/译
少年儿童出版社
2018年4月出版

作品解读

银色的孔雀，古老的传说，总有些人要为那编织美丽旗帜的使命付出自己的一生。也许所有打动人心的艺术作品背后，都隐藏着奋斗者美丽的梦想与执着的追求。日本著名儿童文学作家安房直子的幻想童话集《银孔雀》，收录了七篇精美的童话，从中你会品味许多人生哲理，获得美的享受。

教学目标

1. 尝试用情节图梳理故事梗概，并借助图文讲述故事。

2. 比较阅读，发现幻想文学写作的奥秘，感受安房直子的作品风格，尝试创作。

教学过程

一、聊聊故事开头

《银孔雀》　　　从前，……

《绿蝶》　　　　曾经有过这样的黄昏。

《熊之火》　　　啊啊，对面来人了。小森想。

《秋天的风铃》　一天，……

《火影的梦》　　某个港口小镇，有一家小小的古董店。

《大蓟原野》　　有一天，……

《蓝色的线》　　“喂，把心里想的话全说出来哟！……”

读一读这些开头，你有什么发现？（不确定的时间，不确定的地点）

我的创作还是在阅读与写作的竞走中进行的。所以，重读一遍自己的作品时，当时不时地会感到淡淡地飘出了茨威格的气息，感到里面糅进了爱读的法杰恩的小小的碎片时，便松了一口气。**也许说不定，我心中的那片童话森林，是过去读过的格林童话集中的那片黑暗的大森林的断片。**

——［日］安房直子

原来，你读过的文字会沉淀在你的记忆深处，总有一天会从你的笔端自然而然地流淌出来，形成你自己的文字风格。

二、聊聊故事模式

1. 自由讲述：这本书共有七个故事，你印象最深的是哪个？它写了什么？最奇妙的地方在哪里？

引导发现每个故事在现实与幻想之间不着痕迹的穿行。

2. 自主发现：对比情节图，你发现了什么？

《秋天的风铃》

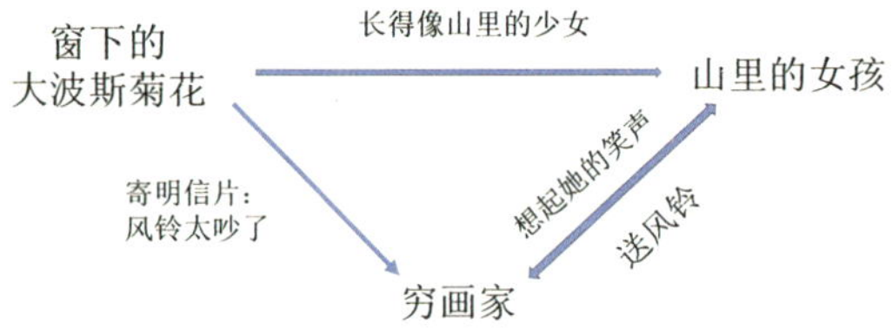

《银孔雀》——银孔雀是大海的波浪

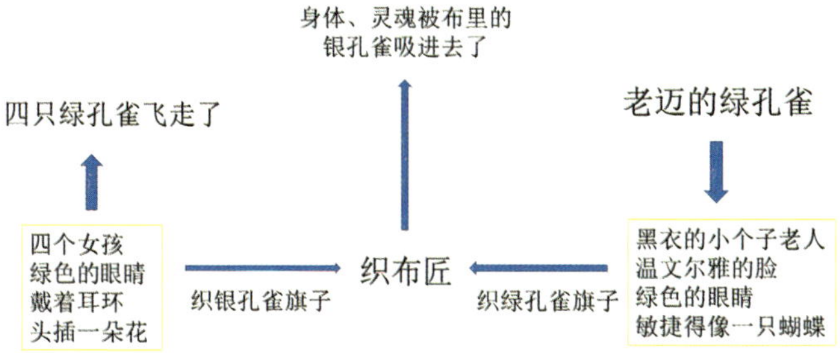

《绿蝶》 五月 黄 昏 夕阳

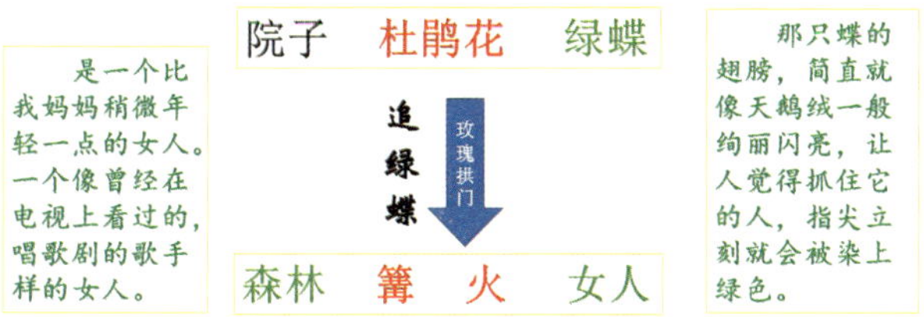

《熊之火》

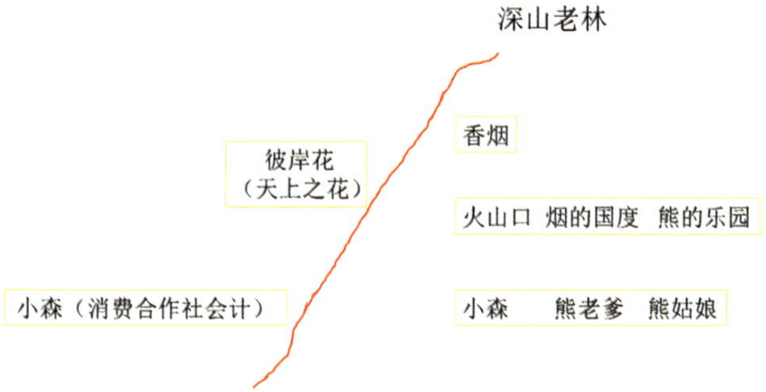

《火影的梦》

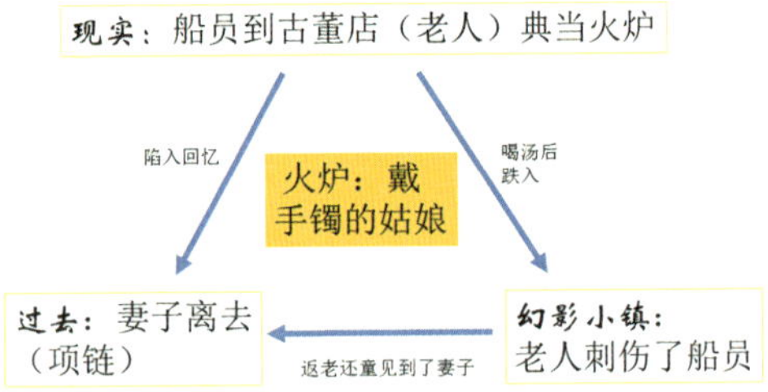

《大蓟原野》

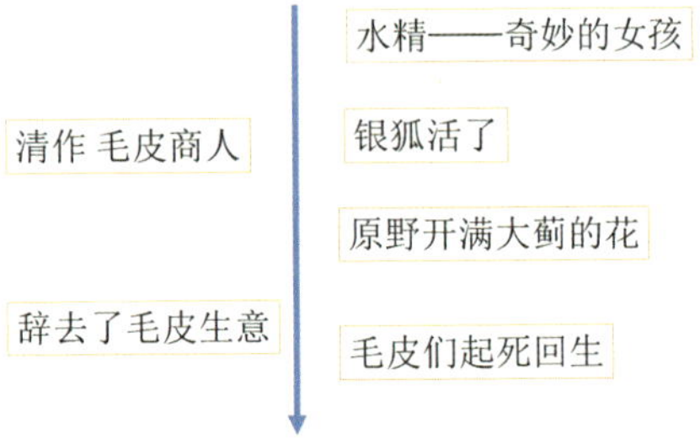

《蓝色的线》

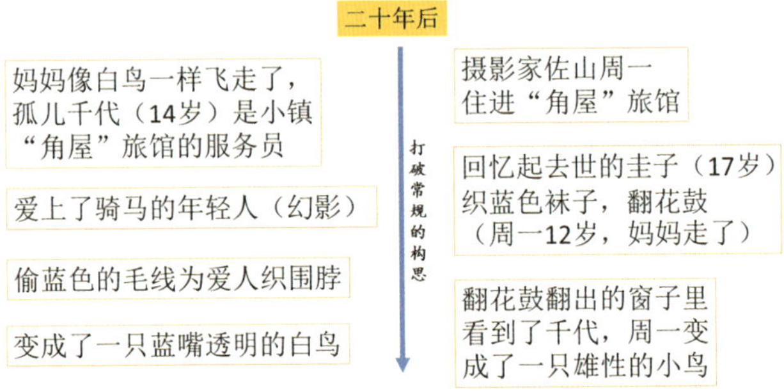

比较、讨论后发现：

童话的故事情节可以有多种多样的结构安排，现实和幻想之间或平行或交叉或相融，安房直子巧妙地创造出了一个个完整的，有广阔内在空间的，超越现实的“第二世界”。

作品题目	结构特点
《银孔雀》《火影的梦》	现实—幻想 （在家—离家—不归家）
《蓝色的线》	现实—幻想（两个故事叠加，略有勾连）
《绿蝶》《熊之火》《大蓟原野》	现实—幻想—现实 （在家—离家—归家）
《秋天的风铃》	现实—幻想—别处

三、聊聊叙述技巧

（那么说，这座塔里只有四位公主和那个老人，没有别人了。啊啊，一定是正在走向灭亡的孔雀啊……）

为了复兴正在走向灭亡的王国，那个忠诚的老仆也许想先要竖起一面旗子。

（原来如此。让塔顶上飘扬起孔雀的旗子，也许是要召集志同道合的伙伴。）

一直到今天为止，除了织布以外从未分过心的织布匠的心中，涌起了一个又一个的疑问。天真烂漫的公主们，围在织布匠的身边，一边晃晃悠悠地摇晃着耳环，一边热烈地说起了有关银孔雀的话题。

“说我们的爸爸妈妈，突然就不知去向了。对了，准是银孔雀的缘故。”

“就是。说因为银孔雀实在是太美丽了，只要看上一眼，就无论如何也要跟在它后头飞走了。”

“说所以爸爸妈妈才会把正在孵的四个蛋忘得一干二净，飞走了。”

“说别的孔雀也全都跟在它后头飞走了。”

“是。说就像候鸟似的飞走了。”

简直就像摇响了玻璃铃似的，四个人的话停不住了。于是……后来……是的是的，后来……就这样，说个没完没了。

1. 朗读片段，感受用对话还原补白故事的写法。

2. 聊聊其他故事中像这样通过对话或其他方式推动故事发展或

者补充故事内容的片段。

四、聊聊幻想的逻辑起点

1. 相似性

片段 1：

明信片上的字，不管是哪一个，都是像草蔓样细细的钢笔字。盯住不放，它们一个个让人联想起植物的叶子。比如说，像什么金雀花了，芦笋了，不，还要更加纤细的蕨类。

（这样说起来，这也许是一个人写的。也许是一个字写得像植物一样的女人，花了好几天才写出来的。）

片段 2：

怎么会有花写信这样的蠢事呢？有朋友嘲笑我。他说，那肯定是邻居什么人写的！

“是吗？”

我傻傻地笑着，不过，我还是觉得那是花儿们的抗议信。为什么呢？因为那明信片上的文字，越看，越像是大波斯菊的叶子。而且，那天早上开的花的数目，和投到我家里的明信片的数目，几乎一致。

绝妙的想象并不是胡思乱想、毫无依据，而是有现实基础，一切幻想与现实有着千丝万缕的联系，事物之间存在相似性。

2. 其他几篇里那些奇思妙想，又遵循哪些现实基础呢？举例谈谈。

五、聊聊幻想的实现途径——强烈的愿望

片段 1：

织布匠头昏了，他用两手垫在额头上，趴到了织布机上。

“喂喂，织布匠！”

公主们齐声地呼唤起他来。

“我们也想见银孔雀，而且也想去远方。”

“所以啊，在塔顶上竖一面银孔雀的旗子吧！”

“那样的话，银孔雀准会来接我们。”

奇妙的是，渐渐地，连织布匠自己也变得想见银孔雀了。至少，是在织出来的布上描绘一只开屏的银孔雀。

片段2：

一说起银孔雀来，四个人的眼睛里就都充满了一种向往。看着那一双双眼睛，织布匠的心里就有一种说不出来的憋闷。

很快，织布匠就有了这样的想法：

自己干脆变成银孔雀算了——如果自己能变成那样一只威风凛凛的鸟，就是抛弃了人的生活也行。

不知从什么时候起，是的，连织布匠自己都没有察觉，他已经喜欢上四位公主了。也不是说特别喜欢四个人里的哪一个，只不过是被四位公主围在中间，织布匠就有了种坐在芬芳的花园里的感觉，心都会颤抖起来。一听到那活泼的笑声，就心神不定地工作不下去了。**而且，他不止一次认真地想：要是自己变成了她们那么向往的银孔雀的话……**

然而这样的愿望是不可能实现的。织布匠闭上眼睛，摇了摇头，想抖掉这个无聊的梦似的。公主们轮流在他耳边喃喃细语：

“喂，求你了，织银孔雀吧！你不用怕老仆呀！”

“是的呀。只要让银孔雀的旗子在塔顶上飘扬起来，真的银孔雀就会来接我们了！”

“那样的话，这回老仆也不会无动于衷了啊！”

片段3：

即使是手艺高超的织布匠，也常常会织错了再改正，改正了再改正，进展非常缓慢。而不知不觉地，他就陷入到了一种入迷的状态之中。

织布匠的一颗心，慢慢地都倾注到了一只孔雀上。一只一个身体却有绿色和银色两个身影的美丽的鸟……**说真心话，织布匠的一颗心都倾注到了反面的那只孔雀上——那只摸索着织出来的银色的鸟上。**

那就像是眼睛看不见的人，用心灵的眼睛做出来的东西一样。那一根根描绘银孔雀形状的线上，都充满了织布匠的爱情和梦想。

读片段，感受织布匠心理的变化。从想看到银孔雀，到想变成银孔雀，念头越来越强烈。

聊聊其他几个故事中因为某种强烈愿望而进入幻想世界的片段。

联结：米切尔·恩德《永远讲不完的故事》《魔法学校》的"行你所愿"；现实生活中的"心有多大，舞台就有多大"。

六、聊聊"幻想通道"

1. 回忆其他作品的"幻想之门"

《哈利·波特》　站台

《5 月 35 日》　衣柜

《纳尼亚传奇》　衣柜、号角、画、戒指……

《鬼妈妈》　门

2. 安房直子故事中的"幻想之门"是什么？

《熊之火》　香烟

《火影的梦》　火炉

《蓝色的线》　翻花鼓

3. 你有什么发现？（都是生活中的平常事物）

安房直子的作品，既有别于传统童话，又不完全等同于现代幻想小说，而是介于童话和幻想小说之间，以较小的篇幅实现幻想与现实世界的跨越，让魔幻之光在日常生活中如梦境般片段闪现。作家与自然十分亲近，故事里随处可见自然精灵的影子，能使你听到精灵们在原野歌唱的声音，如此哀婉动人。安房直子虽然常常让主人公与魔法相遇，却很少创建独立的第二世界，没有宏大的场景，也没有善与恶的争斗，**有的只是对日常生活的细致描摹，体现了一个女性作家所特有的想象力。用心写作的安房直子，始终将魔法的力量隐匿在心灵的角落，让细琐的生活因此透出神奇和温暖。**

——《雅努斯的面孔：魔幻与儿童文学》，钱淑芬著总结：安房直子的幻想文学取材于现实的生活，描写真实的事物，因为强烈的愿望而产生奇妙的幻想，每一部作品都带着对人生的思考……学习本书的写法，多多观察、体验生活，展开奇思妙想，也尝试创作一个童话。

板书：

强烈愿望

现实 ————→ 幻想

相似性

附学生微童话创作：

爱吃光的小怪物

有一个爱吃光的小怪物。一天，它“啊呜”一口把阳光全吞了，天色顿时暗下来。一列地铁呼啸而过，灯光一下子吸引了小怪物。它冲上前，“啊呜”咬了一大口。“呸！呸！呸！一股铁锈味儿，真难吃！”刚说完，就连同阳光一起吐了出来。地铁哼着小曲儿，向远方奔去。“呼哧！呼哧！呼哧！”从那以后，它再也不敢吃太多光了。

（配图、文字作者：成莲丽）

《银孔雀》阅读单

年级：________　姓名：________

批注阅读本书的每一篇作品，尝试完成下面的表格。

篇名	主人公	主要情节（谁干什么？）简洁概括	幻想之门	开头方式	想象的合理性（现实基础）	奇妙之处	故事结构	其他
《银孔雀》								
《绿蝶》								
《熊之火》								
《秋天的风铃》								
《火影的梦》								
《大蓟原野》								
《蓝色的线》								
我的发现和感悟								

3. 在你忽略的地方，还有一个精彩的世界

——亲近自然

最初知道“朱赢椿”这个名字，是在周益民老师的朋友圈。看了朱老师的采访视频，得知他的工作室在美丽的南京师范大学随园校区，因为我多年前去过这所学校而增添了一份亲切。

我从网上买了一些他做的书。其中，申赋渔的《一个一个人》颇具特色，看上去像一本旧书，书里暗藏玄机，居然夹着“头发丝”“粮票”之类的杂物，但当你想要伸手掸去头发丝，拿出粮票时，才发现根本就是画上去的。好多细节彰显了年代感，捧读这本书，有一种无法言说的满足感，除了感情充沛，极易产生共鸣的文字，朱老师独具匠心的设计也功不可没。

2016 年冬天，大连的朋友给我寄了朱老师的《虫子旁》一书，一读就被吸引了，没想到除了无与伦比的装帧设计才华，他的文字如此细腻生动、惟妙惟肖，是学习自然观察最好的范本。我挑了一些篇目朗读给孩子们听，孩子们的心灵也被点燃了，着了魔一样喜欢上朱老师和他的文字。记得当时练习上有一道题“从事文学创作的女作家

很多，其中，我最喜欢读________写的________。”班里有一个娃，居然填了自己最喜欢读朱赢椿写的《虫子旁》。

2018年6月，接到第十二期亲近母语阅读种子教师研习营执教《虫子旁》导读课的任务，我先是一阵慌乱。因为周益民老师执教的《蚂蚁旁》已深入人心，我怎么有勇气挑战周老师的教学设计和课堂驾驭能力呢？我又将这本书从头到尾认真看了一遍，边看边记录所思所想。没想到，几天后的某一瞬间，灵感突然降临了，不到五分钟，教学思路就出来了。选取典型片段，引导孩子关注描写虫子样子和动态场景的片段，既揣摩了写法，又激发了阅读兴趣，一举多得。

思路定下来之后，便着手寻找合适的片段，我依然是从头开始阅读，边读边记录比较好的片段页码，然后进行筛选。熟悉带来亲切，首先要选择一两种孩子熟悉的昆虫，还要兼顾不同角度的描写，不同方法的表达，以便潜移默化习得写作方法。

初稿设计出来，在四年级一个班级试教，孩子们热情高涨，尤其是朗读片段猜测昆虫名称环节，个个兴致盎然。2018年7月，在南京上了这节课，上课的孩子们年龄段跨度比较大，小到一年级，大到六年级，碰撞起来非常有意思。读到描写蚊子的片段时，一个孩子义愤填膺地说：“这么讨厌的东西不配拥有这么美的外表。”一个一年级的男生一直强调，“我想一掌拍死它，蚊子太多了，打死一只没关系”。课堂最后，当聊到“尊重生命，每一个生命都是平等”时，他依然坚持自己的想法。现场听课的朱老师说：“课很生动，临场发挥很好！孩子这样的表现是最自然和真实的。”徐莉莉评价：“沉砂老师是我的偶像。无论是她的课还是她本人，都是那么地美丽，如一束兰，清新幽雅；如一本书，深刻隽永。《虫子旁》一课既充满感性的诗意，也丝毫不缺理性的思考。孩子们学得兴致盎然。你会发现在她的课堂上，孩子、老师、书三者是那么地和谐，阅读是那么地美好。”

2018年9月，我接了一个六年级的新班，开学第一周的阅读课，我又和孩子们一起品读《虫子旁》。在聊天中得知，大部分孩子居然从来没有留意过虫子，他们的课余时间被作业和电子产品占据了。一开始，由于投影仪上的字比较小，孩子们看不太清楚，朗读起来磕磕巴巴，失去了文字原本的美感，让我有点沮丧。后来，我亲自范读，请人到前面去朗读，引导孩子们想象画面，尤其是想象两只蚂蚁打斗的场景。课堂快结束前，我突发灵感，让孩子们把这节课的感想用三言两语写下来，没想到，孩子们写得那么深刻：

虫子身上特有的人性，是鲜为人知的。迄今为止，只有两个人真正发现了它们的美，一个是法布尔，一个是朱赢椿老师。（韦佳慧）

我们认为的那些“没有用的东西”背后，或许藏着很多的秘密。看上去并不起眼的“玩意儿”，或许是未来发展的一部分。（王晨）

朱老师，以前，我觉得自己发现的东西也不少，读了您的文章，我才知道，更多的是被我忽略的。世界是永远读不完的，未来是预料不到的，留意生活中的点点滴滴，相信生活会越来越精彩！（马一航）

读了朱老师的文章，发现原来身边还有这么精彩的世界。怪自己不会发现，不会观察，是朱老师让我明白观察是打开文学大门的钥匙。所有的生命都值得被发现。（万迈）

如何写好“观虫笔记”

——《虫子旁》导读、写作课设计

教学目标

1. 通过听读、自读、猜测，激发自主阅读《虫子旁》的兴趣。

2. 品味语言，揣摩观虫笔记的写法，引导孩子体会生命平等的观点。

教学过程

一、认字，导入新课

1. 板画虫的甲骨文，猜字。

出示“虫”字的演变，弄懂“虫”字的本义。

从甲骨文看，像一条虫，上部为头，下部是虫身。“虫”本来指“昆虫”。可是到了后世，词义扩大了。“羽虫之精者曰凤，介虫之精者曰龟，灵虫之精者曰龙。”这就是说，有羽毛之虫，最高级的是凤凰；甲壳之虫，最高级的是乌龟；鳞片之虫，最高级的是龙。可见，古人把凤、龟、龙等都称为虫。还有《水浒传》中武松打的那只大老虎，就称为“大虫”。

2. 提到“虫子”，你最先想到的是哪些？（开火车说）

你近距离观察过什么虫子？在什么地方？

喜欢虫子吗？（手势代替：喜欢、讨厌、一般）采访喜欢或讨厌的理由。

这节课，我带你们去一个地方观察虫子。也许，你对虫子的态度，会发生一些改变。这个地方叫随园书坊，坐落在美丽的南京师范大学校园里。

二、认虫，学习写法

1. 读文字，猜虫名

片段1：

它在一个五六岁的小女孩手掌中爬行，乳白色的壳，半透明的身

体。两只**触角**细长，螺旋形壳的边缘有一道深赭色花纹，迎着光看，好似镶了金边。（蜗牛 P.110）

看，第一只虫子出场了！我来朗读，你来想象它的样子。教师范读。

你是怎么猜到的？（壳、触角）（板书：抓住特点）

无论是观虫，还是写人、状物，都要抓住特点来写。一边读，一边想象一下蜗牛在阳光中的样子。加动作读。

片段 2：

它从天井上方的枫杨树上飞了下来，深赭色的身体，黑色斑纹，两肩凸起，**像武士的盔甲**，突起的额头有两只长长的触角，并能自由转动，**远看很像美猴王头顶上的雉鸡翎**。当它飞起来时，张开的翅膀，**又好似深赭色的披风**，威武异常。（天牛 P.128）

男生读。天牛最与众不同的地方就是它的触角。作者是如何写的？（板书：用打比方）

朗读三处比喻，品味天牛威武的内在特点。

片段 3：

透过玻璃，逆着光看，这家伙长得还真精致。因为肚子里空空的，看起来通体透明，六足均匀地对称分布，细细长长地延伸向两边，翅膀如水晶一般，两只眼睛就像是戴了墨镜。头上的触角像两片羽毛分散在两边，分明是一种热带植物的花，柔软而透明。我从前后左右，把它看了个遍，真要感叹造物主的神奇。（冬天的蚊子 P.168）

女生读。你喜欢它吗？喜欢它什么？你们觉得作者喜欢吗？从哪些词句感受到了作者的情感？

作家把自己的情感藏在了文字之中。（板书：融入情感）带着喜欢再次指名读。

揭示答案：蚊子。再读这段文字，你有什么想法？原来令人讨厌的蚊子还有这么美的一面。

片段 4：

在野藤上，有一朵乳白色的小花正在绽放，可是这花又有点奇怪，没有完整的花瓣，而是呈一丝一缕的絮状。

我正想用手触摸，这朵花竟向上移动了一下，接着转向了野藤的背面。我忙把眼睛凑了上去，这才看清：原来是一个很小的虫子，半透明的身体，像精雕细琢的微型玉蝉，白色的花冠原来是虫子的尾部，呈放射状展开，远看真的像一朵盛开的白花。（昆虫小孔雀——广翅蜡蝉的幼虫 P.14）

自由读，觉得特别的地方多读几遍。

你觉得哪里写得最特别？开火车读，谈体会。

生活中见过这种虫子吗？也许见过，但并没有留意。出示图片，认识昆虫小孔雀——广翅蜡蝉的幼虫。（板书：留心观察、查阅资料）

2. 品文字，学写法

作者是如何把这些我们熟悉或不熟悉的小虫子写得这么栩栩如生、惹人怜爱的呢？有什么法宝呢？

自由阅读以上四个片段，总结写作方法。

三、聆听，猜测想象

1. 感受动态场景

看过了这些小虫子的样子，我们再去欣赏一下精彩的动态场面。你对什么场景最感兴趣呢？请选择：

A. 滑稽的行走 P.118

B. 好玩的劳作 P.140

C. 激烈的打斗 P.129

D. 温暖的互助 P.12

教师朗读《蚁的武斗》，学生用手演示打斗场景，参与猜想武斗结果，留下悬念。

窗台上，有两只蚂蚁，一只头稍微大一些，另一只身材瘦小一些。

两只蚂蚁像红了眼的斗牛，各自都把头压低，臀部抬高，摇摆着触须。搞不清这到底是生死格斗，还是在比武过招。

争斗看来也刚开始，两蚁静止不动，相持足有两分多钟。

小蚁首先发起攻击，口咬住大头蚁的右触须，死命往后拖拽。大头蚁疼痛难忍，本能地向后扭头，小蚁竟然死死咬住不放。大头蚁块头大，拖着小蚁的身体前移。小蚁紧紧抓住台面，可是台面光滑，竟然整个身体被拖动起来。

大头蚁似乎有点愤怒，猛地转回头想反咬一口，哪知小蚁早有准备，往后猛退一步。大头蚁一个踉跄，在半空中扭曲着身体，而小蚁仍旧咬住大头蚁的触须，继续死命往后拖拽。

大头蚁不再还击，好像准备认输了，就这样，两蚁又一动不动地僵持好久……

突然，大头蚁一个急转身，用右前肢卡住小蚁的脖子，抬起右后肢，骑在小蚁的身上。就这样，小蚁一下子被大头蚁控制得动弹不得。但大头蚁的右触须仍在小蚁的嘴里。

大头蚁无法再忍耐，卡住小蚁的脖子，用力高高举起，要把它摔个半死。这回小蚁六肢不着地，在半空中挣扎。大头蚁果然把小蚁狠狠地摔到台面。小蚁身体被重重撞击后，手脚也没了力气，瘫软下来。但是，大头蚁的触须仍然在小蚁的嘴里。小蚁一用劲，大头蚁也就势倒地。

这场争斗进行了半个小时，也耗尽了两蚁的体力。争斗结束后，小蚁好像已不能走动，大头蚁把小蚁扛起离开桌面。当然，触须还被小蚁咬在嘴里。

——《蚁的武斗》P.129

2. 欣赏《单身妈妈切叶蜂》

（1）读正文，抓动作描写部分，圈画动词，感受画面感。（板书：动作描写）

切叶蜂**停**在半空中，好像在**端详**哪一片叶子更适合切割。最后，它**选**了一片嫩叶，把后脚**停**在叶子上，当成圆心，再用前腿**夹住**叶子，身体在叶子上沿着圆周**转动**，两个大颚就像一把裁缝的剪刀，随着身体的**转动**开始**切割**叶片。就这样，一块圆圆的叶子被整齐地**剪切**下来。切叶蜂把切下来的叶子稍微**弯曲**，**抱着**这个圆圆的叶片向巢里**飞去**。这些叶片主要是来包裹蜂卵用的。可见切叶蜂真是个巧手细心的母亲。

——《单身妈妈切叶蜂》P.140

（2）一篇完整的“观虫笔记”由哪些部分构成？

题目、时间、地点、图片、资料（绘画、拍摄）、正文。

你也可以尝试去写一篇观虫笔记，以上部分不一定要面面俱到哦！

四、推荐，自主阅读

1. 出示两个版本的书封面

观察两个书封的奇妙之处。说说你喜欢哪一本。

2. 与作者对话

朱老师，我想对您说：

3. 品读作者精妙语言

在你忽略的地方，还有一个精彩的世界。

虫的世界，就像镜子一样，不时地照见我自己。

——朱赢椿

孩子们，这两句话也许你们现在还不能完全理解，就请大家在阅读和观察中去慢慢体会。

板书设计：

仔细观察
动作描写
用打比方
} 观虫笔记 {
抓住特点
巧用资料
融入情感

探寻“自然笔记”的秘密

——《我的自然笔记》阅读笔记

朱爱朝 / 著
广西师范大学出版社
2015 年 8 月出版

爱朝是一个温婉、优雅的女子，喜欢穿一袭旗袍。她讲课、讲座、主持的语调也是让人舒适，令人着迷的。她没有学过绘画，却以极大的耐心，画出了一幅幅精美的自然笔记。她在乡村的家里给我班的孩子们录制“自然笔记”的音频，为她伴奏的是鸟的叫声，还有她家的鹅老爷发出的嘎嘎声。我去湖南游玩，途经长沙，感到特别亲切，因为那是一个有爱朝和熊炬（我的另一个朋友）的城市。最令人感动的是，有一次爱朝看到我在朋友圈发糗事——经常丢三落四，尤其是丢发圈，竟然给我买了一袋各种各样的发圈、发卡带到南京来。

我雀跃着每天轮换着用，心里每天澎湃着温暖。

周而复始的观察，这些曾让孩子熟视无睹的植物，与孩子有了生命的连接……自然笔记在一点一点开启孩子和我的感官，让我们逐渐恢复对于植物、动物，对于天空、大地的感觉，那种相依相随、融为一体的感觉。

自然观察伴随着诗意的情感，让生命的体验重回大地。

与世界长在一起，才会深爱这个世界。

与世界长在一起，才有可能拥有，与万物荣辱与共的心。

与世界长在一起，才会深深明白，“我们编织不了生命之网，我们不过网中一线。”

气候变暖了，臭氧层有空洞了，雾霾来了。

我们期待着孩子们不会说，“不是我的错。”

——朱爱朝《我的自然笔记》自序

我喜欢爱朝老师《我的自然笔记》自序中的这段话，曾经不止一次地引用。

再次朗读这一段，我发现，我带孩子做自然笔记的初心，远远没有这么博大。孩子们需要学习细致的观察，观察让他们的知觉变得敏感、敏锐，也让他们的心灵变得柔软、温润。功利一点来说，写自然笔记，是通向细腻写作的有效途径之一。

怎样写好自然笔记呢？读爱朝老师的书，一遍遍揣摩精彩语段，我悟出了很多，并且努力把这些“秘籍”传达给孩子们，更希望他们能够用心感悟：

画（写）自然笔记，不是画想象中的事物，而是亲眼所见，当时当地当下。当然，对同一种事物可以在不同的时刻做连续观察，发现细微抑或惊人的变化。

需要仔细观察，一遍又一遍地看，侧耳倾听，伸手触摸，闭上眼睛闻一闻……打开身心所有感官，放松心灵，全方位地去感知你想描摹的对象；一棵树冬天的寂寥，春日里生命的勃发；一朵花从开到谢的灿烂历程；一只小虫子的吃食、打斗……大自然在每一分每一秒都发生着神奇的变化。

需要细致的描画，不是为了培养画家，而是为了让观察尽可能有序、细致。

需要大胆的描写，周围的环境，当时的心境，再加上对观察对象细致入微、有条理的描绘，用上精妙的比喻，用熟悉的事物作比较，让你描绘的对象在读者面前“活”起来。久而久之，你的文字会变得形象化，有画面感。

写自然笔记最重要的方法还不是这些技巧层面的东西，最重要的是投入情感，你喜欢你观察的事物，你用爱的目光抚摸它，善用拟人，你的情感会自然而然地流淌在文字之中，打动别人。你的喜欢无须直接表达，也许，就藏在那些叠词里，藏在那些跳跃的动词里，就藏在那些变换的色彩中……

如果你愿意，你也可以，随时随地，打开眼睛，打开耳朵，打开心灵，去看一看，画一画，写一写……手绘手写更加培养定力和静气！

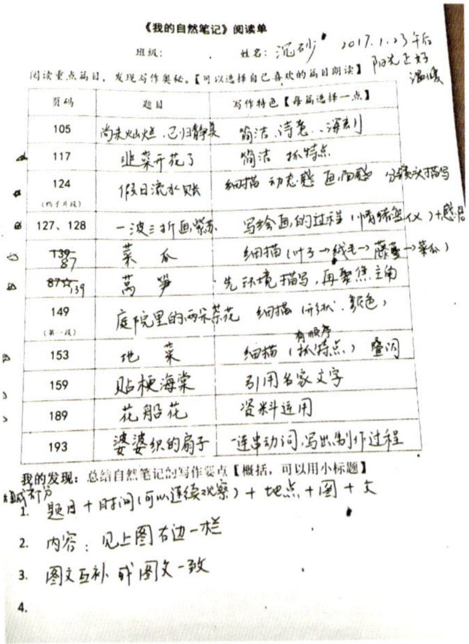
《我的自然笔记》阅读单

班级：　　姓名：泥砂　2017.1.23 午后 阳光正好 温暖

阅读重点篇目，发现写作奥秘。【可以选择自己喜欢的篇目阅读】

页码	题目	写作特色【每篇选择一点】
105	尚未灿烂，已归静美	简洁、诗意、深刻
117	韭菜开花了	简洁　抓特点
124（两个片段）	假日流水账	细描　动态感　画面感　分镜头描写
127、128	一波三折画紫苏	写绘画的过程（情绪变化）+感想
~~139~~ 87	菜　芥	细描（叶子→线毛→藤蔓→菜籽）
~~87~~☆ 139	莴　笋	先环境描写，再聚焦主角
149（第一段）	庭院里的两朵茶花	细描（形状、颜色）
153	地　菜	细描（有顺序 抓特点）叠词
159	贴梗海棠	引用名家文字
189	花船花	资料运用
193	婆婆织的扇子	一连串动词，写出制作过程

我的发现：总结自然笔记的写作要点【概括，可以用小标题】

组成部分

1. 题目+时间（可以连续观察）+地点+图+文
2. 内容：见上图右边一栏
3. 图文互补　或图文一致
4.

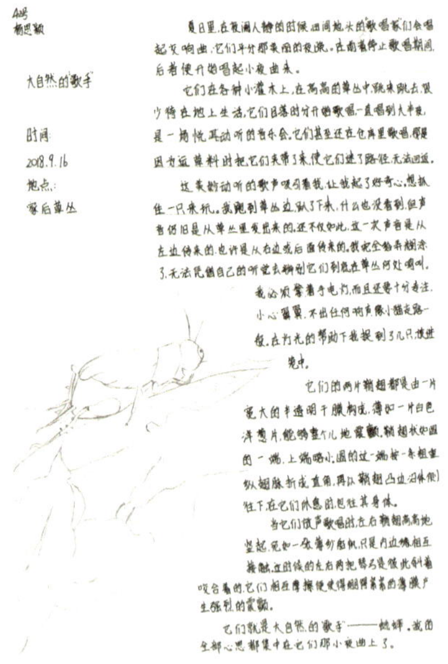

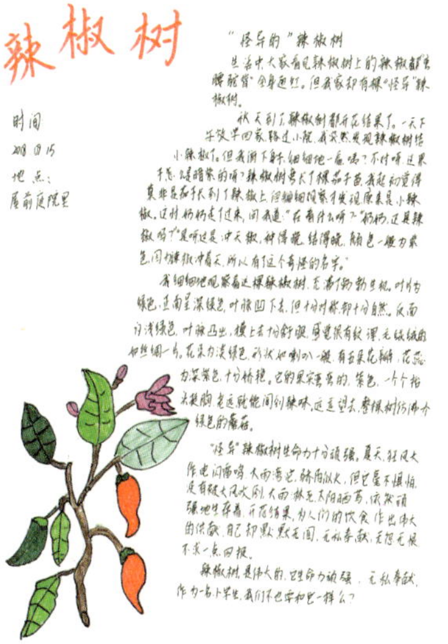

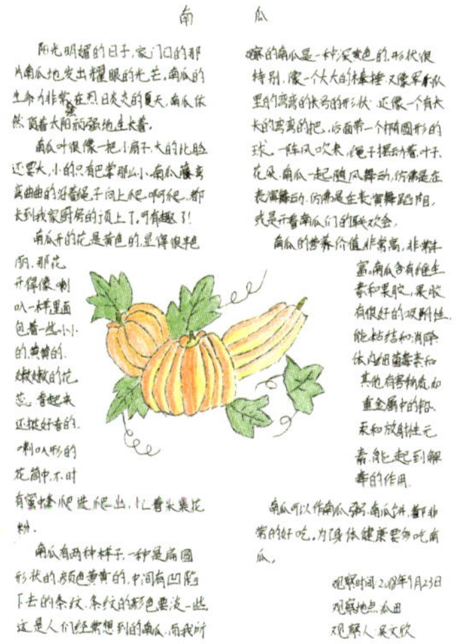

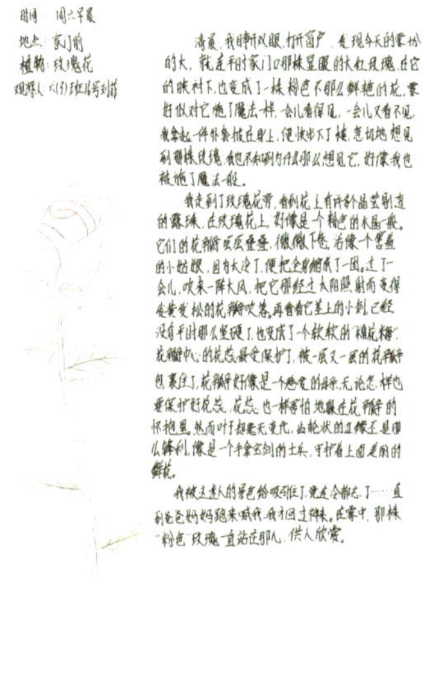

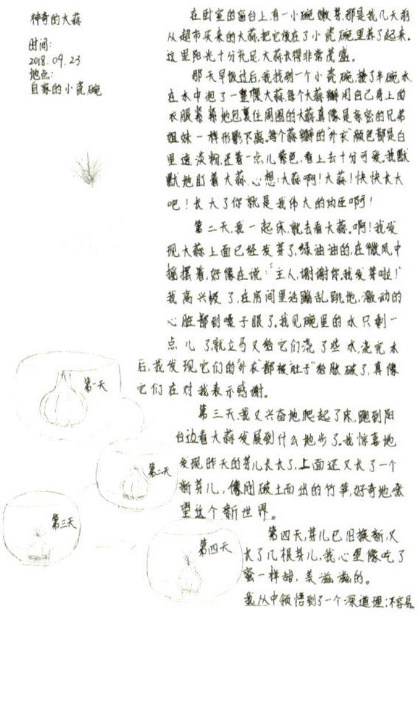

配图为学生作品，内有个别错字。

聆听世界　倾听内心

——《时代广场的蟋蟀》听课笔记、阅读单设计

[美] 乔治·塞尔登 / 著
[美] 盖斯·威廉姆斯 / 绘
傅湘雯 / 译
新蕾出版社
2003 年 9 月出版

2014 年暑假，南京，亲近母语总部。点灯人飞翔计划活动现场“整本书阅读”板块，张立俊校长分享的《时代广场的蟋蟀》交流课设计方案，让人眼前一亮。

张校长独辟蹊径，以“倾听”的方式切入，引导孩子用心体会各种不同的声音，唤起他们对自然、世俗生活、美妙音乐、美好情感和东方文化的真切感受，滋养儿童细腻丰富的心灵触角。

课堂从倾听蟋蟀的声音开始，随即出示《旧金山纪事报》的书评：“任何读过这本书的人，无论是孩子还是成人，都会永远记得那只名叫柴斯特的蟋蟀，记住它嘹亮而韵味无穷的鸣叫。”然后，和孩子们一起打开耳朵，“聆听”书中 19 处描写声音的片段。

最巧妙的是第三个板块的设计：借我一双耳朵——用书中的耳朵亲历故事，重点交流了如下片段：

页　码	声　　音	谁的耳朵
P.6—7	纽约纷繁、嘈杂的声音	塔克
P.46—83	冯赛：美妙的中国声音 “西帅”的故事：蟋蟀的声音为什么这么美妙 铃铛与钟声：来自东方的乡愁	
	答谢：中国晚餐后的演奏	玛利欧
P.104—106	《重归苏莲托》：音乐的魔力	妈妈
P.134—135	康涅狄格州的演奏：唤醒故乡的记忆	柴斯特
P.139	告别音乐会：最美的演奏	整个时代广场

讨论并小结：塔克的耳朵是经验丰富的都市之耳，柴斯特的耳朵是天才的音乐之耳、自然之耳，妈妈的耳朵是被音乐感动的耳朵，史麦德利的耳朵是伯乐之耳。教者进一步追问：这本书的作者乔治·塞尔登，又有着一双怎样的耳朵？你想拥有什么样的耳朵？

接着，老师和孩子一起讨论书中声音的分类：纽约时代广场的声音折射了大都市的繁华与喧嚣；柴斯特的鸣唱是天籁之声，造物主的恩赐；柴斯特演奏的音乐是高雅音乐，人类的伟大创造；康涅狄格州的声音则是大自然的声音，是故乡的呼唤。层层铺垫之后，引导孩子思辨：当柴斯特面临荣耀的巅峰，却有一个声音召唤他离开纽约，这，是来自哪里的声音呢？这是来自内心的声音。

正如张校长所言：这世界充满了各种各样的声音，有美妙的，也有令人不快的，有些让人迷醉，还有些令我们清醒。面对这些纷繁芜杂的声音，我们每个人都可以做出选择。柴斯特的选择是听从自己内心的召唤，过自己想要的生活。不管世界如何复杂，世事如何变化，我们不妨在聆听世界的同时，倾听内心的声音！愿我们都拥有一双对自然、音乐和美好的声音敏感的耳朵！

用亲近母语创始人徐冬梅老师的话来说，张校长是一个有思想的校长。一个好校长就是一所好学校，愿中国出现更多这样的优秀校长、卓越的语文老师。

《时代广场的蟋蟀》这本书，我很早以前就读过，也被深深吸引过，但是从未带到过课堂中来。非常感谢张立俊校长的智慧分享。回到班级，我便带领着新接手的四年级班级进行阅读，并设计了分章节的阅读单助力。

《时代广场的蟋蟀》第一章阅读单

班级：________　姓名：________

一、会读、会写、会用

1. 为加点的字注音。

销声匿迹　　　　绞尽脑汁　　　　人声鼎沸

2. 读一读，再抄写。

3. 联系上下文想想意思，再查查词典，写下来。【找出词语所在的句子，读一读，想一想】

销声匿迹：________________

绞尽脑汁：________________

人声鼎沸：________________

4. 用上面的词口头造句。

【设计说明：学习如何在阅读中积累词语；学习理解词语的方法之一：联系上下文理解。**这样的题型偶尔为之。**】

二、读读、想想、议议

1. 写作特色：用老鼠的眼睛看世界【尝试在日记或作文中，从一棵树、一朵花、一张纸、一只猫的角度写一写。】

在塔克的眼里，玛利欧是一个怎样的孩子？你是从哪些地方体会到的？

（**温馨提示：**从塔克和玛利欧的语言、动作和神态中去体会，你找到了哪些词句呢？和家长一起交流。）

2. 语言积累：画出描写声音的句子

多读几遍【可以录下来自己回味哦】，闭上眼睛，想象那些声音和画面。

【设计说明：沉入文字本身，从字里行间去感受人物形象；朗读积累，内化语言，学习文本的表达形式。】

三、拓展活动

听一听“十点读书”BoBo 朗读的《我们还会见面的，在未来的某一天》。

【设计说明：运用阅读的联结策略，关注与文本相关的各种信息，形成立体的信息网，丰富阅读体验。】

《时代广场的蟋蟀》第二章阅读单

班级：________ 姓名：________

一、会读、会写、会用

1. 读一读，再抄写。

气喘吁吁 化为乌有 逆来顺受

2. 联系上下文想想意思，再查查词典，写下来。

气喘吁吁：________________________________

化为乌有：________________________________

逆来顺受：________________________________

3. 用上面的词口头造句。

二、读读、想想、议议

1. 写作秘籍：如何描写和小动物相处

初次见面，玛利欧是如何对待柴斯特的呢？（**从“那是只小小的昆虫”到“玛利欧禁不住高兴得全身颤抖”**）最好把这一段朗读录下来自己听听。

（**温馨提示：**重点品读对玛利欧动作的描写，你读出了什么？在书上批注自己的想法和感受。）

【设计说明：从读到写，多多揣摩文本语言，内化迁移，回忆自己平时是如何和小动物相处的？有空也可以写写自己和小动物之间的故事。创造和小动物亲密接触的机会，一定要写真实的事情，把自己的经历和感受写出来即可。】

2. 语言积累：摘抄描写声音的句子（第二段）。有感情地读一读，闭上眼睛，想象那些声音和画面。**【读这本书，一定要有聆听的耳朵，关注各种声音哦！】**

三、读一读，比一比爸爸妈妈和玛利欧对柴斯特的态度有什么不同。

人　物	对柴斯特的态度	具体表现（抓关键词）
玛利欧		
妈　妈		
爸　爸		

【设计说明：阅读策略之比较阅读，在阅读中常常使用，不仅仅是不同人物之间的对比，也有同一人物的前后变化等。】

《时代广场的蟋蟀》第三章、第四章阅读单

班级：________　姓名：________

一、写一写，想想这些词语的意思

钦佩　咀嚼　恍然大悟　一阵心悸

冰释前嫌　了如指掌　支支吾吾

二、写作秘籍

1. 伏笔，指文章或文艺作品中，在前段里为后段所做的提示或暗示。

【这本书中有很多这样的伏笔，你发现了吗？】

读读第三章的**最后两段**，你预测第四章会写谁呢？（　　）这就是伏笔。

2. 在对话中完成故事

① 和家长或好朋友分角色朗读第三章。学习这种**用对话陈述故事的方式**。录下来吧！加油哦！

② 用柴斯特的口吻讲讲自己的故事。“我叫柴斯特，我……”

【阅读策略：角色转换】

三、读一读，想一想

1. 第三章：初次见面，塔克为柴斯特做了些什么？从中感受到

什么？

2. 第四章：在柴斯特的眼里，时代广场是什么样子？找到那些句子读一读。

四、画一画

这只蟋蟀的头顶上，一幢幢高楼大厦好像一座座发光的高山，直耸入夜空中。虽然这么晚了，霓虹灯依然闪亮耀眼。各式各样的红黄蓝绿灯光，一齐映照在它身上，空气里充满了人来车往的嘈杂声。这情景就好像时代广场是个大贝壳，各样的颜色和声音就像波浪，一波一波地涌进贝壳里……

《时代广场的蟋蟀》第五至七章阅读单

班级:________　姓名:________

一、我积累的词语

二、写作秘籍

1. 复习：伏笔，指文章或文艺作品中，在前段里为后段所做的提示或暗示。

读第五章，奥尔甫斯是谁？读一读关于他的文字。

读读目录，第十四章的“**奥尔甫斯**”指的又是谁呢？(　　　　)

2. 写出人物的变化

读第六章，读一读描写冯赛神情、动作的词语，把他的变化圈画出来。想想他为什么会有这样的变化呢？

读第七章的最后一段，再联系前面几章，想想柴斯特对纽约生活的态度发生了怎样的变化？

三、讲一讲，听一听

1. 读第六章，讲一讲《西帅的故事》。找到那些句子读一读。

2. 听一听歌剧，我听的是《　　　　　　》。

3. 听一听《就是那一只蟋蟀》(流沙河)音频，再想想冯赛的变化可能与什么有关？

四、抄一抄，比一比

1. 蟋蟀笼子是什么样子的？摘抄下来。

---

2. 柴斯特、塔克和亨利对笼子的态度有什么不同？

人　物	对笼子的态度	具体表现（关键词）
柴斯特		
塔　克		
亨　利		

《时代广场的蟋蟀》第八章阅读单

班级：________　姓名：________

一、填一填，想一想

柴斯特把钞票吃了之后，塔克想到了哪些办法？柴斯特是如何回应的？

塔克的办法	柴斯特的回应
逃到加利福尼亚州	
贴上胶带当一块钱用	
……	

从柴斯特的回应中，你读到了一个（　　　　　　）的柴斯特。

二、读一读，抄一抄

柴斯特把钞票吃了之后，白利尼妈妈的表现如何？找出重点句子读一读，并抄写其中印象最深刻的句子，你从中体会到了什么？

____

三、评一评，议一议

1. 分角色读一读塔克、亨利，以及柴斯特关于“钱”的对话，塔克积蓄这些钱容易吗？【推荐阅读《小狗钱钱》】

2. 从塔克拿出一生的积蓄为柴斯特交假释金这件事，你认识了一个（　　　　）的塔克。

《时代广场的蟋蟀》第九章、第十章阅读单

班级：________ 姓名：________

一、读一读，议一议

1. 读第九章，哪些地方给你留下了深刻的印象？（鞠躬、中国袍子、中国晚餐、柴斯特演奏……）

2. 听完柴斯特的演奏，那位中国老绅士有什么反应？你从中体会到了什么？

3. 第十章，为了举行宴会，柴斯特、塔克、亨利做了哪些准备？读一读第一自然段，学习作者细致的描写。

4. 听到柴斯特的演奏，玛利欧一家有什么反应？找出词句读一读。

二、读一读，比一比

比较法是阅读中很常见的策略，比照着读一读，你会有新的发现。

1. 第十章，先是欢快的宴会，后来报摊失火，前后对比非常强烈，这真是悲喜交加的一章。读读失火救火的场景，作者是如何写出情势紧急的呢？

2. 第十四章，塔克、亨利为柴斯特举行了一场离别宴会。将第十章的宴会场景和第十四章比照着读，你又读出了怎样不同的情感呢？

3. 白利尼妈妈对柴斯特的态度发生了怎样的变化？这是为什么？

三、读一读，品一品

读句子，体会人物情感，这些句子都用了（　　　　）修辞手法。

1. 白利尼妈妈正像座山似的直挺挺地站在那里，对着它们两个怒目而视。

2. 冯赛说着，同时露出了开朗的微笑，一张脸变得又大又圆，仿佛万圣节的南瓜一样。

3.“它会鸣唱歌剧！”爸爸惊叹着。它的眼睛瞪得和两个煮的鸡蛋一样大。

4. 但是现在，在玛利欧眼前，妈妈竟然像只夜莺一样地婉转歌唱着，让人忍不住要留出泪来！

【在阅读中，你要留意去发现这样表达精妙的句子哦！】

《时代广场的蟋蟀》第十一至十五章阅读单

班级：________　姓名：________

一、读一读，议一议

1. 读第十一章，听完柴斯特的演奏，史麦德利先生有什么反应？请抓住他的神情、动作、语言细细品读，体会他的吃惊、感动、沉醉和赞叹。

2. 朗读史麦德利先生的信。

二、想一想，比一比

1. 读第十二章，说说对于柴斯特来说**“成名与自由”**哪样更重要，列举理由。

成名的好处	自由的重要性

成名与自由，你选择什么？

2. 读第十三章，说说对于柴斯特来说**“城市和乡村”**哪里更有吸引力，列举理由。

纽约时代广场	康涅狄格州

三、读一读，品一品

1. 对于柴斯特想要离开的选择，玛利欧、塔克和亨利是什么态度？

玛利欧：“如果说它在这里不能够感到快乐的话，我倒希望它根本没有来到纽约。”

塔克：“正当它处于巅峰的时候，把一切都放弃掉，这是多么不凡的举动。”

亨利：“既然柴斯特的一生是它自己的，它就应该去做它想做的事。如果成名只是让它觉得不快乐的话，那成名又有什么意义呢？”

【你会在阅读中捕捉到这样的重点句子吗？】

2. 九月的忧郁

“我想我只是有点儿九月的忧郁。”柴斯特叹了口气说着，“就快到秋季了，这正是康涅狄格州最美的时候。所有的树都在改变颜色，每天都是晴空万里，一望无际。只有天边偶尔会出现一点点烧树叶时升起的缕缕轻烟。这时，南瓜也快要收获了。”

3. 品读描写柴斯特的最后一场演奏的那段文字。

（第十四章“这只蟋蟀刚完成了它最美的一次演奏会”……本章结束）

摘抄你印象最深刻的一段话：

____

____

____

____

____

4. 读第十五章，哪些离别的片段打动了你？（柴斯特跟玛利欧告别、塔克送给柴斯特的小小包裹、分别的时刻、柴斯特走后……）

四、推荐阅读续集《塔克的郊外》《爱在时代广场》

4. 我存在，乃是所谓生命的一个永久的奇迹

——热爱生命

2014年4月23日，世界读书日，教研活动。我上了一节移植课（曾在杭州听周其星老师上过），和孩子们探讨关于“死亡”的话题。

课始，孩子们的思维很活跃。我说：“前几天，我遇到了一个老同学，我们已经有15年没有见过面了，但我觉得她一点儿都没有变老，你们觉得可能吗？”孩子们对“老”的理解来自不同的层面，康世颖说：“可能，因为她拥有童心。”还有人说：“因为拥有友谊。”我追问：“是不是她已经老了，而在我的心目中，她却没有老？我已经老了，而在她眼里，我却也没有老？”孩子说：“是。”听课的老师都笑了。在聊天中自然而然地引出“我可以永远不老吗？”这一话题，再让学生自由说说想长大还是不想长大，并由此链接童话人物彼得·潘和安徒生笔下盼望长大的小枫树。这是前奏。

《我可以不死吗？》从小菲卢家“汽车不行了”展开话题，通过

教师的讲述和生生对读，比较干净地进行了文本的阅读。然后围绕"'没救了'是什么意思?""你怎么知道人是活着还是死了?""有没有办法让人永远不死?""如果有一种长生不老的药，你吃不吃?"展开交流。几个话题的设计环环相扣，学生在交流中明白了"身体的死亡"并不意味着"精神的死亡"。《不老泉》的引入，让那些对"长生不老"药还怀着好奇和尝试愿望的孩子明白了"生命中没有变化，很没有意思。没有死亡也就没有新生。永远不再成长，失去活力，不能称为活着，就像路边的石头，没有生命力"。

课的最后，我讲述了《小牙和小芽》的故事，这个故事更贴近孩子的生活，连听课的老师都说感动得想哭。引入这个故事的本意不是想煽情，而是告诉孩子们，死亡并不可怕，就像《一片叶子落下来》中说的那样——生命永远都在。

课后，康世颖在日记中说：今天，我们上了一堂特别的语文课。在这节课中，我明白了，有的人死了，可并不是真的死了，只是肉身死了，灵魂并没有死，一直活在人们的心里。比如雷锋叔叔，他帮助了许多人，虽然他死了，可还活在人们的心里，如果别人已经把他完全忘记了，那他才真正地死了。只要我们平时爱帮助人，那我们就会永远活在人们的心里。

江韵怡写道：吉老师给我们讲了几个故事，我觉得《小牙和小芽》的故事最好听。这是一个小孩和一只兔子的故事，小兔子的名字叫小牙。开始他们相处得很快乐。有一天，小兔子突然死了，小孩很伤心。妈妈带小孩把小牙埋了，说明年春天小牙会长成小芽再出来。小孩天天盼，天天盼，来年小芽真的长出来了。它换了一种方式活在孩子的心里。

"它换了一种方式活在孩子的心里。"说得真好，我们不能低估孩子的理解能力，其实孩子们已经懂得了"向死而生"这样的深刻内涵，虽然不一定能够用语言来表达。

永恒的微笑

——《妈妈走了》交流课设计

［德］克里斯托 · 海茵 / 著
陈俊 / 译
二十一世纪出版社
2005 年 9 月出版

作品解读

《妈妈走了》是一本以死亡为主题的小说。漂亮干练、满面笑容的妈妈因病永远地走了，全家人陷入以泪洗面的日子，留在世间的人，会如何面对生活中亲人的突然离去呢？妈妈走了，但是妈妈的微笑会永留人世。乌娜、爸爸，还有两个哥哥，在妈妈去了天堂的日子里，彼此温暖、相互支持，最终走出阴影，重新获得生活的乐趣。

作者巧妙地把妈妈的死亡和爸爸雕塑受难圣母雕像两条线索融合在一起写，使得这个故事超越了凄美悲剧的美学范畴，提升到人的尊严和圣洁的层次。作者诗意的描述感动着孩子们，也告诉孩子们如何面对灾难和不幸。全书的结尾处，作者借小女儿乌娜之口说出了她对死亡的感悟：“妈妈，你安息吧。我们为您塑造了一尊圣母雕像，你的微笑会永留人间，永远伴随我们。”

教学目标

1. 正确认识和接纳“死亡”，死亡不可回避，无法避免，躯体虽死亡，但精神永存；理解、品悟重点语段，懂得失去与永恒、不幸与幸福、圆满与不圆满的辩证关系。

2. 学会提取、概括信息，感受妈妈离开前后一家人的变化，梳理重要人物和情节，探究心灵成长的动力源泉。

3. 初步了解（身体与心灵）“在家—离家—归家”的故事结构。

4. 激发进一步阅读的兴趣，推荐阅读生命主题的书籍《一只小鸡去天国》《不老泉》《逆流河》等。

教学过程

一、直面“死亡”

导入：孩子们，这些天，我们一起读了一本书，题目是——妈妈走了（板书书名）。这里的“走了”是什么意思？

出示课件（见图1）。

> “走了就是死了。当我不能接受死亡的时候，我会说‘走了’。”
>
> ——冯与蓝《一只猫的工夫》之《失去的和永远的》

图1

［设计意图：开门见山，直面“死亡”，理解“走了”的意思，为后期阅读《失去的和永远的》做铺垫。］

二、感受“幸福”

解说：“走了”，就像是一次平常的出行，但这是一次无法回来的远行。妈妈走了，原本幸福的“阳光之家”失落了一角。

出示圆形人物图谱（见图2）。（板书：阳光之家）展示学生制作的人物名片，指名介绍，让学生感受“幸福”。

图2

程仲可制作的名片

小结：孩子们，你们提取信息、感悟人物形象、概括的能力都非常强，为你们点赞。

[设计意图：展示前期自主阅读成果——人物名片，感受这个家庭的幸福，为后面讨论“不幸”与“幸福”的辩证关系埋下伏笔。]

三、体悟“变化”

提问：就是这样一个幸福的家庭，（板书：幸福）妈妈突然病倒了，“对于全家人来说，日子变得如同铅块一样沉重”。妈妈走了，“家里的一切都变了”。家里的什么变了呢？

预设：

1. 家庭氛围的改变——悲痛（板书：悲伤）；

2. 日常生活的改变——部分替代妈妈的角色：做饭、睡前故事、打理花园；

3. 内心的改变——人物成长。

对比：妈妈走了，每个人都承担了部分妈妈做的事情，其实他们的内心也都发生了变化，我们来对比乌娜的几段文字（出示图3）。

病前

没有妈妈和爸爸，没有卡勒尔和保罗，没有美丽的花园，乌娜一天也不能活下去。

“不能，”乌娜对自己说，“一天也不能！”P.15

⇩

病中

“我不是妈妈，我自己需要妈妈！”P.19

⇩

走了

乌娜把长毛绒玩具熊紧紧地抱在怀里，她喃喃地说：“妈妈，你安息吧。我们为您塑造了一尊圣母雕像，你的微笑会永留人世，永远伴随我们。”P.108

图3

指名朗读，体会乌娜的感受；比照阅读，发现乌娜的变化。（板书：欣慰）

小结：在这样的比照阅读中，我们发现了人物的成长变化。

[设计意图：比较阅读是常用的阅读策略，在比较中感受“变化”，这一阅读方法可以迁移运用到任何作品的阅读感悟中。]

四、探究“原因”

提问：其实，不仅仅是乌娜，这一家子都成长了。他们心灵的创伤是如何修复的？他们心灵成长的力量，来自哪些重要人物和重要事件？

《妈妈走了》课堂讨论单

乌娜一家心灵成长的力量来自哪里？【聚焦一个人或一件事，到文中找依据，重点关注人物语言，找关键句，深入讨论，填关键词】

重要人物（或事件）	人物语言（写页码）	我们的感悟（关键词）

小组讨论，填写阅读单；大组交流，板画思维导图和阶梯情节情

绪图。

预设 1：保罗的安慰。

出示图 4。

> “我们不能用无尽的哭泣，来折磨逝者和生者的心灵。你还要长大，还要学习许多东西，还有许许多多美好的东西在等着你，还要去创造新的世界，这样，妈妈才会为你感到自豪。……乌娜，听我的话，坚强起来吧！”
>
> ——保罗

图 4

提问：乌娜认同吗？有改变吗？

预设 2：主教大人的谈话。

出示图 5。

> “今天你们非常不幸，因为你们的妈妈离开了你们。你们感到不幸，那是你们曾经非常幸福。”
>
> “我羡慕和嫉妒你们的不幸，你们今日的不幸，正说明了过去的大幸。你们经受的幸福是我平生无缘享受的。”
>
> ——主教大人

图 5

提问：读读主教的话，发现了什么？你理解主教的话吗？那些曾经的幸福会随着妈妈的离开而带走吗？那些曾经的幸福会随着时间的流逝而消失吗？

出示图 6，师生对读。

睡在床上，孩子们还在思考主教大人的话。他们在痛苦和不幸中感受到了欢乐和幸运，因为他们曾经拥有这样一位好妈妈。

图 6

出示妈妈的话，见图 7。

“乌娜，我真的想留在你身边，想一辈子和你厮守在一起啊，可是我不得不走了，不得不永远离开你了。可是你要明白，乌娜，我是多么幸运啊，因为我有过你这样的好女儿……”

图 7

交流：乌娜、卡勒尔、保罗是多么幸运啊，因为他们——；乌兹是多么幸运啊，因为他——；浪子是多么幸运啊，因为他——（板书：幸运）

预设 3：彼特娜。

提问：彼特娜有哪些优点，很快得到了这家人的认同呢？

明确：因为彼特娜，这一家人重新找到了生活的乐趣，即便是没有妈妈的旅行，也是非常美好的记忆。（板书：美好）

出示图 8，引导学生读懂雕像的含义，读懂石头的语言，读懂爸爸的心声：悲伤，但不绝望，坚强地活下去……

“它实在是美极了，它是石头雕成的，你却给了它生命。她的表情是悲伤的，可是又显得自豪与坚强。她的儿子被害了，她又凝聚起了继续活下去的力量。她悲痛，但不绝望。这是您的玛利亚雕像给我的印象。”

——彼特娜

图 8

小结：因为一家人的互相安慰，相互扶持，也因为各自的积极和坚强，他们慢慢走出了悲伤。

预设 4：圣母像。

出示图 9。

> “我要把我所爱的人某些东西赋予它，这是一种微笑，我妻子独有的微笑。从某种意义上说，玛利亚雕像是我妻子的墓碑。”
>
> “妈妈在我们每个人的记忆中，形象都是不尽相同的。对于我，也只有对于我，这个石雕就是妈妈。”
>
> “我的雕像在广场上很好，只有在那里，有大教堂作背景，它才能真正呼吸，才能获得生命。”
>
> ——爸爸

图 9

明确：对于全家来说，圣母就像妈妈生命的延续，精神的替代。

预设 5：妈妈的微笑和爱。

出示图 10。

> 当别人做了蠢事，想号啕大哭的时候，妈妈总是笑颜相慰，让所有的懊恼顷刻间烟消云散。她洞悉一切，理解一切，随时准备伸出援手。实在无法帮助别人的时候，发自内心的笑就会来帮助她。
>
> 不管遇到什么难题，只要多想想妈妈，就会迎刃而解。
>
> ——保罗
>
> 在开始工作之前来这里，这一天的工作就会更顺利。
>
> ——爸爸

图 10

提问：爸爸雕刻圣母像的动力来自哪里呢？这里指的是什么？妈妈在这里吗？妈妈去了哪里呢？

出示《马提与祖父》中马提和爸爸的一段话，见图11。

> 你以前很爱爷爷，对不对？
>
> 当然，我现在还是一样爱他呀！
>
> 可惜，他已经不在我们身边，但是……
>
> 你想说，他仍活在我们的心中？
>
> 的确，这正是我想说的……我们所爱的人会永远活下去的，跟着我们活一辈子，你懂吗？
>
> 是的，我懂！
>
> ——《马提与祖父》

图11

小结：虽然妈妈已经不在了，但这种曾经的幸福是永恒的，妈妈对他们的爱也是不会逝去的，依然留在他们的记忆中，温暖着他们，给他们力量。

[设计意图：围绕有张力的话题展开讨论，是读后交流课的重要环节，生生、师生在碰撞中提升认识，直抵本书的精神内核。]

五、追寻“圆满”

设问：也许有一天，彼特娜会住进这个家里，这个家又会变成五口之家。你们觉得，这个家庭会重新圆满起来吗？（板书：圆满？！）

小结：（指“情节情绪图”，见图12）人生就是这样，起起落落，有欢乐，也有悲伤。乌娜一家曾经是阳光幸福的，虽然妈妈走了，但是，活着的人终将会迎来另一种幸福和圆满。妈妈走了，孩子们经历了身体的“在家—离家—归家”，也从悲伤中走出来，获得了心灵的释然。死亡无法避免，拥有过，即是幸福，这幸福也是永恒不灭的力量。好好活着，活得精彩，活得漂亮，总有一天，我们会离开，但我们却可以留给别人阳光般的温暖和力量。

图 12

延伸：课后，大家可以继续去阅读《妈妈走了》这本书，书中还有很多值得品味的地方，也可以读读相关的书（出示其他书的封面），领悟生命的真谛。

［设计意图：揭示本书的叙事模式，提升整体把握一本书的能力。］

板书设计：

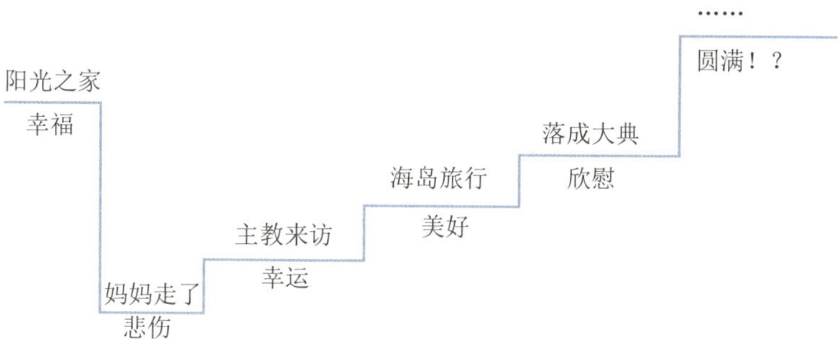

附：

人物名片

——《妈妈走了》阅读单（1）

为“阳光之家”的每个家庭成员（包括浪子哦），以及本书的其他人物各制作一张名片。

（**友情提醒：**内容可以围绕人物的姓名、性别、年龄、职业、特点、口头禅、愿望或理想等信息，形状可以多样化，最好和人物特点有一定的关联。）

比较阅读　发现变化　找出重点

——《妈妈走了》阅读单（2）

友情提醒：通读全书，搜集整理信息，记录妈妈离开前后，“阳光之家”每个家庭成员的细微变化，并找出对一家人影响重大的关键人物和事件。整合这些信息，你读懂了什么？**【提取的信息可以备注页码，方便交流】**

	“家里的一切都变了” P.25、26		
	妈妈走前	妈妈走后（不能只写负面变化，要善于发现积极的一面）	让一家人走出“悲伤”的关键人物和事情（简要写出理由，可以标注页码）
家庭氛围			
爸爸			
妈妈			
卡勒尔			
保罗			
乌娜			
推论			

做自己最快乐

——《一只小鸡去天国》交流课设计

作品解读

《一只小鸡去天国》讲了一个清浅又深刻的关于“生命”的故事：刚满月的小公鸡生病了，在死神要送他去天国前它完成了很多心愿，它每做完一件事，心里就好过一些……这个故事告诉我们，活着的时候，勇敢挑战自我，挑战“权威”，努力做自己，活出精彩，即使有一天与死神相遇，也不觉得可怕，人生也不会留下遗憾。

教学目标

1. 借助情节阶梯图梳理、概括故事内容。

2. 直面“死神”，感悟“小公鸡”勇敢面对死亡的态度，结合《獾的礼物》《再见了，艾玛奶奶》《美人树》《失去的和永远的》等作品，探讨如何更好地活着。

教学过程

一、导入课题，初步认识小公鸡

1. 回忆小公鸡。

引导：故事中的小公鸡刚满月，联系你的生活经验，在你的想象中，它长什么样儿呢？用发散式思维导图概括学生的发言。

2. 认识小公鸡。

出示《小牛顿科学馆》之《鸡的家族》：

小鸡已经五六个星期大了，看起来跟刚出生时完全不一样。原本毛茸茸的毛，已经换成一根根长长的羽毛，鸡冠和肉垂也长出来了。

这时候的小公鸡非常好动，根本闲不下来，一会儿扒地，一会儿又学大公鸡昂头走路，也会尝试高声啼叫，可惜声音还嫩得很呢！它们还喜欢玩“打架”的游戏，跳过来跳过去，一边拍动翅膀，一边用脚爪互相攻击。这是将来争取社会地位的一种重要行为，一定要快快学会！

出示《一只小鸡去天国》片段：

路上，他遇见两只年轻的公鸡在打架，打得很勇猛，闪光的羽毛，通红的鸡冠。他们一进一退，一守一攻，扑棱着有力的翅膀，伸长着脖子，跳得高高的，威武极了。小公鸡想：如果有时间，我也愿意这样打上一架的。

……

可惜，小鸡近来总爱做噩梦。梦里，总有一个可怕的、看不清模样的东西在追他，他一个劲儿慌慌地逃，没命地逃，逃着逃着，就醒了。醒来的小鸡，脚是软软的，酸酸的，像搁在大缸里酱过的大白菜似的。

思考：原本好动、爱打架的小公鸡为什么会这样呢？小公鸡怎么了？

[设计意图：勾连生活经验，初步了解小公鸡。联结《小牛顿科学馆》，将文学阅读和科普阅读融为一体，初步感知文学写作是建立在现实之上的。对比阅读，学会质疑，引发思考。]

二、对比阅读，探究小公鸡变化的原因

1. 对比小公鸡两次遇见死神的不同心情。

出示第一次遇见“死神”的片段：

死神离开以后，小公鸡抹着眼泪发了会儿呆。

很快？

是一个月，还是一天？是一个小时，还是一分钟呢？

他难过极了。

难过使他的双脚更软，脑袋也更沉了。

出示第二次遇见“死神”的片段：

最后，他梦见自己飞起来。

他出生才第三天的时候，便有个问题使他深深困惑：为什么他和鸟一样都有两只翅膀，鸟会飞，他却不会飞呢？

现在他终于飞起来，飞得很舒展，很惬意。他觉得快活极了。

飞着飞着，他撞上了一个黑黑的影子。

那影子说：“嘿，你还记得我是谁吗？”

“你是死神呀，谢谢你回来得这么慢哦。”

“哈哈，我早回来了。那件事情我花一秒钟就办好啦，我只是悄悄地跟着你。可爱的小公鸡，现在跟我走吧。”

“就这样飞着走吗？”

“是啊，你想飞多高都行。”

小公鸡拍一拍翅膀，使劲儿飞到白云之上。白云上面的天，真蓝啊。这就是天国吗？

思考：两次遇见“死神”，小公鸡的感受有何不同？

2. 探究小公鸡情绪变化的原因。

讨论：在死神再次到来之前，他做了哪些事情？他的感受发生了什么变化呢？爸爸妈妈等长辈对小公鸡的行为认同吗？

填写表 1 内容。

表 1

事　情	爸爸或妈妈等长辈的看法	小公鸡的做法	结　果
吃葡萄			
钻山洞			
表真心（小母鸡）			
诉真情（妈妈）			
致歉意（二姐）			
推论			

3. 选择一个话题，进行情境对话。

出示如下话题——

（1）妈妈大笑起来："你没有尝过的东西还多得很呢，你不知道的事情也多得很呢。不过，这有什么要紧的呢？你们迟早都会经历的。"

我：____。

（2）妈妈吩咐了一百遍："孩子们，谁也别进那个山洞啊。那里面有很可怕的东西。反正十分可怕，反正不能进去。我们这里世世代代的鸡，谁也没有进过那个山洞。"

我：____。

（3）长辈们：作为一只公鸡，情感是不可以这么丰富的。

我：____。

（4）妈妈：有出息的公鸡要善于把情感隐藏起来，藏得越深越好。

我：____。

思考：如果，我们像小公鸡一样勇敢地做了自己想做的事情，有一天，面对死神的时候，还会难过吗？还会后悔吗？

出示情节情绪阶梯图，见图 1。

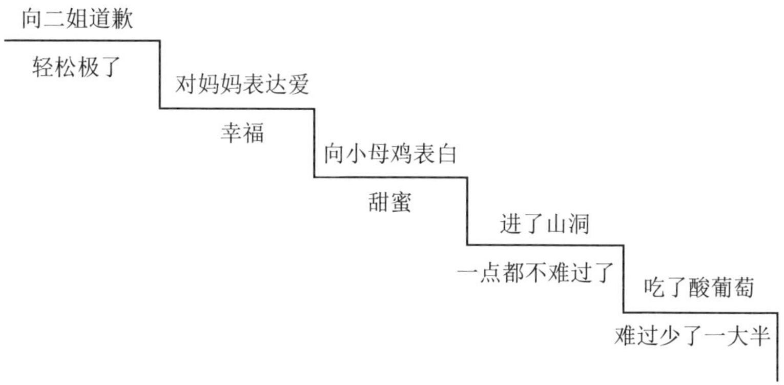

图 1

［设计意图：探究小公鸡情绪变化的原因，牵一发而动全身。学习表格式或用情节情绪阶梯图梳理情节发展脉络，统整故事的方法。］

三、直面“死神”，领悟死亡的不可避免

提问：这个故事中的“死神”可怕吗？

出示片段1：

梦里，总有一个可怕的、看不清模样的东西在追他，……他看见一个黑黑的影子，若隐若现、飘飘忽忽的。

出示片段2：

死神慢悠悠地说：“昨天，离你这里不远的地方，一只小鸡快从蛋壳里钻出来的时候，被一只大皮鞋吱地踩扁，我带他去了天国。你比起他，可不算小了。说真的，你确实是小了点。但这是没有办法的事情。降临到这个世界，或者离开这个世界，都是没有办法的事情。”

出示片段3：

“哈哈，我早回来了。那件事情我花一秒钟就办好啦，我只是悄悄地跟着你。可爱的小公鸡，现在跟我走吧。”

引导比较3个片段中死神的形象。

提问：别的故事里的“死神”是怎样的呢？

出示汤汤《姥姥躲在牙齿里》中的“死神”片段：

“我找方素芸。”这个人说话没头没脑，粗声粗气，而且，他是悄无声息，突然站在我眼前的。

……

“我是死神。”他慢悠悠地答道。

死神？我惊得往后连跳几步。

眼前的这个人，确实有几分古怪。他着一袭青衣，背上一个斗笠，长须飘飘，右手执一管翠绿的笛子。

“开玩笑吧，你？”我说。

“世界上没有喜欢开玩笑的死神。”他严肃地回答。

“可是……”我说。他和我想象中的死神丝毫没有相似的地方：不是黑袍子，不是苍白的脸，也没裹着黑头巾，更不是幽灵的样子。

“我喜欢把自己打扮成江湖中世外高人的模样，这样看起来足够仙风道骨，足够潇洒飘逸，不是吗？”他说，“你别叫我死神，你叫我冷西风。”

“冷西风？”这听起来真不像是位死神的名字。

“唉！”他干脆地答应道，其实刚才我并不是叫他，只是独自琢磨了一下。他说：“上帝不喜欢我这个名字，可我喜欢它到骨子里去了，又冷酷又诗情画意。”

追问：你还在什么故事里读到过关于死神的描写？他是什么样儿的呢？

讨论：“死神”并不可怕，“死”究竟是什么感觉？

出示《獾的礼物》片段：

这是一个怎样的梦啊？连他自己都感到吃惊，梦中他正在奔跑。他的前头是一条好长好长的隧道。他觉得双腿非常强壮，稳稳地朝着隧道跑去。他不再需要拐杖了，他把它扔到了隧道的地上。獾飞快地跑着，在长长的隧道里越跑越快，最后，他的脚爪离开了地面。他觉得自己在翻腾、旋转，起起落落，跌跌撞撞，却没有受伤。他觉得自由了，好像已经脱离了他的身体。

出示《再见了，艾玛奶奶》片段：

奶奶好像一点都不悲伤。

她说：“也许，我很快就会无法走路，无法进食，一件一件的，可能我都无法再做到了。但这些，不过是我的身体在为一次遥远的旅行作准备。”她的脸上，没有一点恐惧的表情。

“因为，死啊，就是灵魂离开这个肉体，离开这个地方，到另一个世界去啊。”

[设计意图：群文阅读，丰满“死神”形象，领悟死亡究竟意味着什么。]

四、向死而生，我们应该如何活着

链接《美人树》知了的话，片段：

我该做的事都已经做完，刚才唱了最后一曲，我的生命快走到尽头了。

我度过了生命中最美好的十七天，这是一个多么美丽的世界，我心满意足了。

土豆，虽然我每天都在歌唱，可是，你的事儿我全知道。你上了当，成了一棵树，确实很不幸。可是，你的生命还在呀，生命是一件多么珍贵的礼物，你要珍惜哦。世界这么美好，总会有奇迹发生……

没错，生命就是一个奇迹，你要勇敢一些……

活着真好，我热爱这一切……

链接《再见了，艾玛奶奶》艾玛奶奶的做法片段：

“我想快乐地生活到最后一刻！”

艾玛奶奶想：就算自己生病了，也还要像过去那样生活。

星期天早上，奶奶还是像往常一样，到老人俱乐部去吃早饭。

出门时，依然要化妆。

奶奶最喜欢的事，就是修剪院子里的花草。

链接《失去的和永远的》波斯菊的活法片段：

“我会在这短暂的时间里大声唱歌，和每一种看到的生物说话，我会说‘太阳真好啊’，也会说‘狗尾草开花也很香’，鼹鼠在我们脚下的土壤里打洞，他们开通的路径四通八达，我经常能感受到地底微微的震动，这种细微的感受是多么珍贵。”

“我们努力让自己变得漂亮香甜，这样蜜蜂们就会成群结队地到来，帮助我们留下最重要的东西。”

“种子？”

“正是！”粉波斯菊昂起光彩照人的面庞，“春天消失的，秋天会生长，秋天失去的，在下一个春天又会得到。这儿的波斯菊开了谢，谢了又开，每一朵都不一样。”

她说话的声音好像唱歌一样，猫从地上站起来，支棱起脖子，凝神倾听着。

“每一朵波斯菊的存在都是短暂的，但这儿总会有波斯菊开放，这是长久的。即使这里的波斯菊全都消失了，也总会有波斯菊在别处开着，那是永远永远的。”

思考：当下，我们应该怎样活着？

［设计意图：群文阅读，向死而生，懂得如何更好地活着。］

五、阅读延伸，领悟生命的真谛

1. 朗读《一只小鸡去天国》，可以在“喜马拉雅”APP 录音上传。

2. 自主阅读《一只小鸡去天国》中的其他故事。思考：其中，哪几篇和这一篇主题一样？你读懂了什么？

阅读图画书《獾的礼物》《再见了，艾玛奶奶》。

混搭阅读：《小牛顿科学馆》之《鸡的家族》。

［设计意图：群书阅读，打通所有阅读材料，使学生对“死亡”有更深刻的理解，进一步思考生命的意义。］

总有一种方式抵达永恒

——《失去的和永远的》交流课设计

作品解读

《失去的和永远的》是冯与蓝《一只猫的工夫》中的最后一篇，这也是一个关于“生命”的故事。它用复杂的球形结构，写了植物、动物等众多生命的离去和永恒，表明了生命平等的观点。故事提示我们任何一种生物都会死亡，也都会有适合它的方式抵达“不死”，即“永生”。

教学目标

1. 开展研究性学习，探究“死亡”的不同表达。
2. 梳理文本信息，在感悟失去的同时，思考什么是永恒。
3. 关注语言，品味语言，学习表达。
4. 尝试比较相同主题的作品的异同。

教学过程

一、关于“失去”

提问：“失去”在这个故事里是什么意思？“死亡”和“离别”有什么不同？

出示：“原来，所谓的‘死亡’，比离别可怕得多。”萬笋说，“离别只是让你看不见对方，而‘死亡’是你永远失去了对方。”

研究：关于“死亡”，有哪些说法，查查资料，做一些小研究。

出示一位学生的小研究（见图 1）。

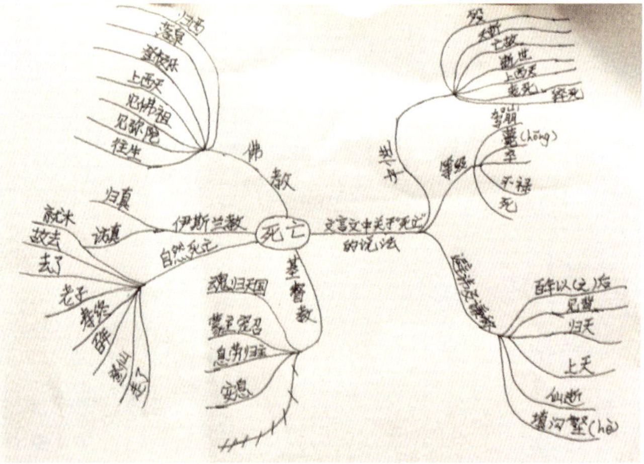

图 1

[设计意图：开展研究性学习，从文学阅读走向百科阅读、全阅读，了解“死亡”的不同表达。]

二、关于“永远”

通读故事，提取、梳理、概括信息，填写表格（见表1）。

表1

谁	“失去的”是什么	原因	“永远的”是什么（即留下的）
推论			

[设计意图：表格式统整故事内容一目了然，便于讲述故事梗概，这也是提高概括能力的方式之一。]

三、关于“安慰”

思考：当别人因为“失去”而难过的时候，我们应该如何做？

出示：鱼慢慢地游，他的朋友们在岸上以相同的速度行走。鱼有时停下来，仿佛在想什么事情。岸上的两个家伙也停下来，大气不敢出，等到水里又有了动静，他们才继续向前走。

明确：最好的安慰是安静的陪伴。

思考：当我们自己悲伤的时候，应该如何走出悲伤？学生说说自己的法宝，填写表2。

表2

我的法宝				

［设计意图：联结生活，寻找更多宣泄情绪的出口，学会控制、调整坏情绪，阳光地生活。］

四、品味“语言”

品味语言 1：如何形象地描绘自己的感受。

出示片段：

“圆叶莴笋是个挺有意思的家伙，他家离我家很近。他死后，我常常想起小时候和他一起做游戏的日子，想到这位朋友再也不会出现在我面前了，我就忍不住难过。”

说到“难过”，莴笋的叶子有点发蔫了。

“我明白你的感受。”猫说，“**我也有难过的时候，那玩意儿像乌云，像被扯烂又浸了水的麻布，总之就像那种黑漆漆，沉甸甸，兜头盖脸罩下来，让你无法呼吸的东西**。”

总结：用熟悉的事物——乌云、麻布，表达抽象的感受。

品味语言 2：学习如何将情感隐藏在文字之中。

出示描写片段：

天气真好，一朵云也没有。天空蓝得仿佛要掉出一整个大海。这是一个如同新鲜橙子一样鲜艳柔软、酸酸甜甜的假期。

……

螺蛳夫妇俩带着鱼和鱼的朋友们去看喂五的小坟墓。**其实也不算坟墓，喂五的螺蛳壳孤零零地半埋在那片水底，几棵水草无精打采地漂来荡去**。

总结：一切景语皆情语，将情感隐藏在景色描写之中，含蓄地表达。

出示动作描写片段：

“你好啊小鱼。”小浮萍**旋转**着，**打**着节拍，在水中**滑行**着，慢慢**漂**过来。

……

“喂！你这家伙真讨厌！我没有想伤心的事！没有想伤心的事！就是没有没有没有！”鱼几乎是从水中**一跃而起**，像一支箭镞**射向**半空，然后直往**下坠**，扑通一声，**溅起**一大圈水花。

鱼喜欢用从水中跃起的动作表达情感，无论是高兴还是生气。

猫和莴笋被溅得一头一身的水。这是他们第一次看见鱼发怒。（P.192）

总结：一连串的动词可以写出动态感、画面感，还可以表达情绪、情感。

出示场面描写片段：

没过多久，他们三个在河道的一处浅洼里找到了螺蛳一家。看上去螺蛳家人丁更兴旺了。成群模样相似的小螺蛳聚集在一起，吵吵闹闹，哭哭嚷嚷，稍小的吸附在稍大的螺蛳身上，大的那些便扭动着身体，想尽办法把小的甩下来。

螺蛳妈妈正用力把一撮腐烂的树叶分成几十份，这是螺蛳一家人的午餐。螺蛳爸爸泰然自若地坐在浅洼的背阴处，看上去对眼前的混乱场面已经见怪不怪了。

总结：小螺蛳一家的幸福平凡、吵嚷、热闹，小螺蛳离去的悲伤已经抚平。

［设计意图：引导学生从关注情节走向关注语言，学习如何生动形象、细腻传神地表达。］

五、关于“主角”

提问：这个故事的主角是谁？谁成长了？有了什么变化？

出示“小黑猫”片段：

“你一定要好好地生长哦！”当时，猫是这么对种子说的，“开漂亮的花，唱好听的歌，结出更多的种子，你脚下的螺蛳壳就像有了生命一样……”

当他独自对着种子说话的时候，他觉得自己不是以前那只小黑猫了。或者说，他长着一只小黑猫的样子，但是心里有些东西正在悄悄地改变。他难以说出究竟是什么变了。当他密切关注着种子的生长，想要给鱼一个大惊喜，只能隐藏着秘密，甚至连莴笋都不能说的时候，他从孤独的沉默中感受到了自己的变化。现在，他看见鱼和莴笋的表情，明白这些变化正带着他朝一只真正大猫的方向走去。

思考：故事中有很多似乎与主角和主题关系不大，甚至没有关系的篇目，可否省略？你从中收获了什么？

［设计意图：从人物形象入手，感受人物的成长变化，弄清作品复杂的结构关系。］

六、比较阅读

延伸：同样是写“死亡”的故事，你觉得汤汤的文字和冯与蓝的有什么不同？

［设计意图：比较阅读，整理感悟和评价作品，提高文学鉴赏水平，发表自己的独特见解。］

《失去的和永远的》阅读单

班级：______　姓名：______　学号：______

1. 关于“死亡”，有哪些说法（很多哦），查查资料，做一些小研究。（写不下的可以写在反面）

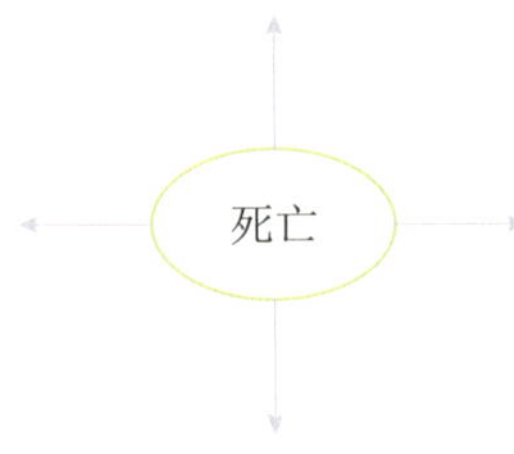

2. 统整：通读整个故事，梳理一下：文中写到了谁，失去了谁？永远留下了什么？（有的书中有答案，有的需要自己思考哦！）

谁	"失去的"是什么	原因	"永远的"是什么（即留下的）	用什么方式留下
推论				

3. 当别人因为"失去"而难过的时候，我们应该如何做？（到书中找答案，记下页码。）

当我们自己悲伤的时候，应该如何走出悲伤？（联结生活，你有什么好办法？）

我的法宝：

4. 你觉得写得最精妙的语言有哪些？读一读，摘抄一两句，比一比谁的眼光最厉害！

5. 我们来谈“情”说“爱”

——孩子的爱情

2017 年下半年，设计这个课程并不是先确定了“爱情”主题，如果是那样，在书籍的选择上可以有更多余地。其实，我是先爱上了《腰门》。这本书，我朗读、默读过近十遍，它最大特色在于浓郁的地域风情和出色的语言表达，这两点和《呼兰河传》很接近。选择《呼兰河传》，因为它是我们五年级的必读书目，不得不带着孩子们读。虽然萧红才情了得，语言有灵气、有个性，但是读起来还是比较难，尤其是开篇，没有后面故事性强。

记得那时，组内有位年轻的班主任发朋友圈说自己还没有谈恋爱的经验，却要来处理班上的早恋事件，有点尴尬。恰好手头有程玮的《黑头发的朱丽叶》这本书。我灵机一动，将这三本书组合在一起，美其名曰“女性作家、爱情主题”。这是我第一次尝试交互式的群书阅读教学。

《黑头发的朱丽叶》中，爱丽丝对米兰说：“世界上有一种东西可以超越时间和空间，穿越人的心灵，这个东西就是爱情。”本书作者旅德作家程玮在后记中写道：“我希望我的孩子在青春年少的时候，能经历几次浪漫温情的心灵旅程。在进行这样的旅程时，不应该有任何物质因素的掺入，为爱而爱。这是每个人生命应该享受的一次权利。我们每个父母应该为我们的孩子悉心守护。”

“如果一个人没有经历爱情的早期练习，又怎么能够有信心和能力去追求自己婚姻的幸福呢？当下，我们看到很多父母以严格管教，不允许孩子谈恋爱，结果孩子的生命发展中应该进行的爱情练习被错过了，如同孩子生命中每一个发展的敏感期被错过了一样，导致了孩子在爱情能力上的发展滞后。”胡萍老师的《善解童贞：孩子的爱情》中的观点打开了我的视野，改变了我很多狭隘的传统观念。孩子的爱情真的不是我们通常所说的“爱情”。所谓的“早恋”，也不是我们大人所认为的“恋爱”。

我们用文学的方式探讨什么是爱情，应该如何对待现阶段的情感，这比孩子们私下里去偷看不健康的书籍、图片和视频要好得多。

我们聊《腰门》里千姿百态的爱情，对比中西方爱情观，聊罗密欧与朱丽叶浪漫、激情、短暂的爱情，也聊平凡生活、共同老去的爱情，聊海的女儿浪漫、精致、优雅、高贵、无私的单恋，聊简·爱平等有尊严的爱情，聊《呼兰河传》中小人物冯歪嘴子贫穷中的爱情。孩子们树立了正确的爱情观，假如有一天，他遇见生命里的爱，一定会有自己的原则和考量。

作品解读

《**腰门**》写了这样一个故事：因爸爸妈妈要修一条很长很长的铁路，没时间照顾六岁的沙吉，就把她寄养到住在边远小城的温婉而坚忍的云婆婆家里。那里的民居都有两扇独具韵味的腰门。每天，沙吉在腰门间出出进进，善良的水、好运的青榴、美丽的苇林姐、勇敢的铜锣、可爱的巧巧、心仪的哥，还有不期而遇的小大人，也在沙吉童年的日子里分分合合，让她的成长岁月变得多姿多彩、与众不同并且意味深长。

作者彭学军生于湖南吉首，童年时代跟随父母下放到湘西苗寨。《腰门》带着独特的生命体验和地域风情，语言精妙，自然天成，闪耀着灵性、智慧和温情。书中有大量贴切、灵动的比喻，尤其是描写声音的比喻句，读来令人拍案叫绝。

《**黑头发的朱丽叶**》是旅德作家程玮为中国孩子倾心打造的“周末与爱丽丝聊天”系列中的一本，讲述了生活在德国的中国小女孩米兰和德国老人爱丽丝之间的对话和故事。这是孩子和老人的对话，文化和文化的对话，也是东方和西方的对话。通过随意而富有情趣的聊天，小米兰由此逐渐感知、理解了爱情的秘密。这本书是和孩子们聊爱情的最好载体。

《**呼兰河传**》是著名作家萧红创作的一部长篇小说，描绘了东北边陲小镇呼兰河的风土人情，展示了女作家独特的艺术个性与特色。作者通过追忆家乡的各种人物和生活画面，表达出对于旧中国的扭曲人性损害人格的社会现实的否定。茅盾曾评价“它是一篇叙事诗，一幅多彩的风土画，一串凄婉的歌谣”。其中，最后一篇，展现了小人物冯歪嘴子的命运，具有积极的意义。

教学目标

1. 精读《腰门》，领略独特的凤凰风情，品味重点语段，诵读、感悟、仿写；自主阅读《呼兰河传》，感受呼兰地区风土人情；比较阅读，感受地域文化差异，以及不同作家的语言特色。

2. 阅读《黑头发的朱丽叶》，探讨中西方爱情观；对比《腰门》中千姿百态的爱情，以及《呼兰河传》中冯歪嘴子和王大姑娘贫穷中的爱情，树立正确的爱情观。

彭学军著
二十一世纪出版社
2008 年出版

程玮著
晨光出版社
2016 年出版

教学安排

魅力湘西　凤凰风情

——《腰门》第一课时教学设计

一、听音乐，导入课题

1. 播放《小背篓》，简要介绍宋祖英；出示地图，认识“湖南”“吉首”“凤凰”。

2. 简单介绍作者，揭示书名。

彭学军，出生在湖南吉首，童年随父母下放至湘西凤凰古城的一个苗寨。2001年开始创作《腰门》，断断续续花了7年时间才完成。她说，书中小主人公沙吉就是以自己为原型，是童年的记忆给了她创作的灵感和冲动。

二、朗读品味，感受凤凰风情

这节课，让我们跟随着彭老师的文字，去凤凰古城走一走，感受独有的湘西风情。

1. 衣食住行

（1）苗族服饰

我喜欢苗族女人的服饰，那些大红大绿的花边和拙朴轻灵的银饰。像这位苗族阿婆的穿戴，袖口、裤沿和斜襟都绣上了艳丽精致的花边，胸前挂满了银饰，还戴了一个有我两根手指粗的、绞成麻花样的银项圈。（P.103）

看图，欣赏苗族服饰。介绍苗银工艺。

（2）特色美食

桐油粑是用桐油叶包的，打开来就闻到一股桐油的清香。桐油粑是糯米做的，中间有腌菜和腊肉做的馅，油汪汪的，又香又糯。我把头埋在宽大的桐油叶里，吃得抬不起头来，觉得从来没吃过这么好吃的东西。（P.22）

我还喜欢看人家拉**姜糖**——当街的廊柱上有一根很粗的铁钩，把熬好的姜糖甩上去，挂在铁钩上一拉，姜糖扯着丝拉得很长，然后，又甩上去，一拉……这样反反复复，姜糖就被拉得金黄金黄的，散发着甜丝丝的香味。而那根廊柱也被姜糖甩得溜光滑亮的。（P.153）

他递给我一个烤得香喷喷、黄澄澄的**糍粑**。糍粑是糯米做成的，糯米蒸熟了放在石臼里去擂，擂烂了以后搓成圆圆的粑粑，晾干，烤着、炸着、蒸着都很好吃，是家家户户必备的年货。（P.127）

有时候，我也会去帮忙，我最喜欢帮她烧**灯盏窝**。将盛了拌好的米粉的小铁碗放进烧红的油锅里，看着米粉嗞的一声膨胀起来，伴随着一阵诱人的香气，成了一只小碗的样子，并渐渐地变黄，黄成非常香脆、非常油亮的样子，就可以捞起来了。（P.79）

选择最喜欢的食物，朗读片段，体会写法：制作步骤和方法、食物的色香味……

（3）苗族住宅

在高大的双开的木门前面有两个小小的门扇，比我高出许多，须站在小凳子上，才能将下巴搁在门框上。而腰门的高度正好是大门的一半，是因为这个就叫它“腰门”？但一开始，我自以为是地听成了“妖门”。（P.15）

链接资料：

腰门是孩童的门。“云婆婆用绳子绕住了闩子，我解不开。她不准我出去时就这样。”腰门有象征的意义。（P.222）——《腰门》责任编辑魏钢强

卧房是悬在水面上的，靠水的那一边用几根粗粗的木头柱子撑着，让人觉得像是一排巨人背着房子站在水里。这就是吊脚楼。

这条老街叫北边街，一溜都是这样的吊脚楼。吊脚楼一面濒河，一

面临街，褐木黑瓦，灵巧古朴，远远看去，像是童话里的景致。（P.15）

感受比喻的精妙，想象吊脚楼的样子。

2. 独特风景

A. 水车

沱江边有一架巨大的水车，黑褐色的，叶片已残缺不全，它整天整天无声地立着，在晨曦里，细雨中，骄阳下，或是寒风里——这其实是一架已经废弃了的水车。

可我相信，很久很久以前，它一定有声有色、生龙活虎地转动过。最好看的应该是在春光旖旎的日子，咯吱咯吱，咯吱咯吱，那个时候它转动的声音年轻又悦耳，哗——水被它扬起来了，在阳光下像一圈闪闪发光的银链；抬头觑着眼睛望去，飘散开去的水雾如碎钻一样折射出五颜六色的光；一阵煦暖的风拂过来，岸边柳絮纷飞……（P.117）

感受文字的有声有色、比喻的绝妙。

B. 虹桥

虹桥是一座廊桥，走进去像走进了一间极宽敞的木房子。木头都已发黑，脚下的地板也裂着很宽的缝隙，下面的江水泛着白光钻透上来，一闪一闪的。一切都显得很久远，我不知道它像彩虹一样横跨在江上有多少岁月了。

虹桥靠水的两边开着一排窗子，眼睛一样望着江上的景致。里面还有两溜长长的条凳，有两个老头坐在那里闲闲地聊天，抽着长长的烟斗。还有一个苗族女人在给小孩喂奶，旁边放着一个细细长长的、腰形的背篓，这种背篓是专门背小孩的。我们经过时，那小孩吐了奶头，多管闲事地扭过头来看我们。他戴着红色的别了许多银饰的绣花虎头帽，脸红扑扑的，漂亮极了。我还看见刚刚被他衔过的、他嘴边那个紫红色的奶头湿润润的，像一颗带露的葡萄。不知为什么，我竟看得有点出神。（P.120）

体会虹桥的独特和苗族人的生活。

C. 河灯

我自己做了一盏小小的**河灯**，也到跳岩去放。

我从来没有见过这么壮丽的景象，满江满河闪闪烁烁、飘飘摇摇的灯火从脚下一路迤逦而去，载着拳拳的心愿，摇曳到水的尽头，像是在深蓝的锦缎上缀了点点光泽跃动的珠宝，又像是繁星喧扰的天河夜幕飘落了一幅下来。晚风柔柔地拂过，火焰跳出舒缓、凝重的舞蹈……

我把我的河灯点亮，心里默念了一句："铜锣，你说话要算数。"然后托着它放在水面，看着水流和风带它渐渐远去，终于融入了一片灿烂之中……（P.186）

同时那河灯从上流拥拥挤挤，往下浮来了。浮得很慢，又镇静、又稳当，绝对的看不出来水里边会有鬼们来捉了它们去。

这灯一下来的时候，金乎乎的，亮通通的，又加上有千万人的观众，这举动实在是不小的。河灯之多，有数不过来的数目，大概是几千百只。两岸上的孩子们，拍手叫绝，跳脚欢迎。大人则都看出了神了，一声不响，陶醉在灯光河色之中。灯光照得河水幽幽地发亮。水上跳跃着天空的月亮。真是人生何世，会有这样好的景况。

——《呼兰河传》第二章（二）

比较阅读，感受不同作家的语言风格。

D. 其他

文中还有很多关于凤凰独特景致的描写，挑选自己感兴趣的片段读给同桌听。（跳岩 P.15、青石板路 P.45、城墙 P.74、吊桥 P.75、沈从文故居 P.92、小城变化 P.152、梧桐巷 P.199……）

3. 民风民俗

A. 草鬼婆、鬼师

苗族阿婆（草鬼婆）瘦巴巴的，脸上的皱纹可以用得上我刚学到的一个成语——纵横交错。她一声不响地盯着我看，眼睛里有一层白翳，可我觉得那里更深的地方有一个黑黑的洞，里面藏着别人不能明白的东西。（P.105）

我听话地跪下，磕了三个头。

站起来时，一只手抓住了我的胳膊，扭头一看，是一个**最老的鬼师**，我不觉得他比巧巧奶奶更年轻一些。他的脸像三年没下过一滴雨的旱地一样，皱纹又深又硬，牙齿都掉光了，嘴缩进去，像一个深陷的泥潭，浑浊的眼睛里却藏有一线精光，那光刺得我哆嗦了一下。天哪！他不会是蛊婆吧？可蛊婆都是女的呀。我挣扎着想逃掉，他枯瘦的手却朝我的脖子伸了过来，啊！他要掐死我吗？

我惊骇得要尖叫出来了，他却只是捏住了我脖子上的那条红丝带，把坠着的蝉拉了出来，托在手掌里细细地看。

一会儿，他竟笑了，脸上的皱纹成堆成堆的，挤不下都跑到脖子上去了，一层层地叠着。可他笑的时候，眼里的精光没了，眼神蒙蒙的，似有几分温情，他整个的像是变了一个人，和善了很多，像一个随处可见的苗族老头。（P.150）

B. 赶尸

突然想起了铜锣给我讲过的**“赶尸”**。

铜锣说那是很久很久以前的风俗。小城的周围群山环绕，重峦叠嶂。因山路陡峭，在外跑生意、谋生计、当兵的人死了后尸体没法抬回来。于是，只好让尸体自己走着回。用绳子将尸体拴着，一个串一个，像鱼干一样，法师在后面做法，尸体就会一蹦一蹦地往前走。为了不让活人看见吓得也变成尸体，赶尸的人会一路敲锣，边敲边喊：“死人上路，活人回避！”

铜锣说着还学着死人的样儿，闭着眼睛，舌头伸得老长，僵硬着身体，双臂向前平伸，往前一蹦一蹦的，嘴里嚷道：“死人上路，活人回避！咣——”（P.170）

感受湘西的神秘灵异。

C. 苗歌

每次铜锣划船出去或者回来，都要吼一嗓子。**苗歌**开唱和结尾的很长一段都没有歌词，只是随意地“啊”或“姆”或“咦”……铜锣喜欢“呃”，他能把一个“呃”字喊得曲里八拐，时而拉上去，时而跌下来，时而用尖细的假嗓子，时而又闷出很重的鼻音，很丰富多彩、变幻莫测的。

有时，听到铜锣“呃——”，我会跑到后窗去看，看见他挺挺地立在船头，慢悠悠地撑着船，一篙撑下去，头就高高地扬起来，同时，歌声也笔直地飞上去了。如果他看见了我，就会朝我挥挥手，很快活、很自在的样子。（P.160）

听苗歌，感受民族文化的魅力。

三、作业设计

1. 朗读精彩片段；

2. 关注家乡风土人情，选择“美食”“建筑”或“服饰”等主题，仿写一段话；

3. 阅读《呼兰河传》中关于呼兰的风土人情的部分（第二章），尝试自己整理一份特别的读书笔记；

4. 制作一份去湘西旅行的攻略；

5. 完成阅读单《这些人那些事》。

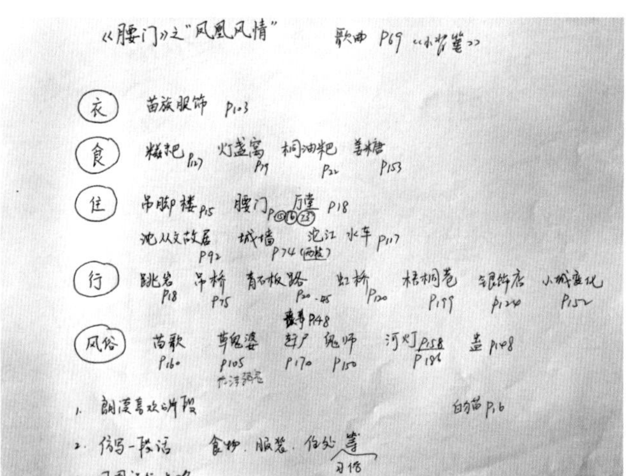

我的读书笔记

家乡美食片段：

从制作方法上描写：

红糖糍粑是我最喜欢的小吃，每天放学时，我总要在校门口卖糍粑的小摊买上一份。糍粑是用糯米做的，把糯米用水泡两个小时后捞出蒸熟，放进石臼，用木槌擂成又黏又韧的米团，糍粑的主料就做好了。卖糍粑的老爷爷会把做好的米团放进一个铁桶，这个铁桶足足有半人高，一边是摇柄，另外一边有两个大拇指粗的圆孔。只见他右手握着摇柄摇一圈，两小段雪白绵软冒着热气的糍粑就从小孔里出来了。老爷爷拿铁片把它们切成十小块，放进盛满黄豆面的大盘子里滚一滚，让小糍粑全身裹满黄澄澄、香喷喷的黄豆面，再盛到纸碗里，淋上甜甜的红糖，一碗香甜的红糖小糍粑就做好了。

（四川省乐山市乐山实验小学三年级　罗期文）

从吃法上描写：

豆浆粉是福建南平建瓯的特色小吃。它制作简单，将粗米粉煮软捞进碗里，洒姜末与葱花，倒入煮得浓浓的豆浆，再加适量盐——它使豆浆更香甜，滴几滴麻油和黄酒，就大功告成了。冬天的早晨，我最喜欢吃豆浆粉，先喝上一大口热气腾腾的豆浆，一股暖意从胃部延展开去。捞一筷子粗粉塞入嘴里，嚼碎，再灌上一口汤，一起咽下肚，嘴里便溢满了姜末、葱花与豆浆的香气，令人回味无穷。

（福建省厦门市松柏小学五年级　张馨予）

带着思念回忆故乡的美食：

排叉是老北京的一种传统小吃，每次回北京，外婆总会做给我吃。它的制作方法十分复杂，把用鸡蛋、盐、水、油和好的面团，擀成大圆薄片，再割成十二个小片，每片大约有成人的半个手掌大小。把两个小片叠放在一起，中间顺切三刀，散开成单片套翻在一起，麻花一样的排叉就做好了。把它们放入滚热的油锅中，只听“嗞”的一声，排叉冒着泡，开始翻滚起来。当它们的颜色从淡黄色渐渐变为金色时，就可以用筷子把它们“请”出来啦。每次外婆做排叉时，我都会眼巴巴地守在一旁，排叉刚一出锅就拈起一个放进嘴里。嘿，又脆又香，上一个还没吃完，我的小手就已经去抓下一个啦！

（上海市海桐小学四年级　陈贞羽）

那些人　这些事

——《腰门》第二课时教学设计

一、朗读片段，引入话题

七年过去了，沙吉生命中那么多人走了，可“小大人”来了，留了胡子，变成“大人”来了。六岁的沙吉曾经那么信赖“小大人”，现在他们又遇见了，聊了很多很多……

我发誓我这辈子从来没有对谁说过这么多话，我觉得他是可信赖的，并令人感到亲切。我什么都想对他说，也觉得什么都可以说，不用有丝毫的遮掩、保留、躲闪、防范……我不知道这种不可思议的感觉从何而来。

他一直安静地听着，只偶尔提些问题。阳光不动声色地一点点往上移，照亮了他的眼睛，那是一双幽深、沉静、柔和、坚定的眼睛，阳光像是醉在了里面，留恋着久久不去。

这么长的时间，竟没有一个顾客进来，让我能说得畅畅快快。

不知说了多久，我停下来的时候，他眯起眼睛看着我，终于说道：**“我明白了，沙吉，你就是这样长大的，并且，变漂亮的。”**

二、这些人（物），那些事

沙吉是如何长大的呢？聊聊沙吉生命中的这些人（物），那些事，可以结合书中具体的描写，选择典型片段分享。

（出示学生整理的资料，指名分享，互相补充）

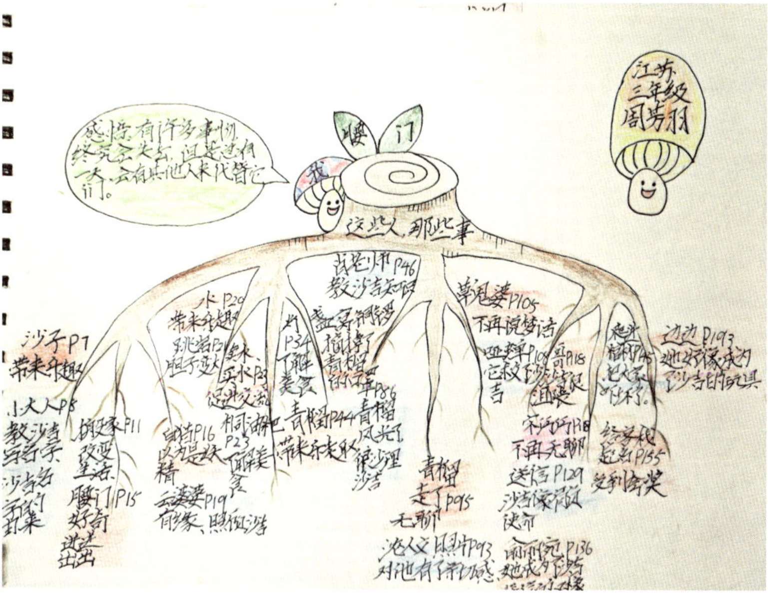
感悟：有许多事物终究会失去，但是总有一天，会有其他人来代替它们。
腰门
江苏
三年级
周芳羽
这些人、那些事
沙子 P7
带来乐趣
小大人 P8
草鬼婆 P105
不再说梦话
边边 P193
她好像成为了沙吉的玩具
青榴 P86
青榴走了 P95
受到夸奖

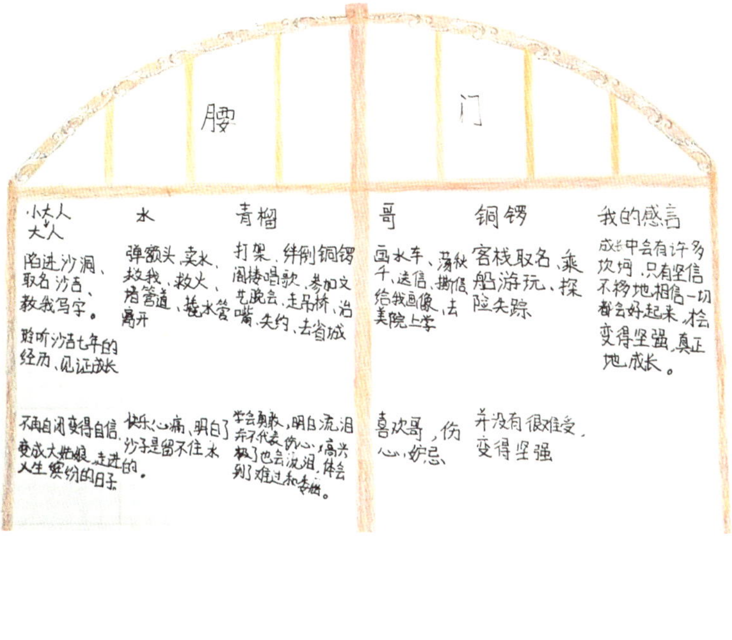
腰
门
小大人
大人
陷进沙洞、取名沙吉、教我写字。
聆听沙吉七年的经历、见证成长
不再自闭变得自信，变成大姑娘，走进的人生缤纷的日子
水
弹额头、卖水、救我、救火、堵管道、捷水管离开
快乐、心痛，明白了沙子是留不住水的。
青榴
打架、拌倒铜锣、阁楼唱歌、参加文艺晚会、走吊桥、治嘴、失约、去省城
学会勇敢，明白流泪并不代表伤心，高兴极了也会流泪，体会到了难过和委屈。
哥
画水车、荡秋千、送信、撕信、给我画像、去美院上学
喜欢哥，伤心、妒忌
铜锣
客栈取名、乘船游玩、探险失踪
并没有很难受，变得坚强
我的感言
成长中会有许多坎坷，只有坚信不移地相信一切都会好起来，才会变得坚强，真正地成长。

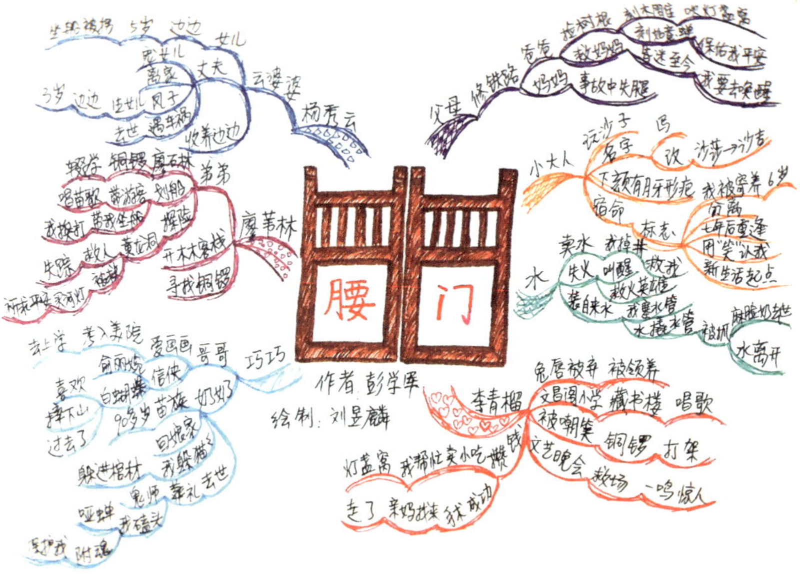

韦佳慧六年级《腰门》情节格

“惊心动魄”的个人成长经历

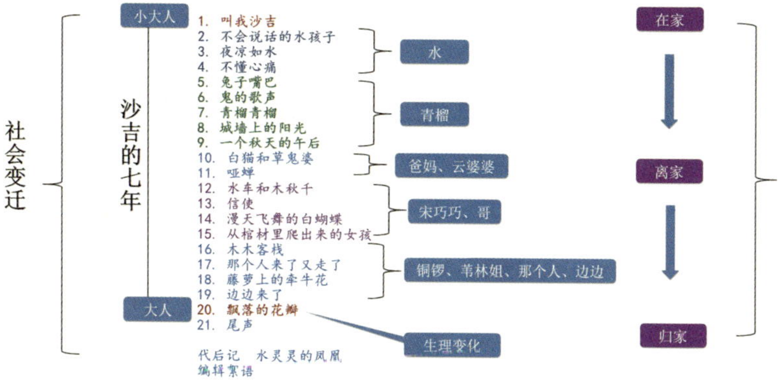

重点讨论

1. 对比阅读关于小大人的片段

作者的话：关于小大人，这是我童年的一个梦想，小时候特别希望自己有一个哥哥，能够守护我成长。也可以说，是一个人想要得到的东西，实现不了，长大了，放在自己的作品里去实现，给自己一个安慰。这个属于个人内心深处的东西，可能不一定别人会理解。（根据和彭老师的微信交流整理）

2. 哑蝉中凝聚的爱

如意蝉有云婆婆的半个食指那么大，带了点淡淡的黄，像是刚蜕壳的幼蝉，一丝丝的木纹很像是蝉的翅膀上的纹路，而两个对称的、黄豆大小的木瘤就恰到好处地成了蝉天然的眼睛。眼睛中间钻了一个小洞，妈用红丝线编了一根细绳拴在上面。这样，一个独一无二的挂件就做成了。

作者的话：根雕的哑蝉凝聚了父母的爱。还有，湘西那个地方有很多那种挺神秘的因素在里面，我想把这个表现出来。一个朋友的QQ名字叫哑蝉，这个名字蛮有味道。因为蝉很喧嚣，很闹，他却取了“哑蝉”。我就记住了，其实也是很无意识的。有的时候，看一些东西，会注意它，然后留在自己的脑子里，写的时候，就自然地冒出来了。有点奇怪。

3. 我和水的情谊

水终于走过来，把腰门闩好，然后扭头冲我咧嘴一笑，笑容像雨后的阳光一般纯净，并在我的额头上弹了一下。（P.22）

可水还是不停地发抖，眼睛像一只受惊的松鼠，在我和井之间惶恐不安地跳来跳去。（P.25）

讲讲我和水的故事，品读比喻句，感受彼此的情谊。

4. 云婆婆对我的爱

（1）初见云婆婆

我回过头，看到了一张清秀和善的脸，眼角虽布满了细细密密的皱纹，但微微凹陷的眼睛却闪着煦暖温婉的光，头发一丝不苟地拢在后面，挽了一个圆圆的髻，鬓角有几缕银丝在闪烁。我还闻到了一丝丝类似蒸肉包子的暖暖的香味。

（2）对比阅读，品味情感

A. 她打了我，云婆婆——她打了我，她居然打我！

从木木客栈回到家里，云婆婆一见我，喉咙里就发出一个可怕的、含糊的声音，顺手操起一把扫帚就扑了过来。她脸色惨白，眼睛红红的，像是刚哭过，可分明又闪着凶狠的光。只有那次打白猫她这样恶狠狠过，她一直都是温和的、忍让的、没脾气的，怎么突然之间变成了狼外婆。

B. 苇林姐把我送回家，云婆婆一见我就冲过来，一把搂住了我，她搂得很紧，我都喘不过气来了，但我一声不吭，很乖巧地偎在她的怀抱里。有什么落在我的头发上，一滴，又一滴……

5. 补充其他人（物）、事

作者的话：长大的过程就是这样，会有一些人离开我们，亲人，朋友，我们非常喜欢的人，但大部分人今后还能见着，甚至会不期而遇。

三、作业设计

1. 朗读精彩片段；

2. 讲讲沙吉的故事；回忆自己成长中遇到的重要他人，发生的重大事件，和家人或朋友聊聊，也可以写出来分享；

3. 阅读《呼兰河传》中关于祖父的部分（第三章），对萧红来说，祖父给了她什么？《黑头发的朱丽叶》中，对米兰影响重大的人物又是谁呢？

4. 再读《腰门》，圈画精彩语段（关注精妙的比喻，尤其是描写声音的句子）。

玩转语言的魔方

——《腰门》第三课时教学设计

一、品味细描、拟人、场面描写、富有动态感的片段

这节课，我们来品读《腰门》中的精彩语段，学习作者的生动表达。

1. 细描

窗外有一株巨大的芭蕉，片片叶面有一张课桌那么大，让雨水浇成了深绿色，闪着沉着的光。水珠从叶面顶上滚落下来，一颗串一颗，很快连成了一条线，宽阔的叶面上便奔涌着无数细细的溪流……（P.28）

体会要点：用常见的事物作比较，写出芭蕉叶的大；色泽；动态感；打比方。

2. 场面描写

我心里慌慌的，搬来一张小凳子站上去，扶在腰门上。我看见门外人影幢幢，人们无声地跑来跑去，有的挑着水桶，有的端着脸盆。

西头，看不见起火的地方，只能听见烧东西的噼噼啪啪的声音，还能看见红红的一片天，是胭脂一样的红，美丽得诡异而又恐怖……（P.28）

体会要点：体会“我”心里的慌张和场面的慌乱、恐怖。

3. 动态感、画面感

我喜欢看他打水，把吊桶**放**下去，接近水面时，手轻轻一**抖**，吊桶就一个猛子不动声色地**扎**了进去，一拎，就是满满的一桶水。（P.23）

我**依**在房门边，**愣**在那里。手上**抓**着长裤，还没来得及穿，身上是一条淡绿小花的短裤，两条瘦精精的腿微微有些**发抖**。（P.32）

体会要点：一连串的动词写出动态感、画面感，暗示人物情绪。

4. 拟人、比喻

“水哎——”一声声飘过来，由远而近，我惊醒了。看见一缕阳光从木格窗子的缝隙间**挤进来**，猫一样悄无声息地跳到裸露着木纹的地板上。（P.21）

大门打开来的时候在寂静的夜里**纺出**一声悠长的吱呀声，我相信它不会吵醒云婆婆。我侧着身子，鱼一样滑了出去。（P.31）

体会要点：感受“挤”“纺”陌生化使用的特殊表达效果。

二、聚焦“比喻”，玩转语言的魔方

刚才的两句话里，不仅有拟人的修辞手法，还有精妙的比喻。

比喻：修辞方式，用某些有类似点的事物来比方想要说的某一种事物，以便表达得更加生动鲜明。

——《现代汉语词典》第 7 版 P.68

彭学军：你注意到了比喻，我太高兴了。因为，在读别人的书的时候，我也特别喜欢注意比喻，如果一本书，或者是一段话，一个章节，有一两个特别有想象、很别致、别人不会这样用的比喻，我就会特别佩服这个作家。

1. 关于声音的比喻

（1）后来，我才知道，每天早上把我吵醒的是水的吆喝声，而不是楼板底下的流水声，**流水声细细碎碎的，蚕丝一般绵绵不绝**，正好是可以枕它入梦的。（P.21）

（2）“水哎——”这回是我叫的。**我的声音水珠一般清亮，听上去又像羽毛一样地轻盈，可以在清晨寂静的老街悠悠地飘来飘去。**（P.23）

（3）慢慢地，我听出来了，这声音和往常的不太一样，它不是从门前的老街而是从后窗传来的，而且，那声音听上去是沙哑的，还有一种……一种别样的意味。**它一声一声地传过来，像一根柔韧的丝带缠绵住了我**，我不由自主地被它牵引着，来到窗前。（P.39）

（4）芙蓉没准已经喜欢上了文连长，至少会喜欢他念书的声音，**他的声音光滑而又深沉，如一张看不见的细密柔韧的网，被网住了就很难挣得脱**。（P.49）

（5）怕人听见，**青榴的声音很轻很细，像泱泱大水在山涧收敛成了一线晶莹的清流，而她的声音也真的如清流一般婉转、透亮、轻柔**。（P.59）

（6）**阁楼空荡荡的，回声很好，青榴的声音被放大一些了，像个精灵似的在四周飞舞**。（P.60）

（7）青榴终于唱完了，礼堂里很静，静得像一个人也没有。**青榴的歌声如一张巨大的魔网，把大家都收得不见了**。（P.71）

（8）打耳洞无所谓难看不难看，戴上银耳坠才好看呢。**头只轻轻地一晃，就丁零丁零地响，声音像露珠一样清亮**。（P.119）

开火车读。作者分别把什么比作什么？为什么要这么作比？可以随意调换吗？

指名朗读喜欢的句子，品味每一个比喻的贴切、传神！

2. 特别的比喻，特别的沙吉

（1）离家不远的地方有一个工地，只打好基脚就停工了，一大片地荒着，**荒地上坟一样隆着一堆堆的沙子**，我每天都去那里玩。（P.7）

（2）我每次都要趴在井沿上看，看什么呢？里面除了一个圆脸的小女孩，也没什么好看的，当然还有绣着白云的天，**那云沉在水里，好像一块块泡涨了的馒头**，一只鸟从空中飞过，影子印在井里，鱼一般游过——我一惊，真有鱼来吃馒头了吗？（P.24）

有点自闭的沙吉看到的世界，和普通人看到的世界不一样，特别的比喻正写出了沙吉的与众不同。

你会把沙堆和沉在水底的云比作什么呢？不同比喻也能体现人物的个性特点。

3. 其他含有比喻的句子

（1）上学这天早上，我的早餐是两个水煮蛋。**蛋煮得白润细滑，白玉一样卧在细瓷碗里**，碗上面搁了一双筷子。（P.43）

（2）**这所学校却有这么多这么多的树，而且都很高很大，枝繁叶茂地撑开好大一个空间，下面阴阴凉凉的，抬头往上看，太阳黄灿灿的光成了碎碎的金子，从树叶的缝隙间漏下来。**（P.45）

（3）**我撕了几张草稿纸，将长凳擦干净，灰尘腾起来了，从窗口射进来的一束阳光顿时喧嚣起来，像飞翔着无数的小星星。有时，又是一阵一阵的，烟雾一样往上涌。**（P.91）

（4）过了石桥是一长列高高的台阶，用长条的石头砌成，台阶两边是一米多高的青砖护墙，墙头盖着一溜黑瓦，瓦上附着一层暗绿的青苔，还有一些**小花小草从瓦缝里长出来，抬眼望去，如一条卧在墙头冬眠的美丽的蛇**。（P.46）

（5）可是，从青榴戴着大口罩走进教室的那一刻起，**铜锣心里就升起了一片希望，这希望像野草般一天天地疯长，铜锣被它们缠住了，无法脱身**。（P.84）

（6）这时，**一只鸟儿飞了过来，雪白的，却让太阳染成了金色，精美得如玛瑙雕琢的一样**。（P.92）

（7）早上醒来后去给她送早点，推门一看，手上的托盘啪地掉在地上，白白润润的米豆腐泼了一地——**芙蓉把自己挂在了屋梁上，瘦瘦小小的人儿像纸片一样透明地飘在晨曦中……**（P.50）

（8）**书架旁有一张断了腿的红木雕花太师椅，落满了灰尘，很旧了，但斜斜地支撑着，像一个衰弱却不肯倒下的老人**。（P.55）

（9）**叶子已被岁月淘干了水分，镂空了，只剩下丝一般细细的、柔韧的叶脉，疏密有致，贴在地砖上，如剪纸一般，有一种装饰性的美丽**。（P.64）

（10）差不多是正午了，**阳光黄灿灿的，如蜂蜜一般，伸出舌头，似能舔到一丝丝的甜味**。（P.78）

（11）这条小路倚山傍河，秋天河水落了，露出了一大片的沙滩，沙滩边有一棵单单独独的树，树长得很有造型的美感，**叶子黄得嫩生生的，像刚孵出的小鸭的颜色**。这时雾已经散去，秋天的太阳有着水一样清澄，照在上面，明晃晃的，风一吹，**叶片一闪一闪的，又像无数的蝴蝶在枝头似栖似飞**。（P.114）

（12）就这样，一趟一趟的，很辛苦很辛苦地把船拉上来，又很快活很快活地让船冲下去。**我已经敢把眼睛睁得大大的了，还大声地尖叫，也不像刚开始那样死死地抓住船帮，而是将双臂大大地舒展开，像鸟儿张开翅膀一样。风在我耳边呼啦啦地响着，把我的头发高高地扬起——我不再是羽毛或白云了，我变成了一只鸟儿，在天水间飞翔……**（P.163）

朗读句子，挑选自己喜欢的句子，给学习小组内同学说说，这个句子把什么比作什么，写出了什么。

三、作业设计

1. 朗读精彩句子，摘抄自己最喜欢的句子；尝试在习作中运用精妙的比喻；

2. 阅读《呼兰河传》(第一、三、四章)，圈画一些精彩语段，朗读或摘抄；

3. 完成《黑头发的朱丽叶》阅读单。

附学生习作：

我的好朋友

我的好朋友是毛正轩。他的脸圆嘟嘟的，头发黑亮亮的，笑起来脸上露出两个小酒窝，眼睛也会眯成一条缝。

我们住在一栋楼里，他在楼下，我在楼上。我们像一棵大树上两根相邻的小枝丫，既可以欢快地在一块儿玩儿，又可以轻松地分开。

我们常常一起上学，他在楼下喊我，我在楼上应着。**我们的声音像小雨滴一样在空中飘上飘下**。放学了，我们又一块儿回家，啪嗒啪嗒的脚步声格外欢快。

课余时间，我们经常一起玩儿。有一次在我家，我故意开玩笑地说："我的房间里有个好玩儿的东西哟！"他一听，马上跑进了房间。趁他不注意，我把他一个人锁在房里了。他怎么也打不开门，在里面急得大叫："让我出去，让我出去！"我不紧不慢地笑着说："就不，就不——"他急得都带哭腔了，我才开门。他一出来，却又哈哈大笑起来，我也笑……**我们的笑声像柔韧的蚕丝一样，拉也拉不断**。

这就是我的好朋友，我们在一起是不是很有趣呀？

（二年级　甘雨乐）

明天的世界因你而更美好

——《黑头发的朱丽叶》交流课设计

一、找寻线索，理清脉络

1. 根据目录，找寻线索

看看目录，你发现了什么?

讨论后明晰，《黑头发的朱丽叶》这本书，贯穿着两条明线：一条线是彼得老师带领同学们讨论、排演《罗密欧与朱丽叶》；一条线是爱丽丝与米兰的讨论。

还有一条暗线：米兰和父母的讨论。这三条线交替叙述。

彼得老师带领同学们共读莎士比亚的爱情名著，作者着墨重点在他们对罗密欧和朱丽叶的爱情问题的讨论。可以说，米兰是将课堂上遇到的问题，带到爱丽丝那里，通过交流得到更深入的解答，最后，推动了父母关系的改善。

当然，爱情究竟是什么，还得等米兰长大后自己去经历爱情和婚姻，才能得出属于她自己的回答。

2. 梳理讨论次数和内容

本书中，彼得老师带领同学们，爱丽丝与米兰，米兰和父母一共讨论了几轮?分别讨论了什么呢?通读全书，梳理完成下列表格：

讨论	彼得老师	米兰爸爸妈妈	爱丽丝
第一轮	布置学生阅读《罗密欧与朱丽叶》。	对课堂上讨论爱情问题大惊小怪。	听米兰讲述牛郎织女的故事，讨论“相爱是否要每天厮守?”

（续表）

讨论	彼得老师	米兰爸爸妈妈	爱丽丝
第二轮	练习台词，讨论**“以貌取人对吗？”“一见钟情的爱情是否是盲目的冲动？”** 布置采访父母第一次相遇的情境。	米兰妈妈回忆自己和米兰爸爸的认识经过。	米兰讲述梁祝的故事。讨论“一见钟情背后的秘密”。
第三轮	继续练习台词。讨论“爱情与婚姻的关系”，相爱一定要结婚吗？	爸爸寄来一封手写的信，回忆和妈妈的认识经历，反省自己该多回家。	爱丽丝讲述《简·爱》的故事，讨论“相爱是两个人的事，婚姻是两个家庭的事”。
第四轮	听取米兰的反对意见，讨论“爱情的爱与婚姻的爱不同”。	为米兰缝制演出服。	接受米兰的观看演出邀请。讲述希腊神话中的爱情故事。讨论“长久的爱情是平凡琐碎的生活，是相濡以沫的共同老去”。

交流后总结：

通过梳理可以发现，关于爱情和婚姻的话题，作家程玮是逐层深入讨论的，**从最开始一见钟情的冲动，到经过理智思考的感情，最后进入婚姻之后的感情变化，婚姻的维系**。

经过这样的讨论，当你们在长大遇见爱，遇见冲动，进入婚姻的每一个阶段，回味起爱丽丝的话，或许会停下来想一想。减少盲目的冲动，在人生大方向上能避免许多问题，这些问题甚至能纠缠到两个家庭。

二、对比中西方爱情观

题　目	体　裁	爱　情　观
《鹊桥仙》	古诗	两情若是久长时，又岂在朝朝暮暮。（服从命运的安排 P.77）
《牛郎织女的故事》	民间故事	
《梁祝》	小提琴曲	开始抗争 P.77
《梁山伯与祝英台》	民间故事	
《罗密欧与朱丽叶》	戏剧	青春、美丽、浪漫、激情、短暂 文学中的爱情 P.138
《简·爱》	小说	有尊严、平等 P.119、P.165
《费莱蒙和鲍茜丝》P.145	古希腊神话	平凡生活，共同老去 P.152 生活中的爱情

结合书中的具体段落谈感受。说说自己最认同的爱情观。

三、话题讨论

1. 以貌取人，对吗？现实生活中有没有遇到过“以貌取人”的事例？

2. 一见钟情真的存在吗？

3. 相爱一定要结婚吗？结婚需要什么条件？

4. 托马斯将来会和米兰、娜塔莉之间发生什么故事？

5. 聊聊爸爸妈妈、爷爷奶奶、外公外婆的爱情故事。

6. 如果梁祝、牛郎织女或罗密欧和朱丽叶穿越到现代，会发生什么样的故事呢？会有什么结局？

7. 读了这本书，说说你对“爱情和婚姻”的认识。

8. 你理想中的他（她）是什么样子的？

在这个世界上的一个地方，有一个男孩（女孩）子，他（她）

正在和你一起长大。到了有一天，你会碰上他（她）。你很喜欢他（她），他（她）也很喜欢你。你们两人都想天天在一起玩。这个男（女）孩子，他（她）才是你应该跟他（她）结婚的人。（P.159）

——程玮

四、作业设计

阅读《腰门》（第12—16章、19章），梳理“我”对哥的情感变化，用创意图表呈现出来，谈谈对这段感情的看法。

（本设计由我与福建省福州中山小学陈峥老师共同完成）

附：《黑头发的朱丽叶》读后感

我眼中的爱情

最近，我在读一本讨论爱情的书，书名叫《黑头发的朱丽叶》。

这本书讲了米兰所在的班级，在围绕爱情话题的主题月里展开了各种活动。他们读《罗密欧与朱丽叶》，朗读精彩片段并讨论、背诵整本书、演话剧。米兰还在周末与爱丽丝讨论各种爱情故事，去更深地了解爱情究竟是怎么回事。

这本书很吸引我，因为作者把爱情的秘密和哲理融入了故事里。在读这本书之前，我所理解的爱情，只是喜欢和不喜欢而已；但读了之后，我才知道爱情其实是一门很深的学问，教不了，也学不透。

这本书让我懂得：一见钟情和双方的家庭、教育有着密切关系。相爱的两个人往往会失去理智，因为爱没有理智。而且世界上可以超越时间和空间穿越人心灵的东西，只有爱。

我对爱情的观点和简·爱小姐一样，我认为爱情要平等，要互相包容，要有着一样的心，最重要的——要有尊严。

对未来的爱情，我们都会去幻想。我心目中的他是一位爱读书，有恒心，有骨气，并且有志向的人，他还应是一位值得我去挑战和超

越的人。（王斐燃）

爱情与婚姻

爱情与婚姻不一样吗？有什么不一样呢？带着一连串的疑惑，我翻开了《黑头发的朱丽叶》。

这本书以米兰与爱丽丝的对话展开，聊的居然是关于“爱情”——这个让老师和家长头疼和避讳的话题。

相爱其实不一定要结婚，当然，如果可以，我认为结婚是最好的选择。相爱是一件很简单的事情，但结婚却是一件很困难的事。结婚需要两个人的努力，为了这个家能够和谐而努力，为了能一起幸福地生活而努力。当然，两个人的背景与身份不能相差太多，两个人的性格也不能相差太大。如果希望能够幸福地生活，性格要放在第一位，经济也必须说得过去。如果一个家没有经济保障，就像一棵树没有了根，风一吹，就会倒下。所以，如果两个情投意合的人结了婚，需要两个人共同去努力和担当。

每个人都会遇到自己的另一半，而我未来的另一半，他应该孝顺，一个有孝心、有责任心的人，才能干出一番大事业。其次，他应该有责任心、有担当，这是一个大丈夫必不可少的品质。还有最重要的——乐观幽默。我也不知道为什么，可能与我的性格有关吧！还有，他的情商和智商也得高。剩下的就比较肤浅了，颜值和身高得达到标准，至少得比我高，还要帅！

让自己变得好起来，才能使爱情变得更好！希望可以在对的时间遇到那个对的他。（周昊睿）

我们来谈“情”说“爱”

——《腰门》第四课时教学设计

这节课我们来聊聊《腰门》中那些打动人心的情感。

一、谈谈“友情”与“亲情”

1. 谈到“友情”，你最先想到的是谁和谁的故事?

（1）“我”和水

（2）“我”和青榴

（3）“我”和小大人

2.“亲情”的不同模样

（1）“我”和云婆婆，以及爸爸妈妈

（2）青榴和养父母，以及亲生母亲

二、聚焦千姿百态的爱情

1. 凄美的爱情——文连长和芙蓉的日久生情

片段 1：

那天晚上，从阁楼上传来了芙蓉唱戏的声音……声音悲悲戚戚的，如泣如诉，又深情款款。小勤务兵听了想，芙蓉没准已经喜欢上了文连长，至少会喜欢他念书的声音，他的声音光滑而又深沉，如一张看不见的细密柔韧的网，被网住了就很难挣得脱。（P.49）

片段 2：

早上醒来后去给她送早点，推门一看，手上的托盘啪地掉在地上，白白润润的米豆腐泼了一地——芙蓉把自己挂在了屋梁上，瘦瘦

小小的人儿像纸片一样透明地飘在晨曦中……（P.50）

芙蓉爱文连长吗？当所爱的人离开，另一个人应该如何面对？

2. 无奈的婚姻——云婆婆和那个人

这对我来说是一个太离奇的故事，我把它理了一遍，就是：“那个人”不要云婆婆了，又和别的女人好了，那个女人叫凤子。他们还生了一个女儿，也叫边边。边边快三岁时，“那个人”出车祸死了，凤子要去外面打工，云婆婆就收养了边边——她丈夫的女儿。

好过分！“那个人”，还有那个叫凤子的女人，他们怎么可以、可以这样欺负云婆婆，而婆婆居然接受了，我真是想不明白，她为什么要这样做——尽管这个叫边边的小女孩很可爱，可这个边边毕竟不是那个五岁时就不见了的边边。

我正心气不平地想着，下面传来压抑着的、嘤嘤的哭声。

请你谈谈对“那个人”的评价？你能理解云婆婆的做法吗？

3. 朦胧的初恋——“我”和“哥”的一见钟情

“我”对哥的情感变化

	哥对“我”	心　情	“我”对哥	页码
第一次见面		慌乱、不知如何表达、大口大口喘气、心怦怦怦地跳	怦然心动	118
帮哥送信	送糍粑给“我”吃	快乐着哥的快乐，悲伤着哥的悲伤；（复杂心情）	愿意为他做任何事，喜欢待在他身边。	129、130、131、133
	像蝴蝶一样飞走	“我”似乎掉进了冰窟里		134
			喜欢哥	137
	和俞丽宛相拥	又冷又痛又饿又委屈又伤心又妒忌		140
			都过去了	141
再次到巧巧家，春天都快过去了	笑得不自然		不后悔当信使，另一种快乐	142
从棺材里爬出来	拉“我”出来，捏“我”的脸		没有火烤的感觉了	147
哥上大学前	欣喜，为“我”画像			188

每一个男孩女孩，在花季雨季的年纪，常常会有这样爱的悸动。这种情感很单纯，可能像一阵风一样很快就过去，也可能在脑海中留下一辈子难以磨灭的印记。这样的情感很美好，遇见了要好好珍惜，珍惜这份单纯。要学会控制自己的情感，把握好分寸，不让自己受

伤。要努力让自己变得更优秀。“你若盛开，蝴蝶自来”，要在对的时间遇见对的人。

假如，现在的你正面临着一份不知道如何处理的朦胧情感，读了这个故事，你会如何抉择呢？在日记本里写一写。

三、链接其他作品

1. 分享图画书《好好照顾我的花儿》。

发现：这个故事最精妙的地方在哪里？（用身高的变化，来外显一个人的内在变化。）

讨论：一个人如何才能使自己变得更好，才能配得上一份真正的感情？

2. 朗读《海的女儿》结尾部分。

聊聊这是怎样的爱情。

四、作业设计

阅读《呼兰河传》之“冯歪嘴子”，完成阅读单。

小人物的命运
——《呼兰河传》之“冯歪嘴子”教学设计

一、磨房里的冯歪嘴子

1. 认识冯歪嘴子

磨房里边住着冯歪嘴子。

冯歪嘴子打着梆子，**半夜半夜地打，一夜一夜地打。冬天还稍微好一点，夏天就更打得厉害。**

这黏糕在做的时候，需要很大的一口锅，里边烧着开水，锅口上

坐着竹帘子。把碾碎了的黄米粉就撒在这竹帘子上，撒一层粉，撒一层豆。冯歪嘴子就在磨房里撒的，弄得满屋热气蒸蒸。进去买黏糕的时候，刚一开门，只听屋里火柴烧得噼啪地响，竟看不见人了。

看图，理解“打着梆子”。朗读，感受冯歪嘴子劳动的艰辛。

2. 磨房外的园子

那磨房的窗子临着我家的后园。我家的后园四周的墙根上，都种着倭瓜、西葫芦或是黄瓜等类会爬蔓子的植物；倭瓜爬上墙头了，在墙头上开起花来了，有的竟越过了高墙爬到街上去，向着大街开了一朵火黄的黄花。

因此那厨房的窗子上，也就爬满了那顶会爬蔓子的黄瓜了。黄瓜的小细蔓，细得像银丝似的，太阳一来了的时候，那小细蔓闪眼湛亮，那蔓梢干净得好像用黄蜡抽成的丝子，一棵黄瓜秧上伸出来无数的这样的丝子。丝蔓的尖顶每棵都是掉转头来向回卷曲着，好像是说它们虽然勇敢，大树，野草，墙头，窗棂，到处地乱爬，但到底它们也怀着恐惧的心理。

太阳一出来了，那些在夜里冷清清的丝蔓，一变而为温暖了。于是它们向前发展的速度更快了，好像眼看着那丝蔓就长了，就向前跑去了。因为种在磨房窗根下的黄瓜秧，一天爬上了窗台，两天爬上了窗棂，等到第三天就在窗棂上开花了。

再过几天，一不留心，那黄瓜梗经过了磨房的窗子，爬上房顶去了。

后来那黄瓜秧就像它们彼此招呼着似的，成群结队地就都一齐把那磨房的窗给蒙住了。

思考：这是怎样的园子？朗读，感受园子里植物旺盛的生命力。

质疑：为什么开头要写“我”家的后园呢？这与冯歪嘴子有什么关系？（不必深入讨论，只引发思考）

二、比较阅读

1. 园里园外

从此那磨房里边的磨倌就见不着天日了。磨房就有一张窗子，而今被黄瓜掩遮得风雨不透。从此那磨坊里黑沉沉的，园里，园外，分成两个世界了。冯歪嘴子就被分到花园以外去了。

园里（花园里），园外（磨房里），分别是怎样的世界？

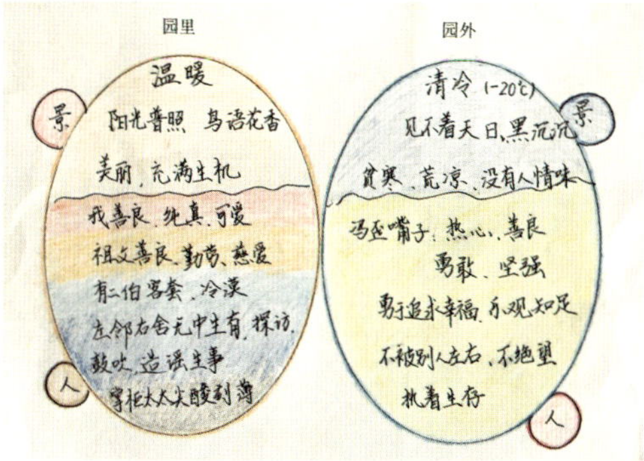

学生阅读单 1

园　　里		园　　外	
祖父的后院	一片光明，富有生机。祖父、我、老厨子故意和冯歪嘴子聊天聊到一半就溜掉。	磨房	黑沉沉的，唯一的窗子被黄瓜蔓子遮掩，但那窗子实在好看，冯歪嘴子看不见窗外的风景和捉弄自己的人。
我家	有火炉烤着，丝毫不必担心着凉。	草棚子	漏风漏雨，十分寒冷。
左邻右舍	爱当探访员，喜欢造谣生事，幸灾乐祸。逆来顺受，不知光明在何处，悲哀！	冯歪嘴子	好好地活着，照常活在世界上，照常担负着作为父亲的责任。

学生阅读单 2

2. 冯歪嘴子屋里的冷与“我”家的暖

（1）磨房的冰冷与“我”家的炉火

我一开门进去，**风就把那些盖上的白布帘吹开了**，那女人仍旧躺着不动，那小孩也一声不哭，我往屋子的四边观察一下，屋子的边处没有什么变动，只是磨盘上放着一个黄铜盆，铜盆里泡着一点破布，**盆里的水已经结冰了**，其余的没有什么变动。

……

我看了一会，看不出所以然来，觉得十分无趣。正想转身出来的时候，被我发现了一个瓦盆，就在炕沿上已经像小冰山似的冻得鼓鼓的了。于是我想起这屋的冷来了，立刻觉得要打寒战，冷得不能站脚了。我一细看那扇通到后园去的窗子也通着大洞，瓦房的房盖也透着青天。

我开门就跑了，一跑到家里，家里的火炉正烧得通红，一进门就热气扑脸。

（2）“我”和祖父的对话

磨房里没有寒暑表，我家里是有的。我问祖父：“爷爷，你说磨房的温度在多少度上？”

祖父说在零度以下。

我问：“在零度以下多少？”

祖父说：“没有寒暑表，哪儿知道呵！”

我说：“到底在零度以下多少？”

祖父看一看天色就说：“在零下七八度。”

我高兴起来了，我说：“嗳呀，好冷呵！那不和室外温度一样了吗？”

3. 笑与哭

我正想要问祖父，那磨房里是谁家的小孩。这时冯歪嘴子从外边来了。

戴着他的四耳帽子，**他未曾说话先笑一笑的样子，一看就是冯歪**

嘴子。

他进了屋来，他坐在祖父旁边的太师椅上，那太师椅垫着红毛哔叽的厚垫子。冯歪嘴子坐在那里，似乎有话说不出来。右手不住地摸擦着椅垫子，左手不住地拉着他的左耳朵。**他未曾说话先笑的样子，笑了好几阵也没说出话来**。

我们家里的火炉太热，把他的脸烤得通红的了。他说："老太爷，我摊了点事……"

祖父就问他摊了什么事呢？

冯歪嘴子坐在太师椅上扭扭歪歪的，摘下他那狗皮帽子来，手里玩弄着那皮帽子。**未曾说话他先笑了，笑了好一阵工夫**，他才说出一句话来："我成了家啦。"

说着冯歪嘴子的眼睛就流出眼泪来，他说："请老太爷帮帮忙，现下她们就在磨房里呢！她们没有地方住。"

我听到了这里，就赶快抢住了，向祖父说："爷爷，那磨房里冷呵！炕沿上的瓦盆都冻裂了。"

祖父往一边推着我，似乎他在思索的样子。我又说："那炕上还睡着一个小孩呢！"

祖父答应了让他搬到磨房南头那个装草的房子里去暂住。

冯歪嘴子一听，连忙就站起来了，说："道谢，道谢。"

一边说着，他的眼睛又一边来了眼泪，而后戴起狗皮帽子来，眼泪汪汪地就走了。

从冯歪嘴子未曾说话先笑的样子和他的眼泪汪汪里，你读懂了什么？

4. 乡亲们对王大姑娘的评价前后对比

（1）认识王大姑娘

她长的是很大的脸孔，很尖的鼻子，每笑的时候，她的鼻梁上就皱了一堆的褶。今天她的笑法还是和从前的一样，鼻梁处堆满了皱褶。她那辫子梳得才光呢，红辫根，绿辫梢，干干净净，又加上一朵马蛇菜花戴在鬓角上，非常好看。

你喜欢王大姑娘吗?

（2）嫁给冯歪嘴子之前

她的父亲是赶车的，她牵着马到井上去饮水，她打起水来，比她父亲打得更快，三绕两绕就是一桶。别人看了都说:“这姑娘将来是个兴家立业好手!”

老厨子说她大头子大眼睛长得怪好的。

有二伯说她膀大腰圆的带点福相。

母亲说她:“我没有这么大的儿子，有儿子我娶她，这姑娘真响亮。”

同院住的老周家三奶奶则说:“哟哟，这姑娘真是一棵大葵花，又高又大，你今年十几啦?”

周三奶奶一看到王大姐就问她十几岁?已经问了不知几遍了，好像一看见就必得这么问，若不问就好像没有话说似的。

每逢一问，王大姐也总是说:“二十了。”

“二十了，可得给说一个媒了。”再不然就是，“看谁家有这么大的福气，看吧，将来看吧。”

隔院的杨家的老太太，扒着墙头一看见王大姐就说:“这姑娘的脸红得像一盆火似的。”

（3）跟了冯歪嘴子之后

等到了晚上在煤油灯的下边，我家全体的人都聚集了的时候，那才热闹呢!连说带讲的。这个说，王大姑娘这么的。那个说王大姑娘那么着……说来说去，说得不成样子了。说王大姑娘这样坏，那样坏，一看就知道不是好东西。说她说话的声音那么大，一定不是好东西。哪有姑娘家家的，大说大讲的。

有二伯说:“好好的一个姑娘，看上了一个磨房的磨倌，介个年头是啥年头!”

老厨子说:“男子要长个粗壮，女子要长个秀气。没见过一个姑娘长得和一个扛大个的（扛工）似的。”

杨老太太把肩膀一抱说：“气的，好大的气性，到今天都丢了人啦，怎么没气死呢。那姑娘不是好东西，你看她那双眼睛，多么大！我早就说过，这姑娘好不了。”

“你看看吧，她的嘴该多馋。”

这些探访员往往没有受过教育，他们最喜欢造谣生事。

对同一个人的评价，为什么前后会有这么大的反差？

这些爱议论的邻居，作者并没有花很多的笔墨去写，这样的人物，被称为“群像人物”，从这些言行中，你感受到，他们是一群怎样的人？

5. 贫穷与幸福

我就在那里静静地站了一会，我看她用草把小孩盖了起来，把小孩放到炕上去。其实也看不见什么是炕，乌七八糟的都是草，地上是草，炕上也是草，草捆子堆到房梁上去了。那小炕本来不大，又都叫草捆子给占满了。那小孩也就在草中偎了个草窝，铺着草盖着草地就睡着了。

我越看越觉得好玩，好像小孩睡在喜鹊窝里了似的。

王大姑娘跟着冯歪嘴子睡在草窝里的日子幸福吗？他们的生活里有没有甜蜜呢？找到具体的语段来读一读。

他在家里边，他一看见他的女人端一个大盆，他就说：“你这是干什么，你让我来拿不好么！”

他看见他的女人抱一捆柴火，他也这样阻止着她：“你让我来拿不好么！”

……

他家是快乐的，冯歪嘴子把窗子上挂了一张窗帘。这张白布是新从铺子里买来的。冯歪嘴子的窗子，三五年也没有挂过帘子，这是第一次。

冯歪嘴子买了二斤新棉花，买了好几尺花洋布，买了二三十个上好的鸡蛋。

从冯歪嘴子的言行中，读出了什么？

6. 乡亲们的看法与冯歪嘴子的活法

冯歪嘴子的女人一死，大家觉得这回冯歪嘴子算完了。老厨子说："看热闹吧，冯歪嘴子又该喝酒了，又该坐在磨盘上哭了。"

东家西舍的也都说冯歪嘴子这回可非完不可了。那些好看热闹的人，都在准备着看冯歪嘴子的热闹。

可是冯歪嘴子自己，并不像旁观者眼中的那样地绝望，好像他活着还很有把握的样子似的。他不但没有感到绝望已经洞穿了他，因为他看见了他的两个孩子，他反而镇定下来。

他觉得在这世界上，他一定要生根的。要长得牢牢的。他不管他自己有这份能力没有，他看看别人也都是这样做的，他觉得他也应该这样做。

于是他照常地活在世界上，他照常地负着他那份责任。

他在这世界上他不知道人们都用绝望的眼光来看他，他不知道他已经处在了怎样的一种艰难的境地。他不知道他自己已经完了。他没有想过。他虽然也有悲哀，他虽然也常常满满含着眼泪，但是他一看见他的大儿子会拉着小驴饮水了，他就立刻把那含着眼泪的眼睛笑了起来。

7. 园子里植物的生长和孩子的生长

那孩子在别人的眼睛里看来，并没有大，似乎一天更比一天小似的。因为越瘦那孩子的眼睛就越大，只见眼睛大，不见身子大，看起来好像那孩子始终也没有长似的。那孩子好像是泥做的，而不是孩子了，两个月之后，和两个月之前，完全一样。两个月之前看见过那孩子，两个月之后再看见，也绝不会使人惊讶，时间是快的，大人虽不见老，孩子却一天一天地不同。

看了冯歪嘴子的儿子，绝不会给人以时间上的观感。大人总喜欢在孩子的身上去触到时间。但是冯歪嘴子的儿子是不能给人这个满足的。因为两个月前看见过他那么大，两个月后看见他还是那么大，还不如去看后花园里的黄瓜，那黄瓜三月里下种，四月里爬蔓，五月里开花，五月末就吃大黄瓜。

但是冯歪嘴子却不是这样的看法，他看他的孩子是一天比一天大。大的孩子会拉着小驴到井边上去饮水了。小的会笑了，会拍手了，会摇头了。给他东西吃，他会伸手来拿。而且小牙也长出来了。微微地一咧嘴笑，那小白牙就露出来了。

冯歪嘴子的儿子究竟长了没有？作者在文章开头为何要花大量笔墨写园子里植物的快速生长？

三、《呼兰河传》中冯歪嘴子最后出场的意义

这疯长的植物，还象征着什么？

呼兰河那个小镇上所有的人生存的意义似乎就是活着——吃饭、睡觉，偶尔拿邻里之间的鸡毛蒜皮的事来作为生活的娱乐。前面出场的如有二伯、团圆媳妇一家真实反映了那个时代那个地方落后愚昧无知的生活方式与风俗。

冯歪嘴子不搅和邻里之间鸡毛蒜皮的事情，他安静赶驴推磨。即便生活再艰辛，即便老婆走了留下两个需要照顾的孩子，即便在所有人眼里他定是完蛋了，他依旧按照自己的方式生活。他朴实善良，会偷偷给“我”吃免费的黏糕，好好照顾老婆尽着丈夫的责任，对嘲笑他的邻里也丝毫不介意。冯歪嘴子踏踏实实地在贫穷陋习里生活，不卑不亢，却也充满希望，像那些植物一样，有着坚韧的生命力，凭着原始的生存力倔强地生活着。

四、作业设计

1. 学习本课的方法，研究书中的其他人物：“性格”人物或“群像”人物；

2. 延伸“阅读”：《小学生萧红读本》《萧红自述：永久的憧憬与追求》《黄金时代》（电影）。

魅力湘西　凤凰风情

——《腰门》第一课时阅读单

年级：______　姓名：______

《腰门》裹挟着浓郁的湘西风情，一边阅读，一边记录凤凰独有的民风民俗，并和我们的日常生活作比较。

友情提醒：**只要记录关键词和页码（如例）**，可以在书上圈画，便于课堂交流。你也可以尝试用别的方式来呈现，多动脑筋哦！比一比谁最有创意。

	我　们	凤　凰
衣		
食		
住		腰门 P.15
行		
其他		
我的感想		

这些人　那些事

——《腰门》第二课时阅读单

年级：______　姓名：______

生命中，有些人来了又走，走了又来。七年中，沙吉遇到了很多人，发生了很多事。对沙吉的成长起到关键作用的是哪些人（物）？哪些事呢？

（**只要记录关键词和页码**，便于课堂交流。你也可以尝试用别的方式来呈现，多动脑筋哦！比一比谁最有创意。）

	这些人（物）	那些事	产生的影响
沙吉的七年			
我的感言			

《黑头发的朱丽叶》阅读单

年级：______　姓名：______

1. 提炼、概括

讨论	彼得老师	米兰的爸爸妈妈	爱丽丝
第一轮	布置学生阅读《罗密欧与朱丽叶》	对课堂讨论爱情大惊小怪 P.20	听米兰讲述牛郎织女的故事讨论“相爱是否要时刻不分离？”P.37
第二轮			
第三轮			
第四轮			

2. 对比、思辨

题　目	体　裁	爱　情　观
《鹊桥仙》	古诗	两情若是久长时，又岂在朝朝暮暮。
《牛郎织女的故事》	民间故事	
《梁祝》	小提琴曲	
《梁山伯与祝英台》	民间故事	
《罗密欧与朱丽叶》	戏剧	
《简·爱》	小说	
《　　　　》	希腊神话	

阅读信息提供：《中国老故事》之《民间故事（二）》P.88《梁山伯与祝英台》，P.94《牛郎织女的故事》。

3. 延伸活动

（1）我当“小记者”（记录关键词即可）

	爸爸妈妈	爷爷奶奶（或外公外婆）
认识到结婚的过程		
父母和祖辈的经历相同之处		
父母和祖辈的经历不同之处		

（2）未来的“他（她）”

为将来的自己写一则“征婚启事”，为未来的他（她）画一幅像。

《呼兰河传》第七章阅读单

年级：______ 姓名：______

1.“从此那磨坊里黑沉沉的，园里，园外，分成两个世界了。冯歪嘴子就被分到花园以外去了。”园里，园外，分别是怎样的世界？

友情提醒：阅读第七章，联系全书，用关键词概括。找出具体描写，读一读，品一品。

园里（花园）

园外（磨房）

2. 你觉得冯歪嘴子和王大姑娘过得幸福吗？到文中找依据。

6. 来自草原和丛林的风

——黑鹤作品

大概是 2005 年，记不清是什么机缘巧合，我买了一本蒙古族作家格日勒其木格·黑鹤的《重返草原》。书中作者的照片年轻、高大、帅气逼人，完全是偶像剧的男主角形象。

那时候的我，没有去过草原和森林，但透过他的文字，我初步领略了草原的魅力，对北方丛林多了一份向往。

2016 年 4 月，南京，第十二届中国儿童阅读论坛。黑鹤坐在我的前排，我请他帮我签名，他很爽快地签完了。

那天下午，两位名师——蒋军晶和周其星分别执教了黑鹤的作品《黑夜之王》和《黑眼睛》。随后，黑鹤身穿一袭庄重的白色蒙古袍登上了会场，他用率直生动的语言分享了自己的成长经历，用大量图片和视频展示了丰富多彩的草原生活，这独特的经历成为他创作的源泉。他说，我们谁都无法让孩子生活在一个玻璃罩里，必须让儿童认识到人和自然是需要和谐共处的。

聆听黑鹤的讲述，我被他的真性情所打动。回来后，陆续买了他的很多书。我和孩子们聊他的《驯鹿牛仔裤》《黄昏夜鹰》《驯鹿六季》等作品。孩子们盼望着有一天，能够去他在呼伦贝尔的营地体验生活。黑鹤是最平易、谦和的作家，多次给孩子们回信或录制音频、视频，分享草原生活感受，解答孩子们提出的种种疑惑，也多次签名赠书。他尊重每一个孩子，录制时，执意要一一念出每一个孩子的名字，不厌其烦地重录了好几遍。

2016 年 9 月，我和亲近母语总课题组的老师们一起去了呼伦贝尔，穿越了黑鹤笔下的森林和草原，对他的文字多了一份共鸣和热爱。

2018 年 8 月，我才得知《重返草原》是黑鹤在大陆出版的第一本童书，而我，在十几年之后才真正领略黑鹤文字的魅力。

黑鹤作品，可以这样读

——《风之子》阅读指导

我曾经问过黑鹤："你写的这些故事都是真的吗?"他说，细节都是真实的。我想正因为这种细节的真实，才让人读来仿佛身临其境。

亲爱的孩子们，你以前读过黑鹤的作品吗？第一次打开他的书，也许，你会立刻喜欢上他诗意、蓬勃、有张力的文字，恭喜你，你是一个有品位的阅读者；也许，你会觉得，他的文字有一点深奥，尤其是开头，非常难以进入，不太想继续阅读。不要着急，跟着我，慢慢来。一旦你读进去，就会一头扎进去，掉进一个神奇、广袤、曼妙的世界。

现在，我们就来聊聊如何阅读《风之子》这个故事。

1. 勾连旧知，展开猜测

当我们看到《风之子》这个题目时，不要急着看正文，先来猜测一下，本文可能写了什么。我们班的孩子说可能写的是一种鸟，一种飞翔速度非常快的鸟。你觉得呢？我曾经读过一本国际大奖小说，题目叫《风之王》，跟《风之子》的主人公是一样的。

“风之子”究竟是谁呢？请看这段文字：

我没有想到在那片广袤无边的草地，我会有幸见到一匹自由不羁的草地生灵。我从没有奢望可以拥有它，它不属于任何人，它只生活在那片绿色的草地上。它活着就是为了奔跑，奔跑时像风一样滑过绿浪般的草地。我把它称作风之子。

看来，它不是天上飞的，而是草地上奔跑的，它是“一匹纯白色的马，像一只高贵的天鹅立在河边”。

你猜对了吗？如果你读过《风之王》，也许猜对的概率会大一些。一个人来自实践和阅读的背景知识越丰富，联想、猜测、理解能力就越强。书与书之间的勾连，会产生奇妙的阅读效果。读多了，你会编织出一张密密的、神奇的阅读之网，久而久之，这张网会帮你打通各学科之间的壁垒，让你成为一个通透、渊博的人。

2. 对照地图，画路线图

请准备一张呼伦贝尔的地图，边阅读，边在图上标注“我”到过的地方，阿木古郎—贝尔镇—乌尔逊河—白音塔拉……读完故事，“我”的徒步路线图就出来了。

在黑鹤的书里，还会出现“根河”“满洲里”“陈巴尔虎旗”“阿龙山”“海拉尔”等地名，你都可以在地图上一一找出来并标注。也许，某一天，当你到达那里时，就会多一份熟悉和亲切。每一次出行之前，做好规划，最好先读一读关于那个地方的书，有文化的旅行更有意义。

3. 理清脉络，学会概括

读完《风之子》，你能用简洁的语言说说这部作品讲了什么吗？

把一本书读薄，读成一句话，是一种很重要的能力——概括能力。教给你一个好方法：读完一篇文章或一本书，问问自己，作品讲了“***谁干什么***”或者写了“***什么怎样***”。有时候，多追问几个“谁干什么”“什么怎样”，主要内容就概括出来了。

有时候，可以直接提取书中的文字来概括，比如，《风之子》的第一句就可以改一改当作概括语。这个故事讲了“我”十九岁的暑假，徒步穿越呼伦贝尔草原的所见所闻所感，重点写了“我”与风之子相遇、相处、相别的故事。

书里写了“我”和风之子的哪些故事呢？读书百遍其义自见。你可以多读几遍，画出情节图。

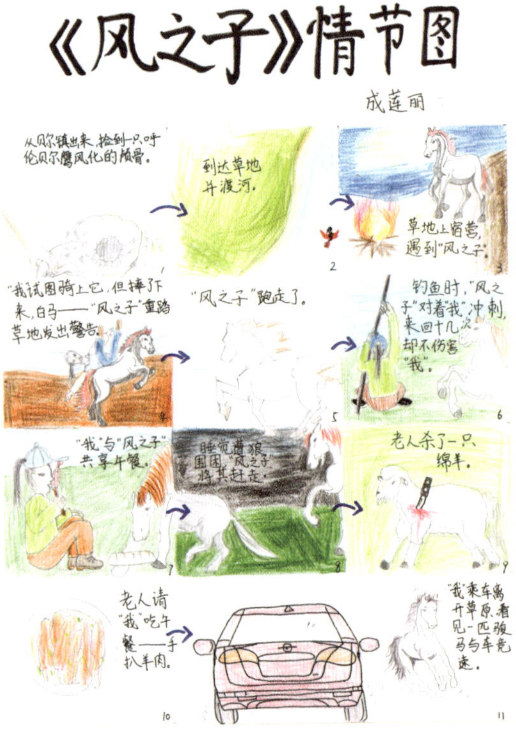

《风之子》情节图

4. 品味语言，形成语感

（1）长短句

黑鹤擅长***长句、短句的穿插运用***，有时候，一个字、一个词、一句话独立成段，极具张力。为什么要单独成为一段？长短句的交替穿插有什么特殊的表达效果？可以边读边思考，学习他对语言出神入化的运用。

第四段，“它是风之子。”仅五个字，独立成段，作者在突出和强调什么？

第五段，语句很长，每句都很长。

蓝得透明的天空中 / 有几只懒洋洋的鹰 / 伸展着巨大的翅膀 / 漫不经心地乘着草地上的气流 / 慢慢悠悠地滑翔，偶尔 / 它们黑色的影子 / 从我的头顶一扫而过，带给我 / 简直是奢侈的 / 片刻清凉。

怎样才能读好这样的长句呢？先默读，生字词标注拼音，用斜线标出停顿。再尝试放开声音朗读，读出停顿，读出节奏，读出画面和隐藏在文字背后的情绪、情感。

（2）画面感

黑鹤的文字优美，极具***画面感***，这可能跟他小时候热爱、学习绘画有关。

我冲上了一个缓坡，未知的景观忽然展现在我的眼前。一条河，如金色的缎带般令人不可思议的河在无边的地上蜿蜒而来，像血般凝重的绸带，风吹起的波纹闪动着金色的粼光。天边山样厚积的云幻化出一片动人心魄的紫色，云缝处漏射出一柱柱柠檬色的光线，整个草地被笼罩在一片庄严而充满神秘的玫瑰红色中。

这样的文字值得反复朗读、想象，还可以尝试画一画。像这样的句子，黑鹤的书中还有哪些呢？找出来，读一读，储存在记忆的仓库里，也许有一天，它会自然而然地从你的笔端流淌出来。

（3）动态感

“我”和风之子的初遇，作者描写得非常细腻。我曾经给孩子们朗读过这个片段。从“我抬起头，看到了立在河边的它。我几乎不相信自己的眼睛：一匹纯白色的马，像一只高贵的天鹅立在河边。它刚刚从河中抬起头来，闪动着一双黑色的大眼睛望着我”，一直读到“眨眼间它已经跑出了很远，那种令人精神振奋的蹄音变得模糊不清，翻上一个高冈，它和草地上辉煌的落日一起消逝在苍茫的地平线上”。

这段文字中，**一开始**，“我”惊叹于风之子的白色可以如此美丽；**慢慢走近**，感受到它身上流动着掩抑不住的自由气息，与这草地的傍晚竟是如此地契合；**走得更近**，惊诧于它的高大；后来，我斗胆**骑在它背上**，却被摔下来。我感受到风之子对可以主宰自己生命与自由的自豪，感叹于它生命的张扬。

孩子们可以学习这种写法，写写与自己喜欢的动物相处的故事。写写它的样子，以及在相处中感受到它的个性，写出自己真实的感受。

（4）插叙

插叙是在叙述中心事件的过程中，为了帮助展开情节或刻画人物，暂时中断叙述的线索，插入一段与主要情节相关的回忆或故事的叙述方法。黑鹤的作品经常运用这种叙述方法。

在写夜晚遭遇狼的袭击时，***插叙***了路过小镇阿木古郎时，看到一只羊右侧腰腹部位的皮毛被狼撕咬后的场景。这种写法避免了平铺直叙，使情节更加跌宕起伏。

再去读一读他的其他作品，比如《睡床垫的熊》《甘珠尔猛犬》《狼谷的孩子》，哪些地方也使用了插叙呢？

5. 提炼主题，感悟主旨

黑鹤透过《风之子》这部作品，想要传达什么呢？书中有几段文字，折射了他的思想。

我知道自己问了一个愚蠢的问题，为什么要捉住它呢？只有在无边的草原中，它才是自由的。它就是这草原的一部分，像那洁白的毡包，像那铁轱辘的勒勒车，还有那只被杀掉时对草地是如此眷恋的绵羊。它们都是草地的一部分。它只有在自由地奔跑时，才是草原的孩子，才是真正的风之子。

我靠在椅背上，我知道自己再也不会有机会看到它了，一匹呼伦贝尔的骏马，它以奔跑向我展示了呼伦贝尔草原自由生命的无羁洒脱与昂扬。在草地的风中，它像个自由的孩子，每一根毛发都闪耀着自由的光。它活着就是为了奔跑，它是草地的孩子，是风的孩子，风之子。

不仅仅是这两处，《风之子》全篇不到一万字，“自由”这个词，出现了9次。正如黑鹤所言，这匹马，是草原的孩子，它活着就是为了奔跑，自由地奔跑。

6. 延伸阅读，迁移运用

黑鹤的作品具有明显的个人特色，多以内蒙古大草原、大兴安岭原始森林为背景，讲述人、动物、自然的故事，是对即将消失的草原文明唱出的挽歌。读了他的作品，我们对草原，对森林，对动物，对一切生命，多了一份敬畏之心。

用这样的读法，再去读读他的《巨犴》《狼谷的孩子》等书吧！

穿越整个世界的呼唤

——《永远的守护者》书评

格日勒其木格·黑鹤 / 著
浙江少年儿童出版社
2019 年 1 月出版

《永远的守护者》应该是蒙古族作家格日勒其木格·黑鹤作品里最容易读的一本书。与他其他的作品相比，书中没有特别拗口的长句，没有生僻的字词，通俗易懂，但不失应有的气度和风骨。文字细腻，有质感。短句的运用恰如其分，隐匿在字里行间的情感呼之欲出。

一个下午就读完了。在宽大而相对安静的书房，窗外是台风暴雨；在与往日相比有些清冷的理发店，理发师正在给我吹湿漉漉的长发；在街角的米线店，女儿在小木桌的对面呼噜噜地吸着米线。我一直在埋头翻页，不时在稿纸上圈画批注，零星的、潦草的几个字。

本书首尾呼应，直击主题——人与犬，也就是小雨和小哈拉神奇的心灵感应。但像黑鹤的大多数书一样，开头的叙述有些“冗长”，从童年陪伴自己的两头乳白色的牧羊犬说起，又谈起小哈拉的母亲来来——一只服从能力堪称典范，强悍聪明，反应敏捷的高加索牧羊犬，这是非要不可的铺垫，情感的蓄势待发。一直到第四章，其实是第五章，小哈拉才徐徐登场。读这本书的感觉，就像坐在黑鹤有些杂乱却充满草原气息的营房里（我并没有去过，只是看过一些图片而已），沏一壶茶，或者切一盘羊肉。黑鹤用他浑厚的、自带共鸣的男声，给你讲述他和他的狗的故事，以及他对生命的感悟，娓娓道来，不时辅以手势。我是漫不经心地开始“听”的，“听”到最后，分明有晶莹的东西在眼眸里闪烁。为一个鲜活的，曾经勇猛的生命的逝去，也为小哈拉与小雨之间那份奇妙的心灵感应。

这本书讲述了一头猛犬跟它主人的故事。它的主人不止一个，但小哈拉心目中真正的主人只有小雨。小哈拉的经历是黑鹤营地里每一个动物生命历程的缩影。出生，失踪，误送到上海，千里迢迢返回草原，几经周折换了 N 个主人，可谓一波三折、命运多舛。直到那个美丽的蒙古族女孩——小雨的出现，才改变了小哈拉的命运。它是她的守护者，她是带给它光明的神。她们之间建立了联系，彼此驯养。它的凶猛在她面前演绎成心悦诚服的柔软和温情。她带给它愉悦和美好，也带给它无尽的等待，那些充满希冀又无望的等待。生命的最后一刻，小雨没有能够陪伴在它的身边，但却像失去恋人一样感应到了离去和悲伤，又似乎异乎寻常地平静。“我失去它了，对吗?”凌晨，小雨的越洋电话打来，我仿佛看到了她脸上的神情，听到了她微微颤抖的声音。这份失去充满忧伤，又分明裹挟着浓厚的巨大的爱，这爱的力量超越了死亡，成为生命中的永恒和不可替代。

一开始，你会觉得这是一本文学性的科普书，适合那些爱狗人士阅读。黑鹤几乎把他所有的养狗经验，抑或称之为“秘籍”都融汇在文字中。如何挑选幼犬，什么样的狗适合怎样的人饲养，如何判断一只狗过得好不好。尤其是对狗进行性格测试最有趣：经过社交能力、追随能力、抗压能力，还有关于气度、提高、寻回六项测试，每只狗狗的得分就出来了。这好比学校里的考试，不是书面检测，而是实践操作，最能反映“学生”的真实情况。作为教师的我读到这段不禁莞尔，面对孩子，我们应该多一点这样的“测试”，尊重个性和差异，因材施教，有教无类。

实际上，这样的测试潜在表明，黑鹤对他所饲养的动物的深度了解。他在用心和每一个生命个体交流、互动。他是敏感的，不仅仅是对待这些动物，对待草原，对待他巡讲中遇到的每个孩子、每一位读者，他都倾注了情感。他说，“所有的相遇都是久别重逢”。他甚至会因为电梯里有母亲的味道，而喜欢上一个酒店。黑鹤高大的身躯里包裹着一颗温润的心，赤子的心灵，犹如孩童般纯真、率真和善良。

本书是一曲人与动物、人与自然的赞歌，这也是黑鹤作品永恒的主题。文中多次提到小哈拉对小雨的守护、救助。在黑鹤的其他作品，比如《甘珠尔猛犬》《琴姆且》中，更以详尽细腻的笔触描写了蒙古牧羊犬救主人于危急之中的场景。“小哈拉卧在她的身边，将头枕在她的腿上。这小女孩和这头巨犬在一起的场景，是这个世界上我见过的最温暖的一幕。”正如大兴安岭原始森林深处，那些精灵般的鸟儿可以到黑鹤的鄂温克妈妈芭拉杰依的手中觅食；《驯鹿之国》中，狼人与芭拉杰依相拥一样。这样的人与动物和谐相处的场景总是温馨美好、不可思议、令人惊叹的，也是令人神往的。

我也非常喜欢这样一段描写：“我喜欢冬天，至少我可以在自己的营地里享受炉火的温暖，和自己的狗在一起，或者在黄昏骑着马登上山岗，看雪原上的夕阳。”对于黑鹤来说，这是一种享受；对于爱他作品的每一个读者，尤其是小读者来说，这是一种向往。枕着犬吠，甚至狼嚎入眠，和草原，和土地，和自然贴得如此之近。我曾经有冬夜睡在鱼塘边茅屋里的经历，小虫在你耳边呢喃，鱼儿跃出水面的声音清晰可见。你似乎听见了自然的呼吸。但是，这对于我来说，不是美妙的经历，而是不习惯，甚至害怕，仿佛自己裸露在众目睽睽之下。因为我们深陷钢筋水泥的重围太久了，我们需要像黑鹤一样，把自己放逐到广袤的自然之中，去倾听自己内心的声音，让自己和自然融为一体，长成一棵树，开成一朵花，化身为一匹奔跑的骏马……

书中写到，因为旅游业的兴起，草原植被遭到破坏，垃圾被随便丢弃，或浅表掩埋。小雨多次和乱倒垃圾的人交涉，“我”则用大号垃圾袋，用一年半的时间，清理完一座垃圾山。读到此处，不由得心生敬佩。我已经潜意识地把这本书当成黑鹤的传记了。本书的创作一定遵循了他一贯细节真实的原则，是一种高度本真的还原。

黑鹤一直用自己的文学创作给不能深入草原和森林的人们，还原那个神秘世界的光与影。尤其将人与动物之间的深厚情缘，以及人对自然的敬畏之心描摹得淋漓尽致，留给我们太多的感动和反思。黑鹤身上，有一种大爱，和他的身躯一样伟岸。

我们是动物和自然永恒的守护者，唯有用心对待它们，才能守护自己的初心，窥见真实的自己。即便不在草原，但心里有一片辽阔；即便不养猫猫狗狗，但有无穷的爱氤氲。这样的人生，才会饱满、酣畅、幸福、圆融。

黑鹤的文字，是一声呼唤，是内心的呐喊。

再见了，神鹿

——《驯鹿牛仔裤》《驯鹿角上的彩带》导读课设计

格日勒其木格 · 黑鹤 / 著
二十一世纪出版社
2012 年 12 月出版

教学目标

1. 通过讲述、朗读，初步了解鄂温克族，品读文字，认识驯鹿牛仔裤，激起探究欲望，激发自主阅读的兴趣；

2. 学习提取信息、概括、批注等阅读方法；

3. 初步学习画阶梯情节图。

教学过程

课前聊天：看过动物表演吗？在哪里看过什么表演？感觉怎么样？这些动物原本生活在哪里？如果转换角色，让你变成它，你更愿意过怎样的生活？

一、观察图片，谈谈感受

1. 你看到了什么情景？用一个词来形容一下你的感受。

图上的这位老人叫芭拉杰依，鄂温克族，她出生在内蒙古呼伦贝尔大兴安岭原始森林深处的驯鹿营地。

> **资料链接：**在大兴安岭，有着苍茫的原始森林，那里驻守着一个民族，以狩猎和放牧驯鹿为生。他们穿越四季的雨雪，呼吸林间的风，和那里的生灵生活在一起。他们是鄂温克族同胞，在森林里生活了两百多年。随着城市文明的进入，神鹿渐渐消失，古老原始的记忆却依旧散发朴实的芬芳……

2. 谈谈自己对驯鹿的了解。

二、阅读名片，提取信息

> 驯鹿（Reindeer），学名 Rangifer tarandus，隶属于偶蹄目鹿科。鹿中唯一雌雄均生角的一种。体长 120—220 厘米，尾长 7—21 厘米，体重 91—272 千克。体毛为灰褐色、白花色或纯白色。

主要分布在亚洲北部、欧洲北部和北美洲北部等地，在中国主要分布于内蒙古和黑龙江北部。栖息于亚寒带针叶林中。北美的野生驯鹿生活在广阔的阿拉斯加冰原上，真正意义上的驯鹿为北欧芬兰拉普兰的萨米人、俄罗斯西伯利亚的涅涅茨人和中国内蒙古自治区敖鲁古雅的鄂温克族牧养的驯鹿。（P.106）

1. 这段文字，介绍了驯鹿哪些方面的信息？请浏览，圈画关键词。

学名、科目、体长、体重、毛色和分布。

2. 重新排列，如果这样编排，就一目了然了。

驯鹿（Reindeer）

学名： Rangifer tarandus

科目： 偶蹄目鹿科，鹿中唯一雌雄均生角的一种。

体长： 120—220 厘米

尾长： 7—21 厘米

体重： 91—272 千克

毛色： 灰褐色、白花色或纯白色。

分布： 主要分布在亚洲北部、欧洲北部和北美洲北部等地，在中国主要分布于内蒙古和黑龙江北部。栖息于亚寒带针叶林中。北美的野生驯鹿生活在广阔的阿拉斯加冰原上，真正意义上的驯鹿为北欧芬兰拉普兰的萨米人、俄罗斯西伯利亚的涅涅茨人和中国内蒙古自治区敖鲁古雅的鄂温克族牧养的驯鹿。

这段介绍中，令你印象最深的是什么？

3. 如果让你读一本全部由这样的文字写成的书，你喜欢吗？

三、出示封面，阅读封面

1. 出示地图，介绍敖鲁古雅

我们来读一本用文学语言写出来的诗意、生动的书，这个故事发生在内蒙古自治区敖鲁古雅，也就是鄂温克族现在居住的地方。

资料链接：敖鲁古雅乡位于内蒙古自治区大兴安岭满归林区，距离中国最北端的漠河约100公里。1965年，使鹿鄂温克猎民从中国边境额尔古纳河畔奇乾乡搬迁至此，过上了定居的生活。这就是鄂温克猎民所称的老敖乡。目前使鹿鄂温克猎民于2003年整体搬迁至位于内蒙古根河市郊的敖鲁古雅乡，即新敖乡。

2. 出示《驯鹿牛仔裤》封面：第一眼看到的是什么？

（1）这头驯鹿名叫“牛仔裤”，猜猜，它为什么会叫这个名字呢？

（2）封面上的这个老人就是芭拉杰依；

（3）介绍作者

资料链接：格日勒其木格·黑鹤，1975年出生，蒙古族，与两头乳白色的蒙古牧羊犬相伴，在草原与乡村结合部度过童年时代。长居呼伦贝尔，饲有猛犬数十头。

四、讲述故事，了解梗概

黑鹤有一次在大兴安岭的森林中迷了路，误入了芭拉杰依的营地，从此两人结下了深厚的情谊。黑鹤称呼芭拉杰依为“芭姨”，而芭拉杰依则称呼他为“小格日勒”。黑鹤的很多作品中，都出现了“芭拉杰依”的名字。《驯鹿牛仔裤》这个故事就是通过芭姨讲述的。

牛仔裤的身世非常曲折，很小

的时候被熊掠走，失踪了一夜，又离奇脱险回到营地，但受到了惊吓。也许因为它身上熟悉的气味消失了，母亲不要它了。

芭拉杰依收养了它，它每天都睡在老人的床前。但是，后来它渐渐长大了。迫不得已，芭拉杰依一次次地将它赶出帐篷。它会赌气，像石像一样，站在那儿一动不动。有一天，它竟然乘芭拉杰依不在，溜进帐篷，吞掉了一整条牛仔裤。它又失踪了半个月，又安然无恙地回来了。【边讲述，边画情节阶梯图，并板书】

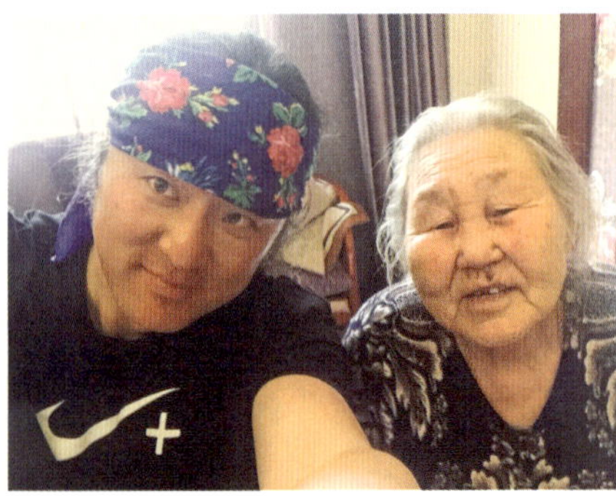

五、聆听朗读，学会概括

想看看牛仔裤是什么样子吗？我没有它的照片，但你可以通过我的朗读，把文字变成画面，在脑海中勾画出它的样子。

1. 初遇四岁的牛仔裤

牛仔裤究竟是一只怎样的驯鹿呢？

> 这头雄性驯鹿身材高大，骨架粗壮，一身棕黑色的皮毛，如同墨汁在润湿的宣纸上洇开般明亮而光润。中国的驯鹿因为数量较少基因群过于狭窄，已经呈现退化的趋势，这样高大漂亮的雄鹿并不多见。
>
> 而这头驯鹿真正给人留下深刻印象的还是它头上那对巨大的鹿角，我目测了一下，那鹿角从角基到角尖的长度绝对超过了一

米五。

芭拉杰依此时告诉我，这头驯鹿就是牛仔裤。

在山上营地里，我已经习惯了丛林中结群而来的驯鹿群。在那广袤的丛林里，它们与丛林和林地中的一切和谐得让人似乎无法感知到它们的存在，也就难得意识到它们的高大。但当一头成年驯鹿出现在山下的村庄里，那种突兀的感觉就不太一样了。我惊诧于它的高大健壮，还有那种几乎视我为无物的恬然的气势。

在那一刻，我似乎明白，为什么驯鹿能够跟随着鄂温克族人游荡于山林之间，不离不弃，它们其实就是鄂温克族人连接着山林的纽带。

我爬上卡车，解开它的鹿套，正捉摸着怎么才能驱使它跳下车去。它轻轻一跃，飘然落地。几百斤的体重，落地时几乎没有发出太大的声响，显然，它那善于穿越林地沼泽的巨大蹄子很好地起到了缓震的作用。

听了这段文字，你感受到牛仔裤的特点是？

【提取信息加概括：高大漂亮、气势恬然、身姿轻盈、连接纽带】

2. 月光下的牛仔裤

月光下的牛仔裤，更加迷人。（指名读）

我将它牵到我所居住的芭拉杰依家亲戚的院子里，拴在栅栏上。

它表现得**安静而从容**，一副顺应天命的样子。

晚上有朋友请吃饭，我回来的时候，明亮的月亮已经浮出山脊，升上半空，那是山地特有的橙红色的月亮。

叫作牛仔裤的驯鹿，就纹丝不动地伫立在院子当中间。在明亮的月光下，它的侧影浮现出一个完美的轮廓，那身厚实的青灰皮毛闪烁着水晶般清冷的光，巨大的鹿角像丛生的枝蔓一样耸立在它的头顶，它看起来更像一头童话中才会存在的**异兽**。

你喜欢这样的牛仔裤吗？它最吸引你的是什么？读读你最喜欢的句子，感悟文字之美。

3. 旅游景点中的牛仔裤

后来，这只驯鹿去了旅游景点，供游客合影，那时候的它又是怎样的呢？【板书：旅游景点】

默读或朗读，批注：**牛仔裤是一只怎样的驯鹿？**圈出关键词，或写下感想，真正做到不动笔墨不读书。

> 在旅游点几个月的时间里，它的体形**更加健壮**，身上皮毛变得丰厚油亮，像是抹过油一样，而喉下疏松的垂肉也显得它的脖颈更加宽厚粗壮。
>
> 真正吸引人注意的还是它的那副鹿角，在脱去旧角后，它的新角因为拥有了足够多钙质，长得前所未有地**巨**大，像两爿粗大的枝杈威武地耸立在它的头上。那些来到旅游点的游客，刚刚进入景区，远远地看到树丛中牛仔裤探出的巨大鹿角，都不由得发出**由衷的赞叹**。
>
> 牛仔裤迅速地成为这个旅游点的**明星**，而很多到这里游览过的游客回去后向朋友展示与牛仔裤合拍的照片，他们的朋友都会询问这照片的由来，于是，当他们到呼伦贝尔旅游的时候，会指名要路经那个旅游点，要见到那头拥有漂亮大角的驯鹿。

游客会如何赞叹？【板书：明星】

4. 发疯的牛仔裤

可是，就是这样一只驯鹿，经历了一段不可思议的遭遇之后，完全改变了。

> 牛仔裤缩在鹿圈最靠里的一角，头低垂着，头上的那副巨角几乎耷拉在地面上，上面挂着几根麻绳，而它那巨硕的身躯似乎被彻底地掏空了，空剩一副嶙峋的骨架，像几根木头撑着一张枯槁而芜

乱的皮毛。

听到有人靠近，牛仔裤抬起头，因为瘦削它那似乎透着血色的眼睛更显出巨大来，而眼角被泪痕洇湿，口唇则有涎液流淌。不知道是因为惊恐还是愤怒，它瞪大了眼睛，喉咙里发出恐吓般的呼噜声。它像是要向这边的人攻击，挺着似乎已经有些不堪重负的大角——它身上唯一没有缩水的东西——想要冲过来，但是只步履蹒跚地挪动了两步，就前蹄发软，差点扑倒在地上。【停顿：为什么会这样？发生了什么事情？猜猜看！】

旅游点的经理不断地试图向芭拉杰依描述几天前发生的一切——牛仔裤突然莫名地发疯，先是将喂它的王干挑上了撮罗子，又把一个在旅游点干活的少年挑上树，而旅游点里的那头狼狗，则直接被它抵死，踩成了肉酱，然后它开始攻击所有的活物；最后，旅游点所有的人出动，用绳子将它套住，用大棒顶进了鹿圈……

六、自主阅读，梳理情节

1. 牛仔裤为什么会发生如此巨大的变化，它究竟经历了什么？它最后去了哪里？请大家读一读格日勒其木格·黑鹤的作品《驯鹿牛仔裤》。

读完之后，请将牛仔裤的遭遇，以及它身上发生的变化用阶梯情节图画出来？【阶梯的走向，可以根据情节有不同而更改高低位置。】

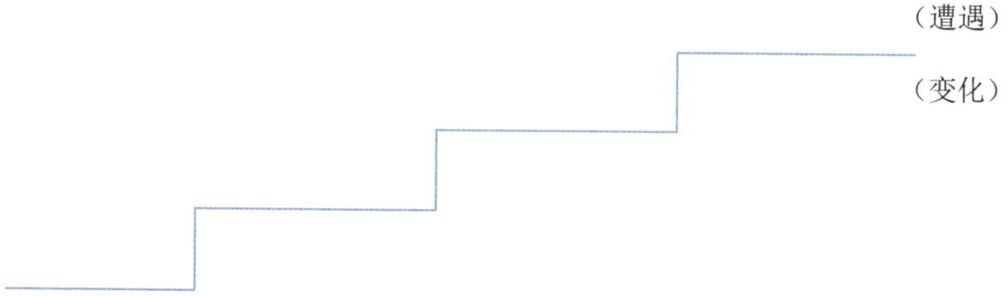

2. 出示阅读地图，透露牛仔裤曾经去过湖南和北京，激发好奇心。

3. 朗读题记。

驯鹿的蹄子只为森林和苔原而生
驯鹿的皮毛只接受丛林的雨露与清风
所以
永远不要将驯鹿带离鄂温克族人的营地

看完这本书，你还可以思考一下，如果以后再遇到动物表演，你还会看吗？你会怎么做呢？

板书设计：

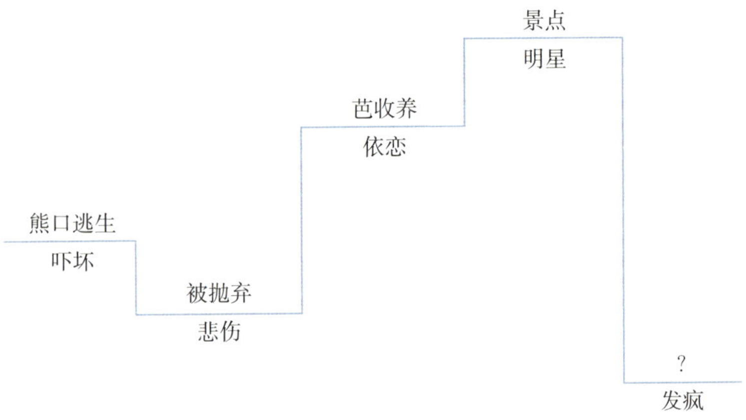

【**资料链接：**我国的鄂温克族有一个习俗，在驯鹿的角上系上彩色的带子，表示订婚。年轻的男子牵着挂有彩带的驯鹿，踏过雪原，来到姑娘的身边，传去心中的爱。芭拉杰依用晚年的时光留下民族的画像——《驯鹿角上的彩带》。本书讲述的是美丽的姑娘达沙和英俊猎人帕什卡之间的爱情故事。鄂温克族少女达沙在父母和哥哥离开营地后，独自带着弟弟和妹妹在寒冬的营地中放养驯鹿，年轻的猎人帕什卡穿越风雪为她送来象征着爱情的彩带。两人几经波折，终于走到一起，孕育了自己的孩子。帕什卡因病去世后，达沙独自抚养孩子长大，成长为森林新一代的猎人。】

芭拉杰依 / 著
作家出版社
2016 年 7 月出版

《驯鹿牛仔裤》阅读单

通读全书，统整信息，推论感悟。（也可以根据故事内容，画出更有特点的情节图哦！）

辗转何处	遭遇	变化	解决办法
推论			

比较阅读，不一样的精彩

——格日勒其木格·黑鹤群书交流课设计

教学内容

中篇小说《美丽世界的孤儿》《巨犴》《驯鹿牛仔裤》《驯鹿六季》。

教学年级

高年级。

教学目标

1. 初步学习运用情节可视化策略：情节格、情节环、情节梯、情节绳、情节网，借助情节图概述故事，探究黑鹤动物小说叙事模式，学习作家不断突破自我的创作态度；

2. 提炼主题，感受人与动物的生死相依，探讨动物与自然、人与自然的关系。

教学过程

一、导入课题，交流印象

孩子们，这段时间，我们阅读了几本书，分别是——《巨犴》（含5个短篇小说，其中包括《美丽世界的孤儿》《巨犴》）《驯鹿牛仔裤》《驯鹿六季》，这个作家的名字很特别，他叫——格日勒其木格·黑鹤。

黑鹤是蒙古族作家，与两头乳白色的牧羊犬相伴在草原与乡村结合部度过童年时代，他被誉为“自然之子”。读了他的作品，你认同这一称呼吗？（指名谈感想）

二、借助图表，概述故事

1. 这些作品的主要人物分别是谁？你最喜欢哪一部？

题　　目	主　要　人　物
《美丽世界的孤儿》	
《巨犴》	
《驯鹿牛仔裤》	
《驯鹿六季》	

2. 你们能对照情节图表，简要讲述《美丽世界的孤儿》《巨犴》《驯鹿牛仔裤》吗？（出示图片，开火车讲故事，教师适当点拨补充。）

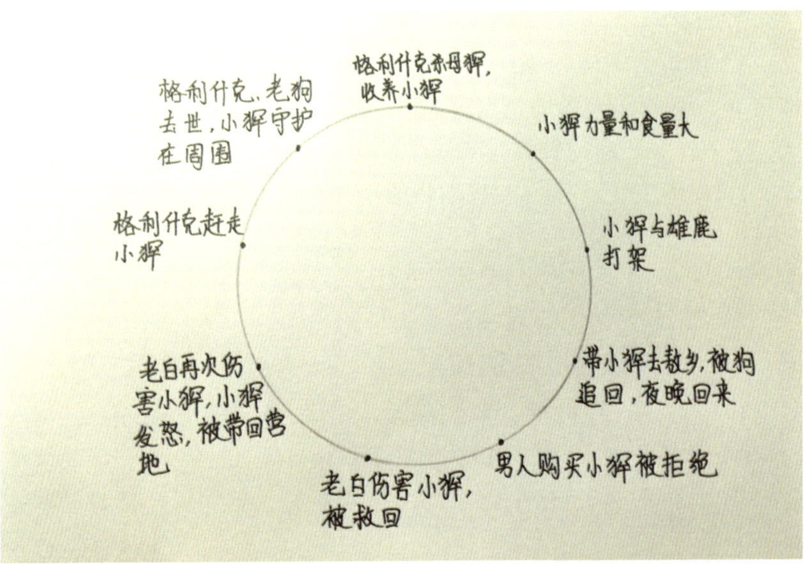

丁睿萌　六年级　《巨犴》情节环

追问：为什么用环形图来梳理《巨犴》的情节呢？

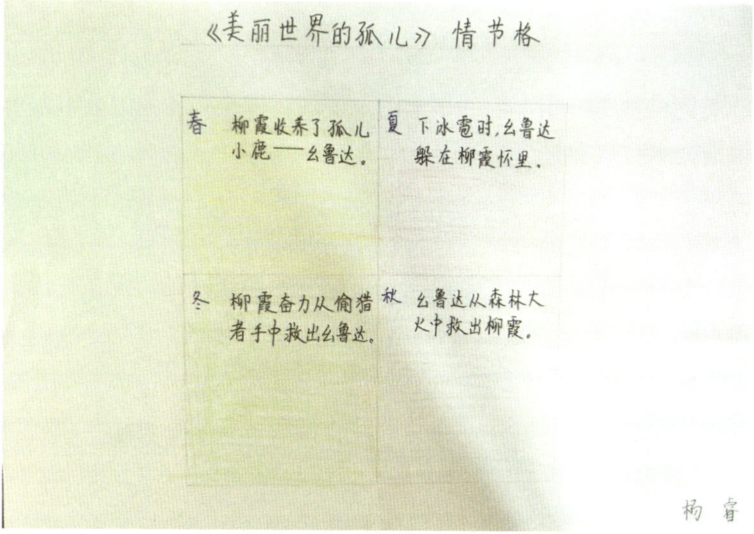

杨睿　六年级　《美丽世界的孤儿》情节格

追问：怎样的故事适合用四宫格或九宫格来梳理情节？

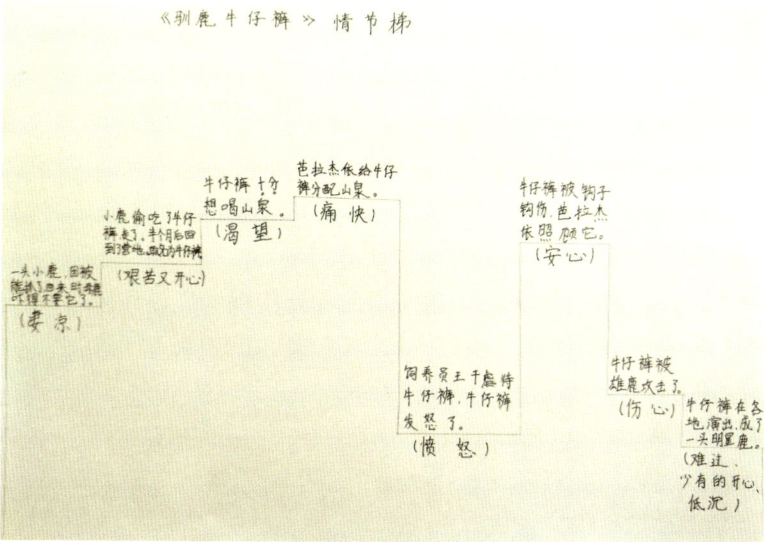

朱静雯　六年级　《驯鹿牛仔裤》情节梯

追问：情节梯适合怎样的故事？

不同的故事，用不同的情节图来梳理；即便是相同的故事，也可以根据文本特色和自身的阅读经验来创新表达。

三、比较阅读，探究范式

故事讲完了，有没有发现这三个故事的共同之处？现在，请大家在四人小组内，比照阅读，讨论并填写。（越简洁越好）

题　目	主人公	主　要　经　历			
		幼年遭遇	命运转折	历经劫难	最终归宿
《美丽世界的孤儿》	驯鹿幺鲁达				
《巨犴》	小犴				
《驯鹿牛仔裤》	驯鹿牛仔裤				
我的发现					

讨论并发现，这些作品的叙事模式都是单线结构：孤儿—收养—劫难—归宿。

四、体悟情感，升华主题

（一）人与动物

1. 这些故事中，人与动物是如何相处的呢？说说你印象最深的场景。

题　　目	印象最深的情节
《美丽世界的孤儿》	
《巨犴》	
《驯鹿牛仔裤》	

2. 品读重点段落，感悟人与动物的生死相依。

（1）幺鲁达与柳霞

柳霞将它紧紧搂在怀里，另一只手颤颤悠悠地平衡着头顶的砧板。

不再有坚硬冰冷的石头狠狠地砸在它的身上，幺鲁达慢慢地安静下来，将身体团缩得更加圆润，想象着还在母鹿体内的样子，这是它一直在寻找的一个安全而温暖的地方。很快，尽管脊背上被冰雹砸中的地方还在隐隐作痛，但它还是很快地睡着了。

幺鲁达不知道睡了多久。

当幺鲁达醒来的时候，冰雹已经停了。地上散落的冰雹正在慢慢地融化成拇指大小的果核样的东西。

雨也停了。

柳霞早就放下了头顶的砧板，此时正在活动着僵硬的手臂。而一直在她怀中安睡的幺鲁达的毛几乎是干爽的，它抬起头，湿润温暖的鼻尖轻轻拂过柳霞的脸颊，伸出舌头温柔地舔舐着她的脸。

她们挨过了这场可怕的灾难。

秋天的森林大火来临的时候，是幺鲁达带着柳霞逃离了火海。

——《美丽世界的孤儿》

教师朗读，学生想象画面。追问：你感受到了什么？

出示：森林中的鄂温克族人与驯鹿，一直都是生死相依的关系。鄂温克族人与自己的驯鹿，从未远离。（板书：生死相依）

你还想到了哪些意思相近的词？生死与共、形影不离、同生共死……

（2）犴与格利什克

人与动物如此亲密，为何格利什克要把枪对准小犴呢？

随后发生的一切连格利什克自己都感觉疯狂，他一次又一次地将子弹压进枪膛，然后准确地将子弹射向小犴的蹄边，耳侧。他感觉自己的枪从来也没有打得这么准确，呼啸的子弹擦着小犴的皮毛飞过，或者准确无误地在它蹄边不到两寸的地方炸响。

小犴被吓坏了，这辈子它从来没有被密集如爆豆般的枪声包围过，一声紧似一声撕裂空气的枪声，刺鼻的硝烟，不时有被子弹崩起的土块和石片重重地击打在它的身上。

终于，几乎是在一瞬间的事，像一块硕重的石头掉落在平静的湖面上，那溅起的水花还没有平息。那根维系着人类与小犴的牢靠纽带突然间折断了。

——《巨犴》

指名朗读，情境采访：

格利什克，你为何要这样做？此时，你是什么心情？

小犴啊小犴，你在想什么？

出示《鄂温克的驼鹿》图，读懂画面中格利什克的情绪。感受文字与图画的不同表达。

后来，人们经常在这片营地看到小犴出没。它在守护这这片林地，这是真正的——生死相依。（板书：生死相依）

（二）动物与自然

我们来看看牛仔裤的命运。很多孩子在画情节梯的时候，把牛仔

（出示 3 幅图：射击、逃窜、返回）

裤当了明星，画得最高。你觉得当明星好吗？（指名谈感想）

读读这段话，关注一下牛仔裤的表现。（指名读）

牛仔裤的出现，将观众的热情推向了最高潮。这是来自遥远北国丛林中的生灵，鄂温克文化中最形象的代表，带着丛林荒蛮的气息。

牛仔裤表现出的平静确实出乎我的意料，在被牵上舞台上时，它的步伐舒缓而从容，似乎仍然在丛林间的青苔上漫步。巨大的背景音乐声响、刺眼的灯光、兴奋的观众潮水般的欢呼声，对于这一切，它似乎都毫不在意。它只是高昂着头站在舞台的正中央，接受所有演员的围绕，接受台下观众的欢呼。

牛仔裤显然已经适应了这一切。

散场之后，我在后台见到了一路带牛仔裤过来的鄂温克朋友。

他告诉我，拉着牛仔裤，卡车在路上走了三天。

漫长的三天。

——《驯鹿牛仔裤》

采访：请问，在这镁光闪烁的舞台上，你是什么感受？你喜欢这样的生活吗？

追问：从“漫长的三天”，你体会到了什么？感悟反复、短句的表达效果。

思辨：如果让你重新画情节图，最后的结局，你会怎么画？

齐读：

驯鹿的蹄子只为森林和苔原而生

驯鹿的皮毛只接受丛林的雨露与清风

所以

永远不要将驯鹿带离鄂温克族人的营地

把驯鹿改成小犴，再读一读；还可以改成森林和草原上的其他动物。（板书：属于）

五、比较阅读，传承与突破

1. 现在，我们来聊聊《驯鹿六季》，这本书与前三个故事有什么相似之处，又有什么不同？

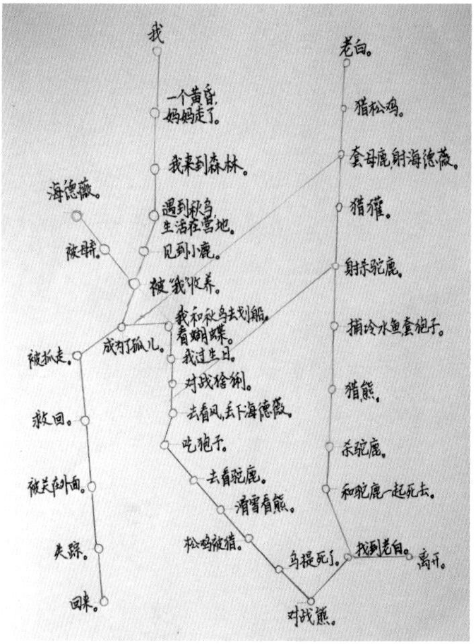

《驯鹿六季》情节网

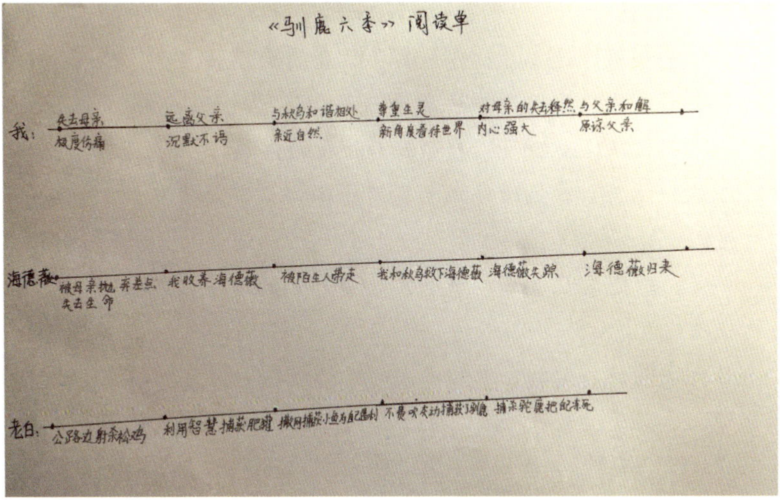

顾马佳　六年级　《驯鹿六季》情节绳（三线图）

讨论并发现。（板书：三线并进）

2. 人与自然

关注最重要的一条线索——“我”，讨论：是什么让自闭的“我”发生了变化，获得了真正的成长？

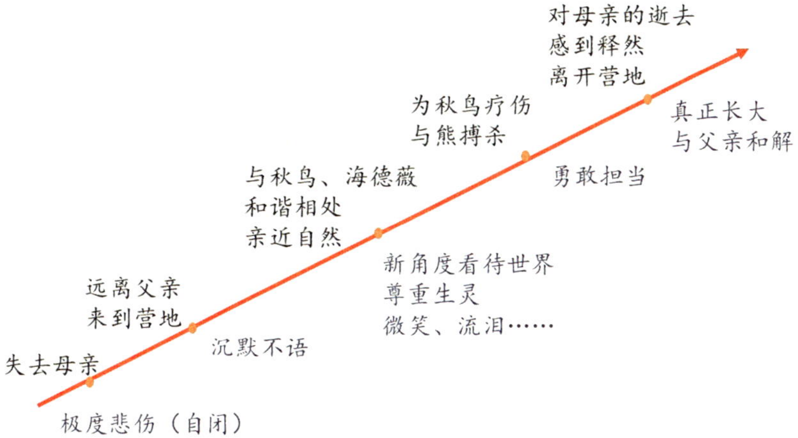

《驯鹿六季》情节绳（单线图）

出示：

在这一年里，这片森林也是我和秋鸟的世界。

秋鸟带着我，走遍这森林的每一个角落，我们去看风，去探访冬眠中的熊，我在这里经历驯鹿鄂温克族人的六季。

在这一年里，我慢慢地成长，变得强悍，甚至有机会独自与一头熊对峙。

但是，我想自己真正的成长是接受妈妈的离去，她已离去，就像森林中的风。

只要我爱她，她就会永远在我的记忆之中。（P.225）

交流、感受自然疗愈了“我”内心的伤痛，“我”获得了真正的成长——接纳离别。（板书：回归）

六、延伸阅读，品味与推荐

这节课就聊到这里，如果让你向别人推荐黑鹤的书，你会怎么说？写一段推荐词。

示例：

好几年前，看过黑鹤老师的《鬼狗》，那是特别感人的一个故事。魔鬼训练、血腥厮杀、观众的呐喊嬉笑让鬼内心冷酷，它越压抑就越有力量，它越强大就越让人心痛。当痛彻心扉时，鬼猝不及防地遇到了男孩阿尔斯，抚慰、友谊、温暖，带给它另一种生命，鬼的生活逐渐平静，内心逐渐柔软，让人欣慰的同时，不禁为他们的深情厚谊潸然泪下……打开这本书，似走入了另一个世界，野性的美，似水的情，或惊心动魄，或春风拂面，都震撼人心。

——江苏省南通市北城小学五（2）班语文老师　王俊

黑鹤的作品除了跌宕起伏的情节，温暖动人的情感，还有很多值得细细品味的地方，尤其是他细腻质感的语言风格。课后，你们可以继续深入阅读，甚至可以反复朗读。

板书设计：

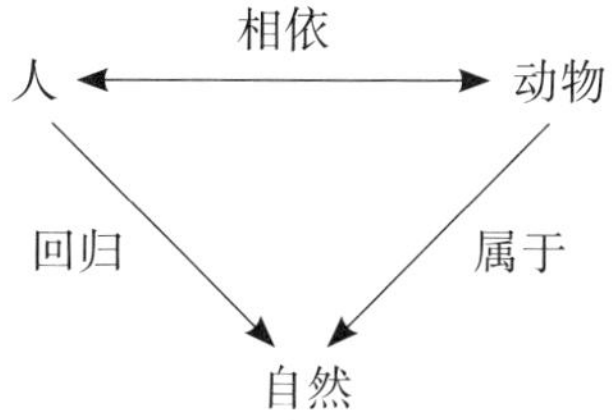

《美丽世界的孤儿》阅读单

班级：__________　姓名：__________

一、**阅读一本书真正的收获是从第二遍开始的**。把这个故事多读几遍，完成“情节格”，**只要填写关键事件，越简洁越好**。

春	夏
冬	秋

二、这个故事，最打动你的情节是什么？找出具体段落，读一读。

三、我的创意阅读分享。

《巨犴》阅读单

班级：____________　姓名：____________

一、把这个故事多读几遍，完成“情节环”，填写**关键事件（用小标题）**。

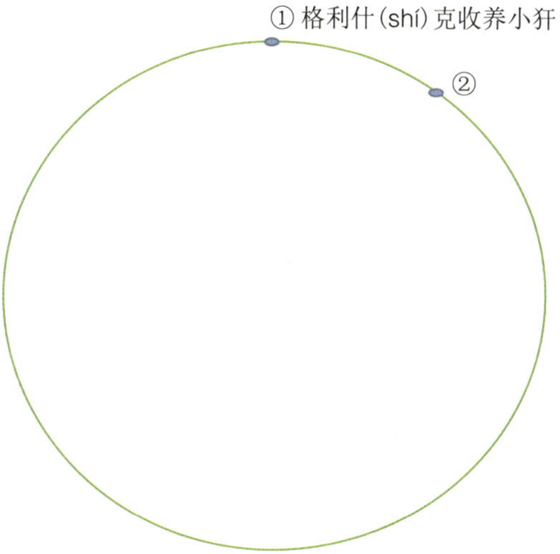

二、这个故事中，你最意想不到的地方是什么？（记录**页码和关键情节**）

三、我的创意阅读分享。

《驯鹿六季》阅读单

班级：__________　姓名：__________

1. 画一张"驯鹿六季"时间分布图（圆形、直线都可以，欢迎创新）：

2. 画出情节图，发现故事构思的奥秘：

线索1：

线索2：

线索3：

3. 我需要弄明白的词语：蝴蝶效应、自闭、蒙太奇等。（查资料，弄懂）

我还查了这些词：

4. 读了本书，我学习到"丛林生存智慧"有：

页　码	概　括	感　悟

5. 我眼里的秋鸟是一个怎样的人？

6. 本书中令我印象深刻的部分有哪几处？（用小标题概括）

7. 要有勇气运用你的理智

——直面战争

战争·儿童·成长

——战争题材群书阅读实践

缘　起

——《弹子袋》

2008年初冬，那个偶尔被琐碎的现实击垮的黄昏，我独自登上了去上海的汽车，那里正在举办一场盛大的儿童阅读活动。梅子涵老师见到我说："沉砂啊，你怎么又来了？"的确，自从结缘儿童文学，我在扬州、上海、杭州、深圳等地，多次与梅老师相遇，聆听经典的梅式演讲。

那天晚上的沙龙活动中，梅老师给我们讲了《弹子袋》这本书。

这是一部自传体小说，是法国作家约瑟夫·若福对十岁那年的童年回忆，讲述了二战期间兄弟俩在法国被占领期间结伴逃亡的历险生活：夜晚穿越分界线，寒风中衣衫单薄，冻得瑟瑟发抖，一次次遇险，每每化险为夷……这个故事深深吸引了我。自从读了《弹子袋》，我一直心心念念想把它带给班里的孩子们，但那几年一直教低年级，总是无法实施。

一直到2014年，我陆续读到更多二战背景的儿童文学作品：《鸟雀街上的孤岛》《影之翼》《两个伊达》《穿条纹睡衣的男孩》《偷书贼》《数星星》……2015年是世界反法西斯战争胜利70周年。这一年，我教四年级，孩子们还小，但我觉得，应该用文学浸润的方式让他们更多地了解这段历史，不要像我一样，直到长大，脑子里对二战几乎还是一片空白。于是，我们班用半学期的时间，开始了战争题材的群书阅读。

铺　垫

——《鸟雀街上的孤岛》《大卫之星》

我给孩子们朗读的第一部战争题材的作品是《鸟雀街上的孤岛》。二战时期，德国纳粹分子在波兰华沙大肆抓捕、屠杀犹太人。十二岁的阿莱克斯在爸爸被抓走、妈妈下落不明的情况下，得到了父亲好友的帮助，逃到已经成为废墟的鸟雀街78号躲藏。他冒险出去寻找食物，机智地改造住处，他临危不惧，用爸爸留下的手枪击毙了一个德国鬼子，救助了自己的同胞兄弟，还喜欢上了一个女孩……在孤岛似的破楼里生活了五个月，终于等到了父亲。

这是一本惊心动魄的书，读读停停，猜猜说说，非常吊胃口。我用一个月的时间给孩子们朗读。每天一章，有的章节很长，但我仍然坚持不懈，孩子们也乐此不疲。对话多的部分就邀请孩子和我分角色读，偶尔读累了，也请班里的优秀学生替换朗读，有时还会用大屏幕呈现出来开火车读。总之，运用各种读的形式让孩子们和我都不至于太累。即便是出差，我也会安排代课老师朗读。听过这本书，孩子们对二战的背景有了初步了解。

在这基础上，我迅速把图画书《大卫之星》呈现给孩子们。故事从一对犹太夫妇登上开往死亡集中营的列车开始，他们知道自己逃不过死亡的命运，忍痛将女儿抛出车外。女儿艾瑞卡在一位好心人的照料下长大了，有了自己的家，有了自己的子孙，家族再次生根壮大，大卫之星依然闪亮。从听读《鸟雀街上的孤岛》，到《大卫之星》直观但并不血腥的画面冲击，这是很自然的阅读跨越。孩子们不断寻找画面的细节，拉起的铁丝网，站台上的童车，密集的人群，怀抱中的婴儿，还有末页那抹鲜亮的色彩，都深深烙在他们的记忆中。本书的重点不在于讲述纳粹的罪恶，而是要彰显正义的力量和人性的光辉。读过这样的书，孩子们会更加懂得珍惜当下的和平、幸福和美好。

乐　读

——《数星星》

有了两本书垫底，是时候该自主阅读了，在家长们积极配合下，一周之内，《数星星》便人手一册了。这本书讲述了纳粹占领丹麦后，纳粹展开追捕犹太人的行动，安妮挺身而出保护她的犹太朋友……书不厚，四年级的孩子读起来没有困难。我们用一个星期自由阅读，又用一个星期填写阅读单，画思维导图、情节曲线图（家长们说像心电图），上交流课……忙得不亦乐乎。这是抛弃语文教材的一周，没有背诵默写和练习的一周，很任性，也很过瘾。

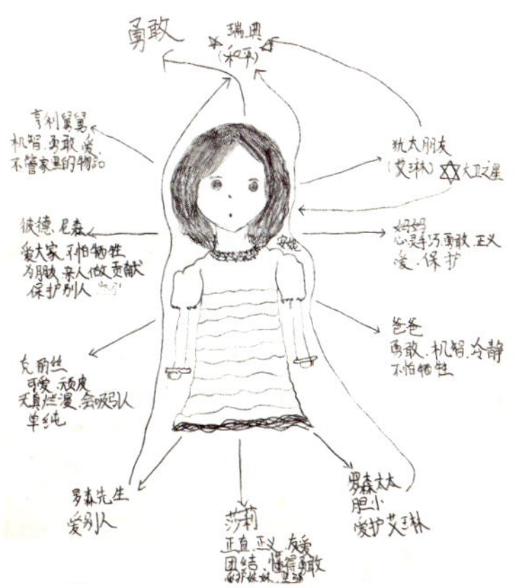

周欣彤《数星星》人物图谱

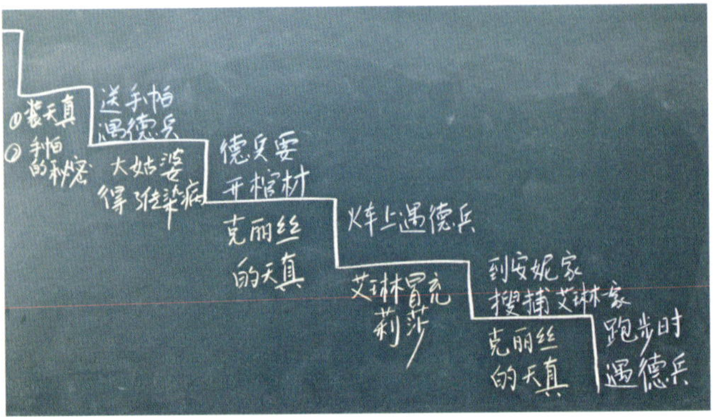

《数星星》情节阶梯图　遇险（蓝色）　脱险策略（黄色）

交流课上，我们首先聚焦封面发现特别之处，孩子们从项链上的“大卫之星”聊起，联系题目“数星星”，引出纳粹德国兵，在教师的引导下梳理人物关系、重要事件，画出思维导图，用简洁的语言概括故事内容。

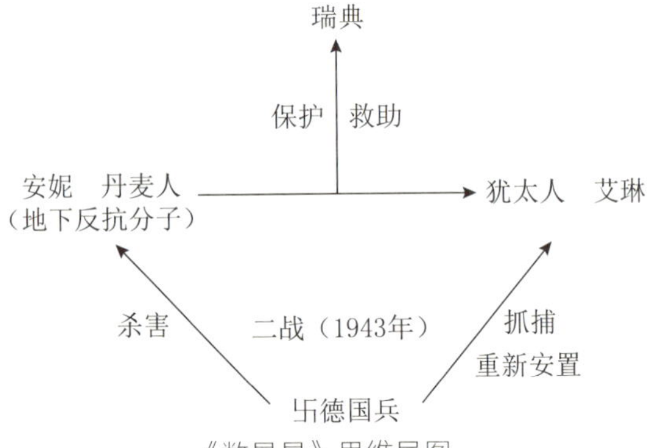

《数星星》思维导图

接着聚焦书中“整个世界好像也变了，只有童话没有变”这句话，展开讨论。通过提取信息，交流碰撞，孩子们体会到战争改变了人们的生活。他们失去了温暖、光明和自由，但是他们依然努力体面、快乐、优雅地活着。战争中的人们也获得了成长，克丽丝的天真、可爱，让她们遇到德国兵时转危为安；彼得成为勇敢的地下反抗分子，最后壮烈牺牲；安妮的妈妈一直乐于助人，即便腿伤了，疼痛难忍时，依然心系犹太人的安危。我们通过重读片段的方式感受主人公安妮的成长变化。

生：初遇德国兵时安妮胆怯、害怕，德国兵只是用枪托敲敲她的书包，她就吓得浑身颤抖。

生：安妮对爸爸说，我们要做犹太人的卫兵，她提到了“责任”一词，他们和犹太人建立了友谊，觉得保护犹太人是理所应当的。

生：我认为，安妮心里也有一丝怀疑。第26页底部有一句，**“她会为犹太人牺牲吗？真的？在黑暗中，她不得不承认，连自己都有点儿怀疑这一点”**。

生：我觉得应该把这两个答案结合起来，安妮觉得自己必须肩负起保护犹太人的责任，但又怀疑自己不能担当起这责任。

师：是的。同时，她又感到欣慰，因为她不会被逼着为别人牺牲。当德国兵到家里来搜捕，她有怎样的表现呢？

生：她吓坏了。

生：**“不要出声，”安妮下令，“可能很痛。”她握紧项链，用力一拉就把项链拉断了。门开了，灯光照进她们的房间。她把项链握在自己的手里，手指攥紧**。

师：从一连串的动作中感受到了什么？

生：她“拉断”“攥紧”了项链，很果断。

师：这之前，她说要当犹太人的卫兵，而此刻，她已经付出了行动。

生：与大舅聊天时，安妮感到困惑，她不知道自己是否勇敢。但是大舅说她勇敢，她觉得自己不勇敢。

师：那你觉得她勇敢吗？

生：应该是勇敢的，她能临危不乱，帮助艾琳扯下了象征犹太人的大卫之星，躲过了德国人的追捕。

师：其实你已经道出了勇敢的真谛。勇敢不是真的无所畏惧，而是，即使害怕，也会当机立断，临危不惧。

生：德国兵到大舅家搜捕，问棺材里是谁？没有人回答，他们看着安妮，她才醒悟过来，**她吸了一口气："我的白蒂大姑婆。"她虽然在说谎，但是声音却是坚定的。**

师：老师不是经常教导我们不能说谎吗？

生：这个是善意的谎言。

师：这个谎言关系到犹太人的生命，此时此刻她害怕吗？

生：害怕。

师：但是她的语气是那么坚定，这就是勇气。

生：她现在坚定了自己的想法，她觉得自己能担当起这份责任。

生：当她母亲的腿受了伤，罗森不小心把那条很重要的手帕遗留下来，安妮主动站出来要给大舅送手帕，在路上，她假装天真骗过了德国兵，从而让艾琳一家顺利乘船到达瑞典，获得自由。

师：我们重读了这些片段，把安妮从害怕到勇敢的心路历程理出来了。现在你们能回答我，什么是勇敢？

生：在别人需要帮助的时候不惜牺牲自己帮助别人。

师：是的，即便害怕也要帮助别人，这就是真正的勇敢。妈妈、彼德、克丽丝、安妮……他们是千千万万普通丹麦人的代表，他们象征着正义、善良和勇敢。

残酷的战争让孩子们成长，让大人勇敢并继续勇敢战争着。战争中，还有一些东西没有改变，那就是有"尊严"地活着。书上说，"人性尊严"指人类与生俱来不可侵犯的人格，是人权的基本理念。"他们仍然像以往一样挺直脊梁坐在那儿，就像他们在教室、舞台和教堂一样。看来尊严还有其他的来源，她们并不是把所有的东西都留在了哥本哈根。""尊严"的其他来源在哪里？对于四年级的孩子来说，这是一个过于深刻的话题，我并没有在课堂上即时展开讨论，而是留给他们继续阅读和思考。但还是有一个孩子迫不及待地说："我认为小孩子的尊严应该是自由，大人应该尊重他人不侵犯个人隐私。”我追问她：“请问，你需要怎样的自由，你现在不自由吗？”“我现在没有什么不自由，因为我的爸妈都很尊重我。”应该为这样的爸妈鼓掌。

这三本书读完了，孩子们顺利升入了五年级，像《美丽人生》之类的电影还没有来得及带他们观看，但我相信，读过这些的孩子，会更懂得思考。这也正是理想的教育追求：培养有中国根基的世界公民，他们应当有“独立之精神，自由之思想”，有责任和担当。

每一部战争题材的作品，都是一段民族的发展史。了解历史的同时，其中涌现的人物，更会激励每一个孩子的精神成长。童书中关于战争题材的描述，能让我们看到战争的暴戾和残酷，也能看到永恒的人性之美，黑夜给了我们黑色的眼睛，我们却用它寻找光明。

导读课也可以这样上

——《数星星》导读课设计

设计理念

不是所有的导读课都得上满 40 分钟，哪怕只用 5 分钟、10 分钟或 20 分钟上完，朗读几个最精彩的片段，也是一种激发孩子自主阅读的方式。

教学对象

四年级或五年级

教学目标

1. 了解《数星星》故事梗概；

2. 初步认识主人公，激发自主阅读的兴趣。

教学过程

一、听听歌曲，谈话导入

“一闪一闪亮晶晶，满天都是小星星。”你听过这首歌吗？你数过天上的星星吗？今天，让我们走进这本《数星星》。

二、揭示封面，认识安妮

1. 质疑激趣

从封面上，你获得了哪些信息，又有什么疑惑？

封面上的项链有什么特殊含义？数星星，仅仅是数天上的星星吗？读了这本书，也许，你就会解开所有的谜团。

2. 认识安妮

封面上的女孩叫安妮，她又高又瘦，有着金黄色的长发，她是丹麦人；她的好朋友叫艾琳，十岁，扎着两条黑色辫子，她是丹麦籍的犹太人。

三、朗读片段，话题讨论

1940 年 4 月 9 日，德国仅用 4 个小时进攻，就占领了丹麦。从此，“整个世界好像也变了。只有童话没有变”。

1. 初遇德国兵

安妮快要跑到路口的时候，喘着气抬头望了一下，她的笑声忽然停住，她的心脏也停了一拍。

“站住！”随着声音一个德国兵在街的转弯处出现。

安妮抬头一看，前面有两个德国兵，两顶钢盔，两双冷峻的眼睛对着她。四只光亮高直的皮靴坚定地插在行人道上，挡住她回家的路。

他们手中抓着两支长枪。

此时此刻，安妮的心情如何？从哪里感受到的？你能想象她的神情、动作和语言吗？危险关头，安妮、艾琳，还有安妮的妹妹克丽丝是如何逃脱的呢？

2. 与爸爸聊天

局势越来越紧张，德国人下令关闭犹太人的商店。

安妮转向爸爸："爸，你还记得那个男孩对德国人说的话吗？他说全丹麦人都是国王的卫兵！"

她爸爸笑了："我永远不会忘记。"

"那么，"安妮慢慢地说，"我认为现在丹麦人应该做犹太人的卫兵。"

"好啊，那么我们就做犹太人的卫兵。"她爸爸说。

从这简短的对话中，你读出了一个怎样的安妮？追问：从"慢慢地"一词，你感受到了什么？

3. 再遇德国兵

德国兵要"重新安置"犹太人了，艾琳藏在安妮家。那天夜里，德国兵又来搜查了——

"起来！"德国兵下命令，"跟我来！"

安妮和艾琳颤抖着从床上起来，跟着他经过两个站在门口的德国兵，来到了客厅。

安妮看了看，这三个德国兵中，没有她们在街上遇到的那两个。街上的德国兵很年轻，显得不够老练。但这三个人不同。他们年龄比较大，他们的脸上充满了愤怒。

安妮的父母紧绷着脸，站在一起。

"你叫什么？"那个德国兵大声问。

"安妮·约翰生，这是我姐姐……"安妮指着艾琳说。

"住嘴！她自己会回答。你叫什么？"他盯着艾琳问。

艾琳吸了一口气。“莉莎，”她顿了顿，清清喉咙，“莉莎·约翰生。”

那个德国兵瞪着他们看。他突然抓住艾琳的头发，艾琳痛得直眨眼睛。

他阴森地笑着：“你们有个黄头发的女儿（克丽丝）睡在那个房间。另外还有这个黑头发的女儿……”他看看安妮的头发。“你们从哪儿弄来的这个黑头发女儿？或者她是别人家的。她是罗森家的女儿。”

大家都静下来，没人说话。安妮真的吓坏了。

这一次，艾琳又是如何逃脱的呢？

4. 海边的日子

情况紧急，妈妈不得不带着安妮、艾琳和克丽丝来到海边大舅家，火车上，她们又一次逃过了德国兵的搜捕。

三个女孩子一整天都在阳光下的草地上玩。安妮带着艾琳走到牛栏那边的一片草地，把奶牛“阿花”介绍给艾琳。阿花懒懒地用舌头舔舔艾琳的手掌，粗糙的舌头舔得又怕又爱。小猫在草地上跑来跑去，扑捉飞跃的昆虫。这时是秋初，天气寒冷，草地上有很多枯了的野花。她们摘了很多枯了的野花，把它们一束一束地插在瓶子里，罐子里，把桌子都摆满了。

感受短暂的悠闲、自由、快乐时光。

5. 又遇德国兵

在半睡半醒中，突然有一辆汽车的车头灯扫过薄薄的窗帘和屋内，车头灯的光惊醒了安妮。那辆汽车停在舅舅家的院子前，车门打开又“砰”的一声关上。房间里所有的人都紧张起来，但是没有一个人说话或走动。

安妮就像在做噩梦一样。她听见有人在用力敲门，然后沉重惊人的皮靴声踏着地板走进了厨房。

一个男人的声音在厨房里问：“我们看到今晚有很多人到你们这

里来。他们来干什么？”

“我们家有人死了。”妈妈镇定地回答，“丹麦的风俗是亲人到丧家来奔丧。你们一定熟悉我们这种风俗。”

一个军官推开妈妈，从厨房走进客厅。

“谁死啦？”他凶凶地问。

没有人回答。他们看着安妮，她才醒悟过来那个人是在问她。

她吸了一口气：“我的白蒂大姑婆。”**她虽然在说谎，但是声音却是坚定的。**

那个军官忽然走到棺材前面。他把戴着手套的手放在棺材上说：“你们为什么不把它打开？打开来让大家看白蒂大姑婆一面！”

棺材里究竟装的是什么？安妮为何要说谎？对比第一次遇到德国兵，你们感受到安妮的变化了吗？

四、设置悬念，自主阅读

艾琳一家逃过德国兵的搜捕了吗？丹麦重新获得自由了吗？自己读一读《数星星》这本书吧！

［美］洛伊丝·劳里 / 著
汴桥 / 译
河北教育出版社
2018 年 5 月出版

永不磨灭的人性之美

——《数星星》交流课设计

教学目标

1. 聚焦“大卫之星”和纳粹标志“卐”，整合全书蛛丝马迹，初步了解时代背景，概括故事大意；

2. 比较战争给丹麦人民（包括丹麦籍犹太人）生活带来的改变，感悟人物的成长变化；

3. 探讨什么是真正的“勇敢”“长大”和“尊严”；

4. 推介阅读二战题材的群书阅读。

教学过程

一、聚焦封面：梳理主要内容

这段时间，我们读了一本书，围绕封面，我们来聊一聊。

1. 封面女孩

图上这个女孩是谁？（板书：安妮）

追问：你是怎么判断的？安妮是丹麦人，有着金黄色的长发，她喜欢跑步。（板书：丹麦）

2. 项链：大卫之星

这条项链有什么特殊的含义？（出示：“大卫之星”是犹太人的象征。原来的含义是“大卫的盾牌”。“大卫”是古以色列国的第二个国王，也是一个无与伦比的勇士。P.47）

项链的主人叫艾琳，扎着两条黑色辫子，她是犹太人，是安妮的好朋友，她们都是十岁。同一个国家，不同的种族，但不影响她们成

为朋友。（板书：犹太人艾琳）

3. 书名:《数星星》

这本书的题目叫《数星星》，还记得书中哪里提到“数星星”了吗?（翻开书 P.98，齐诵）

“他计数一颗一颗的星星……”这里的星星仅仅是指天上的星星吗?

4. 联结：图画书《大卫之星》

出示：如果一颗星星象征一个生命，从 1933 年到 1945 年间，犹太人有 600 万颗星星陨落了。（板书：二战　1943 年）

5. 纳粹标志

这些星星因何陨落呢?《数星星》这本书写得比较温暖，没有杀戮和血腥。你们在其他书或影片中，了解过这段历史吗?

第二次世界大战和这个符号“卐”有关。P.24（板书：卐）

（出示纳粹党旗图）这是德国法西斯头子希特勒亲自设计的党旗，为红底白圆心，中间嵌一个黑色“卐”字。

本书中，纳粹德国兵都干了些什么?（关闭犹太人的商店，“重新安置”犹太人，杀害丹麦地下反抗分子，占领挪威、比利时、法国、荷兰等国家……）

6. 你能结合板书，讲讲这个故事吗?

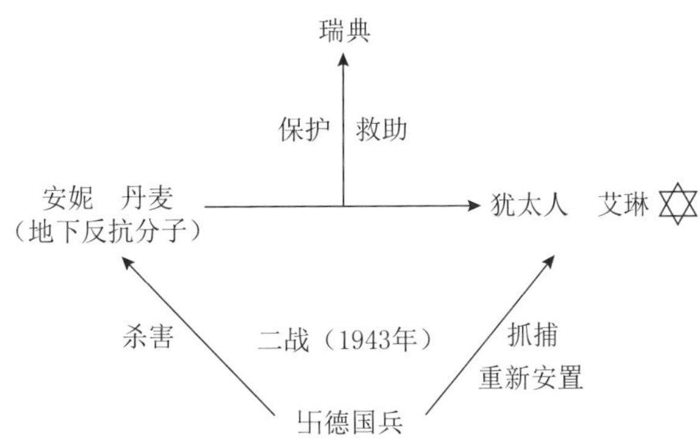

二、聚焦文本：感受变与不变

1940年4月9日，德国仅用4个小时的进攻，就占领了丹麦。从此，“整个世界好像也变了。只有童话没有变”。P.19

1. 聚焦“改变”

☆日常生活——表层改变

提取信息，完成表格。

表面（日常生活）	衣	
	食	
	住	
	行	
	其他	
结论		

什么变了？变得怎么样？人们有什么感受？

☆人物内心——深层变化

战争改变了人们的生活，大家失去了往日的温暖、欢乐、光明和自由。在这样的环境中生活的大人，渐渐长大的孩子们，他们有没有发生改变呢？你想聊哪个人物？（出示人物图谱，根据学生回答相机交流。）

（1）克丽丝

克丽丝也长大了，不再是个爱多嘴的小傻瓜。她长得很高，很瘦，也很认真。看起来，她就像七岁时的莉莎姐姐。P.145

思辨：克丽丝真的是一个爱多嘴的小傻瓜吗？

联系具体片段：初遇德国兵、火车上遇到德国兵、长大了要当护士（P.137）。

（2）安妮

阅读章节		安妮的表现
1	初遇德国兵 P.2—5	
2	全丹麦人都是他（国王）的卫队 P.15	
3	丹麦人应该做犹太人的卫兵 P.29—30	
4	拉断艾琳的项链 P.52—56	
5	★与舅舅聊天 P.86—87	
6	德国兵到大舅家搜查 P.95—96	
7	主动送手帕 P.116—117	
8	路遇德国兵 P.128—133	
9	★和大舅聊天 P.137—138	

联系具体语段，抓住重点词句，感受安妮心理变化。

（3）妈妈

别担心，罗森一家人跟大舅在一块儿。这是最重要的。

他（亨利）说另外的一组人也安全到达了。

我总算到了这里，罗森一家人也很安全。

现在我们已经安全地坐在一起，你不必担心了。一切大功告成。

他们不久就出海了，他们不久就会安全了。P.113

朋友就是患难相助的。P.27

朋友就是要患难相助。P.145

——安妮的妈妈

阅读 P.113—115，抓住描写妈妈神情和语言的重点词句，联系妈妈的伤势和话语，比较阅读，你读出了一个怎样的人？（勇敢、坚强，心系他人安危。）

（4）彼得

以前他经常来，他像个大哥哥，来了就和安妮和克丽丝逗着玩，

像个小孩子。P.17

“银吉！”他又说。安妮第一次听见彼得喊她母亲的名字。他以前总是称“约翰生太太”，在他和姐姐莉莎订婚期间，他曾经叫她“妈妈”，现在他改叫银吉了。这代表他已超脱年青一代，像成人一样了。P.93

对比、思辨：仅仅是称呼的改变让彼得长大了吗？最关键的是什么？（地下反抗分子 P.141。）

（5）姐姐、国王、小男孩、舅舅等人物

总结：克丽丝、安妮、妈妈、彼得等，他们是千千万万个普通人的代表，他们代表着善良、正义和勇敢。

2. 探究“不变”

战争改变了人们的生活，也锻造了他们的内心和灵魂，总有一些东西是无法改变的，那是什么呢？

……我要你们都记住——你们不要回到战前的那个时代。你们全体——不分老幼——应该梦想建立起一个“人性尊严”的观念，而不是思想偏狭、傲慢自大的思想。这个观念是我们国家所渴求的，也是值得每一个农村孩子所期望的。他会乐于成为这个观念的一分子，乐于为它工作和牺牲。

——马尔斯布朗的信的片段 P.153

注释：“人性尊严”指人类与生俱来、不可侵犯的人格。这是“人权”的基本理念，也称“人的尊严”。

联结：关于“尊严”P.106

思考：对你来说，什么是“人性尊严”呢？

三、推荐阅读，深化主题

出示：第二次世界大战，简称二战，1939 年 9 月 1 日—1945 年 9 月 2 日，以德国、意大利、日本法西斯等轴心国为一方，从欧洲到亚洲，从大西洋到太平洋，先后有 61 个国家和地区、20 亿以上的人口被卷入战争……

《数星星》是一本特别的故事书，描写了一段我们所不熟悉的历史背景下发生的故事。如果你想了解更多，可以读一读这些书：

书　名	作　者	国　籍	出版社
《弹子袋》	约瑟夫·若福	法国	浙江文艺出版社
《安妮日记》	安妮弗·拉克	德国	译林出版社
《鸟雀街上的孤岛》	尤里·奥来夫	以色列	河北少年儿童出版社
《偷书贼》	马克斯·苏萨克	澳大利亚	北京联合出版公司
《穿条纹衣服的男孩》	约翰·伯恩	爱尔兰	北京联合出版公司
《影之翼》	童喜喜	中国	中国少年儿童出版社
《两个伊达》	松谷美代子	日本	接力出版社
《1937·少年夏之秋》	殷健灵	中国	贵州人民出版社

还可以去看一看这些电影：《美丽人生》《穿条纹衣服的男孩》……

愿我们远离战争，热爱和平！活在当下，珍惜美好！

《数星星》课前阅读单

班级:________　姓名:________

（友情提醒：***填关键词或页码***，便于上课交流时快速找到。）

一、看了《数星星》这本书，我知道了这些图标的意义：

图标	含义	依据（从本书中找）
卐		
✡		

二、画出人物关系图，并梳理关键事件，做出简单评价。鼓励创意呈现。

三、自从德国纳粹占领了丹麦，**“整个世界好像也变了。只有童话没有变”**（P.19）。什么改变了？变得怎么样？带给人们怎样的感受？由此，你得出了什么结论？

<table>
<tr><td></td><td></td><td>变　化</td></tr>
<tr><td rowspan="4">日常生活</td><td>衣</td><td></td></tr>
<tr><td>食</td><td></td></tr>
<tr><td>住</td><td></td></tr>
<tr><td>行</td><td></td></tr>
<tr><td rowspan="4">人物内心</td><td>安妮</td><td></td></tr>
<tr><td>克丽丝</td><td></td></tr>
<tr><td>彼得</td><td></td></tr>
<tr><td></td><td></td></tr>
<tr><td>我的感悟</td><td colspan="2"></td></tr>
</table>

书中有一些**含义深刻**的句子，结合全书内容，你是怎么理解的？

摘抄：____

____

读了《数星星》这本书，我产生了这样的疑问：

1. ____

2. ____

指向写作的精读

——《1937・少年夏之秋》续写指导

教学目标

1. 揣摩细节，感受时代气息，品味文字魅力；
2. 围绕重点语段，探讨人物形象和写法；
3. 感受作家语言风格，尝试续写故事。

教学过程

一、利用目录，概括每章主要内容

1. 发现目录的秘密

比较本书目录与其他书目录的不同：

（1）分“上部”“下部”，有“幕启”“中场”“剧终”字样。

（2）从右往左竖排。

（3）标题为两个字或三个字，内容为重要事件、人名、地名……

2. 巧用目录学概括（谁干什么？人物、时间、地点、事情）。

二、梳理线索，创意图表呈现

1. 人物关系图

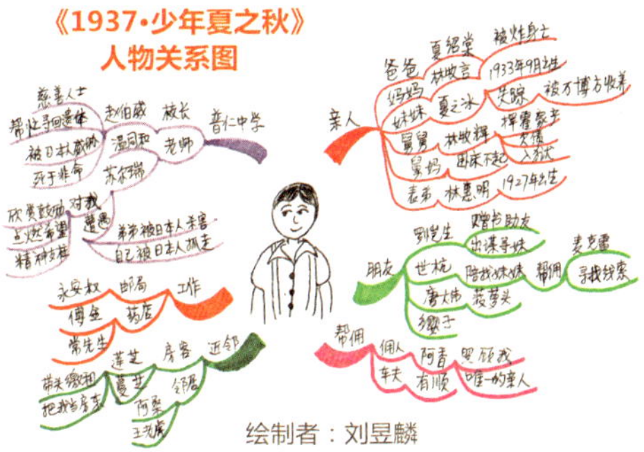

绘制者：刘昱麟

2. 梳理线索：个人命运与国家命运

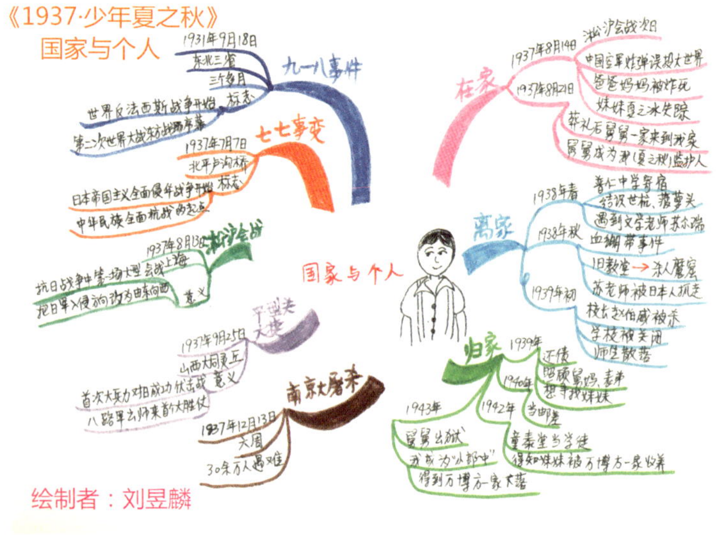

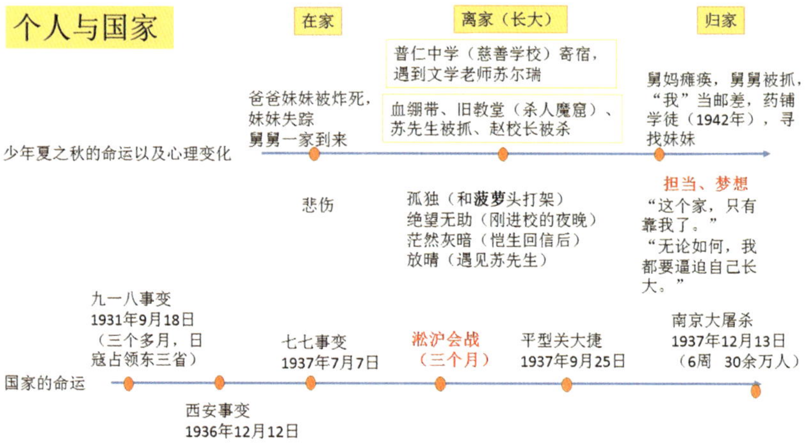

借助图表，简要讲述，学习用各种创意图表把整本书读薄的方法。

三、探究写作的秘密

1. 聚焦第一章，找找文中具有时代感的细节

读完这一章，你从字里行间找到了哪些彰显 1937 年老上海气息的句段呢？

老虎灶、荷兰水、“我”和妹妹的游戏、“无线电”、三轮车……

朗读片段，感受时代气息。

2. 自由交流：这本书中，衣食住行等方方面面还有哪些彰显了时代特色的细节？

秀兰·邓波儿《小千金》P.21、沈从文的书、舅舅舅妈吸鸦片……

四、揣摩语言，感悟人物形象

（一）如何形象地表达情绪

1. 我口干舌燥，胸口像给一只手拽住，拼命往下拉，往下拉。P.9（得知日本人的飞机把炸弹丢在大世界时）

2. 我马上明白了一切，只觉得心脏突然地涨大，耳朵里像听见了一千棵树上的蝉声。P.12

（得知爸爸妈妈被炸死时）

3. 很奇怪，整个葬礼我都没有哭，也许是悲伤太重，反而流不出泪水了吧。我只是看住脚尖，几乎要把地面看出一个洞来。P.15

（葬礼上）

朗读句子，感受字里行间的情绪，学习作者如何含蓄又形象地表达，感悟语言特色。

（二）如何写出立体丰满的人物

1. 聚焦苏尔瑞先生

自由表达：说说你心目中的苏先生是一个怎样的人？从哪些句段读出来的？

朗读品味重点片段，感悟以花喻人的写法，学习细腻表达。

（1）外在的幽香

片段1：

穿过光线微明的楼道，以最快速度下楼。在拐角处，我撞在一个柔软的身体上，她“哎呀”了一声，声音绵软，但我看不清她的脸，**只是清楚地闻到一股淡栀子花的幽香**。我连声道歉，她只说：“没什么，赶紧去上操，迟到了吧？”我猜想是学校里的老师，也就没有多想，急匆匆赶到了操场。**可我的身上仿佛还带着她的温度，并且不自觉地想起那股幽香**。

片段2：

我一个人在黑暗中昏昏沉沉地待了一个下午。傍晚时分，我蜷缩在窗子下面，过电影似的回忆过去的事情，这时候，听见有人从窗边轻轻走过，**同时听到了走动时衣服摩擦的声响，我还嗅到了一股熟悉的气味，带着栀子香，淡淡的，那么美好。虽不浓烈，但它还是像一只小手一样挠了一下我的记忆**。我想起来某一天早晨，我曾经在楼梯上嗅到过同样的气味。昏暗中，我与它“撞”了个满怀。我深吸一口气，试图留住这股叫人愉悦的气味，但它已经飘远了。

片段 3：

我的视线被一个经过的人影吸引住了。只看见她穿了玻璃丝袜的双腿，不是小女孩一般细瘦伶仃的腿，而是玉笋似的，线条很匀称，裙边是深蓝色的，洗得泛了白，很淡雅的感觉。我不认识她，却又莫名地在心里对她感到熟悉。

空气中似有似无地飘过栀子香。

学习这种“未见其人先闻其香”的写法。苏老师和栀子花之间有什么相似之处？

（2）初遇苏尔瑞

我留意着苏先生，观察她的一举一动。她看上去只有二十出头的年纪，赵校长说话时，她一直抿着嘴唇站在校长身后。她穿件深蓝色的布袍，外面罩件线钩的同色短上衣，蓬松的头发，服帖地垂在肩上，发梢微卷，领上别着一枚黑发卡。她是椭圆脸，眉心有颗痣，**这让她看上去总像不经意地微蹙着眉，带着淡淡的愁绪**，而她的嘴角却总是微翘着，脸上便呈现出柔和的表情，像邻家的姐姐。

轮到她说话了，校长不在，她便显得自如随意些。先是朝我们微笑了一下，便转过身，在黑板上工整地写下她的名字——苏尔瑞。

苏尔瑞说话的时候，不是居高临下，而是喜欢走到下面来。**“我不是来管教你们的，是来和你们做朋友的。”**苏尔瑞说。

我心里抑制不住欣喜和紧张，当苏尔瑞走过我课桌旁边的时候，我分明嗅到了一股清淡的栀子香，和我曾经在楼梯上、在小黑屋外嗅到的一模一样。

我低头含胸，眼睛看住桌面，心突突地跳，生怕被她认出来。虽然我心里很清楚，她肯定是认不出我的。

我侧过脸望窗子外面的天，树叶子被风吹得簌簌作声，天空被叶子挡住了，但还是能望见透明的蓝，像海一样的蓝。

第一次见面，苏尔瑞在夏之秋心中留下了怎样的印象呢？留意细节哦！从最后一段，你能体会“我”的心情吗？

（3）苏老师让“我”心灵的天空放晴

没想到，我的作文居然被苏先生当作范文在全班宣读了。她一字一句念我的作文，声音柔和，是那种小女孩似的清纯的音色，念到动情处，她哭了。她的哭，带动一些女生也嘤嘤地啜泣起来。

这是我第一次看见先生当着学生的面哭，相信其他人也蒙了。静默了好一会儿，苏先生才开口说话：“多好，夏之秋让我们每个人都想起自己的亲人。**感动自己才能感动别人呢，记住，作文章就一个‘情’字。**”

窗外的柳絮儿在飘。我的心里痒痒的，又是惊又是喜。

苏尔瑞来了，一切都变了吗？**我的心情跟着春天的天空一起放了晴。我变得喜欢上国文课和英文课，更喜欢见到苏先生。**

苏老师来之前，夏之秋心灵的天空因何而布满阴霾？再次体会用景语表达情绪的写法。

（4）前后对比，感受局势的微妙

就这样，在忐忑中熬了十天后，我终于见到了苏先生。她形销骨立地重新出现在教室里，样子和过去大不一样。她穿着一件黑灰两色细竖条的夏布短衫，两颊深陷下去，眼圈发黑，像是大病了一场。最触目的是，她乌黑的发鬓上别了一朵白色的小花，将脸衬得更加苍白。

她讲课，声音也是虚弱的，带了气声。整整一堂课，大家都小心地压抑着各种声响，生怕惊扰了她。

我望着苏先生，很想用目光给她一点安慰。她却未必看到我的目光，只是定定地看住对面墙壁的一处，失神的样子，有好几次，她都停顿了，说不下去。

苏先生为何会有这样的变化？到底发生了什么？联系上下文，并查找资料，了解当时的局势。

（5）同病相怜

片段1：

“你喜欢上海吗？”我听见苏先生轻轻地问了一句。

"唔……我生在这里，长在这里，应该说是喜欢的。但现在，我又说不清楚了……"

"为什么？"

"我看到了一个乱世。"

"乱世……是呀，现在的上海真是一个奇特的地方，一边是华丽的公寓，就在近旁，却是茅屋棚舍里住的苦力们，还有停靠在苏州河上的小舢板，那些人生在那里，长在那里，也死在那里，根本不知道世界上还有别的房屋可以住。"

"……"

"还有那些在战乱中无辜死去的人……"**她小鹿般的眼神里冒出了愤怒的火苗，几乎要燃烧了我。**

最后一段，你是否感受到一个不一样的苏先生？

片段2：

"她那么小，或许已经忘记了我。可是忘记我这个哥哥又有什么关系，只要她活着。"

苏先生将我这段话原封不动地念出来，念了两遍。然后她抬起头说：**"只要我们爱着亲人，亲人在哪里都一样，人不在，哪怕阴阳两隔，但爱却在我们心里。并且，永远不会消失。"**

大家频频颔首，眼眶都湿了。凡是有关亲情的作文题，都深得人心，毕竟我们和一般的学生不太一样。

"夏之秋，"苏先生继而看着我说，"我也相信你的妹妹还活着，或许不久的未来，你能见到她。"

我用力地点头。

我很想找机会对苏先生表达感激，是她让我这个平凡的孩子重新有了信心，居然一下子成了文章高手，并且重新燃点起希望的火苗。感激的话一直在心里盘桓，却始终没有机会说出口。

对于夏之秋来说，苏尔瑞仅仅是他的国文老师吗？（苏先生是夏之秋的知音、精神支柱。）

“只要我们爱着亲人，亲人在哪里都一样，人不在，哪怕阴阳两隔，但爱却在我们心里。并且，永远不会消失。”这句话单单是对夏之秋说的吗？还是对谁说的？

（6）告别

我望着苏先生慢慢走回讲台前，教室在一刹那间变成了一个缺氧的闷罐子，我感觉自己透不过气，几乎要晕厥了。

苏先生的话，一个字、一个字印到了我的心上。她那段话很短，却昭示着很多东西。她低头捏了捏自己的手，良久，才说：“孩子们，我恐怕要就此和你们告别，对不起，没有能够和你们事先打招呼。感谢你们给过我的快乐和感动。”恍惚中，我注意到，她深深地望了我一眼，但很快就转移了视线。“也许我们以后很难见面，但是请你们相信，我会永远祝福你们每个人，**也请你们记住，无论何时何地，都要做一个真正的人，磊落的人，善良的人。**”……

苏先生去了哪里？她最后的叮咛夏之秋做到了吗？

综合以上片段，你觉得苏尔瑞是一个怎样的人？整体感知一个有血有肉立体丰满的苏尔瑞。

2. 聚焦人物形象之二：赵伯威校长

思辨：结合具体片段，说说赵校长是好人，还是坏人？

3. 交流其他人物：表弟、阿香、世杭、恺生等

帮助夏之秋找妹妹。乐于助人、讲义气。P.157	？	失去父母，命运坎坷。P.33
学英文，学做西餐，学各种礼仪。好学好问。P.133	世杭	来到普仁中学。对夏之秋很好，讲义气。P.28
被麦克雷救了，十分幸运。P.132	摆代人写信的小摊，遭人欺负，谋生能力强。P.131	教堂探秘看出他很勇敢。P.67

学生阅读单

五、作业设计

这本书给大家呈现了一个开放式的结局。最后，夏之秋究竟有没有找到妹妹呢？请大家品味作者殷健灵的语言风格，续写结局，做到以下几点：

1. 想一个合适标题；

2. 通过外貌、语言、动作等描写折射夏之秋、万博方的性格特征；

3. 情节一波三折，用上景语展现人物情绪，写出变化；

4. 注意时代感，尽量还原当时的情景，通过人物的衣着、建筑等细节彰显时代气息。

附《1937·少年夏之秋》续写：

希　望

景梓轩

等待妹妹的日子，每秒钟都是在煎熬中度过的。梦中我总是看见妹妹，好像有人拉着她的手越走越远，消失在黑暗中……

终于接到麦克雷先生打来的电话。约见面。我太开心了，要去见妹妹了。

走在马路上，两旁树的新芽已经破层而出，春天的气息弥漫在空气中。一切都才刚刚开始。

去毕卡第公寓之前，我去见了阿香。她的眼角多了几道皱纹，我把事情又说了一遍。阿香一把抱住我，说："少爷，你和小冰小姐终于要团聚了。"边说边抹眼泪。

告别阿香后，我来到了毕卡第公寓，没有想到妹妹和我离得这么近，我的心脏怦怦地快跳出来了。

麦克雷带着我来到了万博方的家。映入眼帘的是一座三层的欧式别墅。院子里满是草坪，有一条石板路通向了里面的房子。

迎面接待我们的是一位中年男子，胖胖的，穿着灰色袍子，皮鞋锃亮锃亮的，看上去慈眉善目的。他是万博方吗？我在心里思忖着。他温和地说：“你就是夏之秋吧。你的妹妹就在里面。快去看看她吧。”

我快步走进去，这时从里面走来一位小女孩。粉嘟嘟的脸，扎着马尾辫，穿着蓝色裙子。“她就是我的妹妹小冰？小冰！小冰！”我冲过去，抱起她喊道。她先是一愣，看看万博方，说：“爸爸，他是谁，是我的哥哥吗？”万博方慢慢地点点头，小冰似懂非懂地看着我。再一次问：“你真的是我的哥哥吗？”此时的我，已经呆住了。怎么会这样呢，妹妹不记得我了吗？眼泪簌簌地流下来。我一边抹着眼泪，一边叙说着小时候的事情：“还记得我们的家吗？住在百花巷。妈妈经常买花旗蜜橘给我们吃……”说完，我从衣袋中拿出我们的全家福给小冰看。小冰指着照片中的我，又把手指缩了回去，转过头来看着我：“哥哥吗？你是我的哥哥？”我像被电了一下：“我就是你的哥哥——夏之秋，我是你的哥哥。”说完，我把小冰搂在怀里，抱得很紧很紧，生怕她又从我身边溜走。我们再也不分开了。

猛然间，我才想起这是在万博方的家里，松开小冰，带着乞求：“万先生，我能把小冰带回去吗？”万博方凝重地看了我一眼，过了一会才回答我：“好吧，好吧，尽管我有万般不舍，但小冰还是跟你一起，生活才更幸福。”“太感谢您了，万先生。”我连声道谢。

夕阳下，贝当路上，枝头上散发着春意，绿色盎然。希望圆满了百花巷。

乱世中的童年

——战争题材群书导读设计

导读内容

《安妮日记》(推荐彭淮栋译)《穿条纹衣服的男孩》《弹子袋》

设计理念

时隔两年，再上战争题材的群书阅读课，与之前最大的不同是更注重书与书之间的勾连、比较、印证和互补。整体导读，整体交流，用有张力的话题串起几本书。

教学对象

高年级

教学目标

1. 通过观看图片、朗读精彩片段、链接课外资料、勾连阅读经验等方式，进入故事情境，了解二战历史背景，激发自主阅读的兴趣；

2. 讨论、思辨，提升思维能力。

教学过程

一、读图，认识主人公，引发疑问

1. 童年是多姿多彩的，童年是多滋多味的，童年有各种不同的感受，如果让你用一个词来形容自己的童年，你会用哪种颜色或哪种

味道？简单说一说。

2. 这里有几个孩子，有的和你们差不多大，有的比你们小。他们来自不同的书籍或者电影，有认识的吗？（出示安妮、希姆尔、布鲁诺、约瑟夫·若福和约瑟夫·莫里斯的图片）

从图上，你感受到他们的情绪了吗？你还读到了什么信息？又有哪些疑惑呢？

自主发现：安妮欢快的神情

引导关注：希姆尔穿着囚衣，他和布鲁诺被铁丝网隔开（板书：被囚）；观察约瑟夫兄弟的神情，引导猜测他们可能发生了什么？

补充出示孩子的居住城市、姓名和年龄，又有什么新发现？

<table>
<tr><th>人　名</th><th>年　龄</th><th>城　市</th></tr>
<tr><td>安妮</td><td>十二岁</td><td>荷兰　阿姆斯特丹</td></tr>
<tr><td>希姆尔</td><td>九岁</td><td rowspan="2">波兰　奥斯维辛</td></tr>
<tr><td>布鲁诺</td><td>九岁</td></tr>
<tr><td>约瑟夫·若福</td><td>十岁</td><td rowspan="2">法国　巴黎</td></tr>
<tr><td>约瑟夫·莫里斯</td><td>十二岁</td></tr>
</table>

发现：希姆尔和布鲁诺一样大；约瑟夫·若福和约瑟夫·莫里斯是兄弟……

激趣：你最想知道谁的故事？

二、朗读精彩片段，了解故事背景

（一）《安妮日记》片段 1

一九四二年七月九日　星期四

最亲爱的吉蒂：

就那样，父亲、母亲和我在倾盆大雨里走着，各人带着一只书包和一个购物袋，里面塞满快要装不下的各种各样杂物细软。赶早上班的人投给我们同情的目光；从他们脸上看得出来，他们为了不能提供我们什么交通工具，心中过意不去。我们身上这颗惹眼的黄星，一切尽在不言中。

我们一路走下去，父母才点点滴滴透露了计划。过去几个月来，我们一直在把我们的家具与衣物从公寓里搬出来，能搬多少就搬多少。原来的约定是我们要在7月16日那天动身躲藏，因为玛各接到召集令，这套计划不得不提前十天，这么一来，房间还没有好好整理，我们只有将就将就。

我们躲藏的地方就在父亲的办公大楼里。这事别人不容易了解，因此我解释一下吧。父亲办公室里人不多，只有库格勒先生、克莱门先生、蜜普，以及一个二十三岁的打字员，名叫贝普弗斯库·吉尔。他们都知道我们要来。

教师范读。这篇日记写了什么？学会概括：谁干什么？

引导关注日期，读了这篇日记，你有什么疑惑？紧扣“黄星”“召集令”“躲藏”，了解背景知识。（板书：★犹太人）

联结：

“大卫之星”是犹太人的象征。原来的含义是“大卫的盾牌”。“大卫”是古以色列国的第二个国王，也是一个无与伦比的勇士。

——《数星星》P.47

补充资料：

1. 简介阿道夫·希特勒的部分履历；（板书：纳粹卐）

参加过第一次世界大战，一战后，**成为纳粹党的第97名成员**；

1923年11月8日，发动啤酒馆暴动；

1924年12月，出狱；

1925年，出版《我的奋斗》；

1932年，竞选总统，兴登堡当选；

1932年，**纳粹党成为国会第一大党**；

1933 年 1 月 30 日，希特勒成为帝国总理；

1934 年 8 月 20 日，**希特勒攫取政权，法西斯独裁统治建立了；纳粹党实现了对教育的控制，对德国人进行思想控制；**

1938 年 11 月 9 日，“水晶之夜”，**对犹太人使用暴力：抢劫、抓捕、打死……**

……

——袁腾飞《战争就是这么回事儿》

联系这些背景知识，安妮一家为什么要躲藏?（板书：躲藏）

2. 世界战争格局，重点了解波兰、荷兰、法国的战状。

第二次世界大战开始的标志：德国闪击波兰。

1939 年 9 月，德国闪击**波兰**，占领华沙以后，着手清理犹太人，德军强迫犹太人离开他们的家。

1940 年 5 月 10 日，德国空军对荷兰、比利时、卢森堡发动进攻，5 月 14 日，在德军强大攻势的压力下，**荷兰**武装部队总司令温克尔曼将军下令部队放下武器，并签署了正式投降书。

1940 年 6 月 22 日，德、法签订《停战协议》，德国占领**法国北部**和大西洋沿岸地区。

自从二战全面爆发后，德军很快席卷了北欧、东欧、西欧和巴尔干半岛。到 1941 年初，德军控制了法国、波兰西部、挪威、南斯拉夫等 16 个国家的人力、物力资源。只有英国在独自和法西斯轴心国抗衡。

（二）《安妮日记》片段 2

在这样的状态下，安妮一家只能躲藏起来。继续来读她的日记。

一九四三年一月十三日　星期三

最亲爱的吉蒂：

……

外面变得很可怕。白天夜里任何时候，都有可怜无助的人被拖出家门。他们只准带一个背包和一点现金，就是少少这些东西，在路上也会被抢光。他们妻离子散；男、女和儿童各分东西。小孩子放学回家，父母已经不见踪影。女人买东西回家，家已经被查封，家人都消失了。基督徒和荷兰人生活在恐惧之中，因为他们的儿子被送往德国。人人都心惊胆跳。每天晚上几百架飞机从荷兰上空飞往德国城市，把炸弹丢在德国土地上。在俄国和非洲，每个小时都有成百成千的人送命。没有人能置身于冲突之外，**整个世界都在战争**，虽然同盟国比较顺利了，但结局还不知道在哪。

——《安妮日记》P.83

这一段围绕哪一句话来写的？找中心句。联系上一篇日记的日期，你发现了什么？

出示密室图，发现细节。

阿姆斯特丹市，普林森葛拉赫特街 263 号，正面。

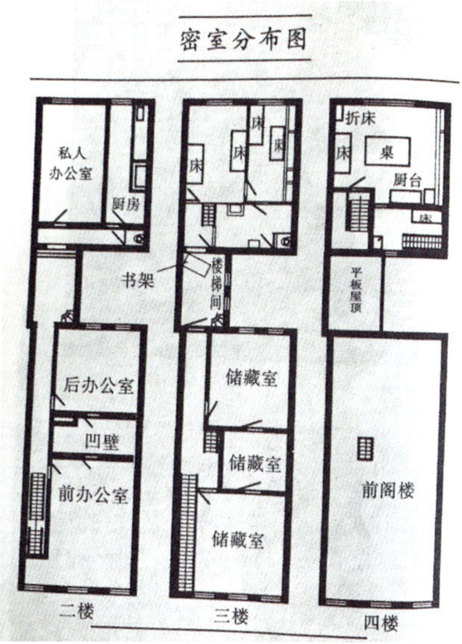

折叠床，说明空间狭小。一共有七张床，至少躲了七个人。实际上是八个人。安妮一家，朋友一家，还有一个牙医。这么多人生活在

一个狭小密闭的空间里，会是怎样的状态呢？

（三）约瑟夫兄弟的命运

1. 戴了黄星的约瑟夫兄弟俩到了学校会有什么遭遇呢？（被歧视、挨打）

爸爸妈妈给兄弟俩讲述了爷爷那一代、爸爸妈妈这一代逃亡的故事，这意味着什么？兄弟俩也必须结伴离开。这是离开之前的一幕：

“约瑟夫，你是犹太人吗？”“不是。”

一声清脆的响声，他的手落在我的脸颊上。那时之前，他从来没打过我。

“不许撒谎，约瑟夫，你是犹太人吗？”“不是。”

我情不自禁地喊起来，不容置辩地、把握十足地喊叫。爸爸站了起来。

“好，就这样，”他说，“我觉得该说的都已说了，都说明白了。”

——《弹子袋》P.32

师生分角色朗读。约瑟夫·若福是犹太人吗？他为什么要撒谎？（板书：逃亡）

2. 想象当时的局势，猜测各种遭遇，展开思辨交流。

整个世界都在战争，安妮一家以及朋友们选择了躲藏，而约瑟夫兄弟不得不踏上逃亡之路，想象一下当时的局势，小组合作，填写关键词：

人　物	生存方式	困　　境
安妮一家以及朋友们	躲藏	
约瑟夫兄弟	逃亡	

指名交流后出示逃亡路线图。

这两位同学用图文并茂的方式画出了若福和莫里斯的逃亡路线图，信息很多，你可以选择其中一个点，说说你最想知道什么？

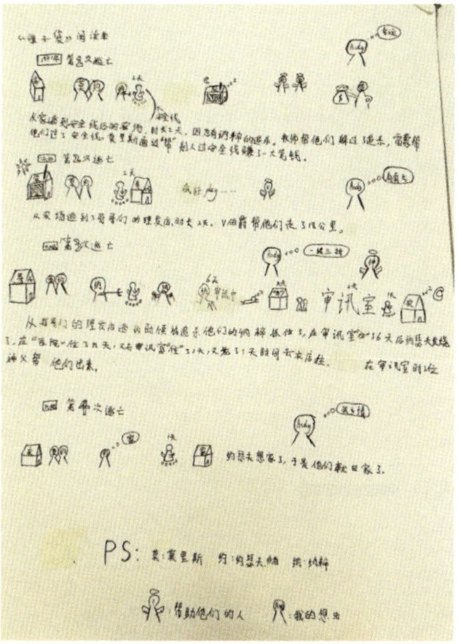

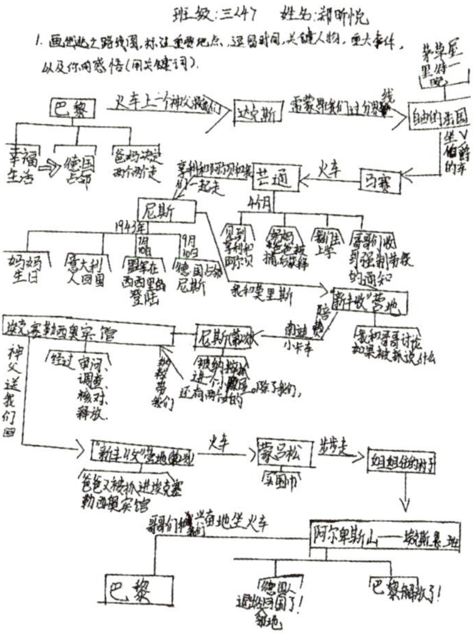

（四）平等与差异

补充：布鲁诺是纳粹军官的儿子。

思辨：布鲁诺与希姆尔有什么不一样？

两个男孩同时往下看，两只手的差别显而易见。虽然布鲁诺相对于同龄人来说要矮小，**当然也不胖，但是他的手显得健康而充满活力，血管没有在皮肤下暴突出来，手指也不像快死的树枝。**然而希姆尔的手，则完全是另外一回事了。

——《穿条纹衣服的男孩》

希姆尔的手是怎样的？为何会有这样的差别？

布鲁诺和希姆尔天生就是不一样的吗？他们有什么是相同的？

他们会成为朋友吗？

出示句子，齐读：你是我最好的朋友，希姆尔。我一生中最好的朋友。

你最想知道什么？

三、出示封面，自主阅读，完成作业。

1. 比较阅读三本书，发现异同；

2. 比较阅读《穿条纹衣服的男孩》和图画书《铁丝网上的小花》，比较《穿条纹衣服的男孩》的书和电影。

板书设计：

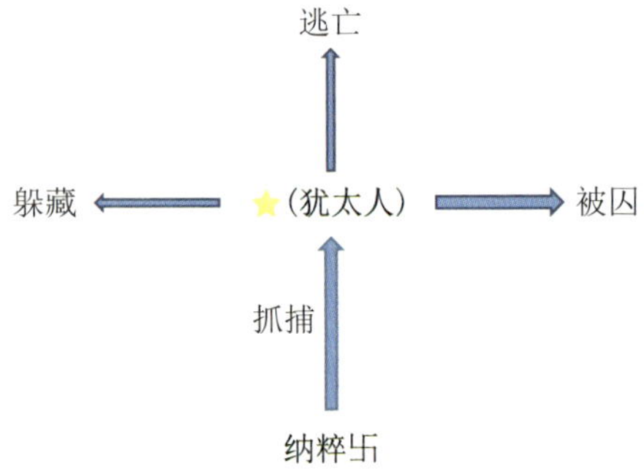

要有勇气运用你的理智

——战争题材群书交流课设计

教学目标

1. 对照图表，尝试讲述故事；

2. 感悟主人公身上的美好品质，以及战争中的人性光辉；

3. 探究悲剧发生的原因，学会理性思考，有勇气运用自己的理智。

教学过程

一、复述故事

书名	主人公	年龄	时间	地点	事件	结局
《安妮日记》	安妮	13 岁	1942 年—1944 年	荷兰阿姆斯特丹	躲藏	死于集中营
《弹子袋》	约瑟夫·若福 约瑟夫·莫里斯	10 岁 12 岁	1941 年—1945 年	法国	逃亡	重返巴黎
《穿条纹衣服的男孩》	布鲁诺 希姆尔	9 岁	1943 年	波兰奥斯维辛	从柏林搬家至集中营附近	死于毒气室

对照表格讲述故事。

说说这三本书的异同。（同样是写战争，不同体裁、不同叙事角度、不同生存方式、不同结局。）

二、话题讨论

1. 战争中的人性光辉

无论是躲藏、逃亡、搬迁、被囚，安妮、约瑟夫兄弟、布鲁诺、希姆尔靠什么坚持下来？从自身和外在援助两方面去思考，说说故事中最打动你的场景。

自由发言，适当追问后，聚焦探讨：

（1）密室里的学习仅仅是为了打发时间吗？安妮对彼得是友情、爱情，还是其他？安妮是一个怎样的孩子？

（2）从离开巴黎，我们已经习惯自力更生了：我们刚刚体会到作为孩子能在成人世界中自力更生的欢乐。自己谋生已成为一种至高无上的游戏。（P.100）

试想一下，你拥有约瑟夫兄弟这样的生存能力吗？

（3）隔开布鲁诺和希姆尔的，仅仅是一道铁丝网吗？布鲁诺的父亲从事的是一份怎样的工作？布鲁诺一家，对待父亲换工作、搬家的态度有什么不同？这个故事中，谁是受害者？

2. 重温历史，探究悲剧产生的原因

第二次世界大战这场人类的浩劫是如何发生的？自由发表见解。

资料链接：

A. 希特勒有魔鬼般的宣传鼓动才能。1933年1月30号，整个柏林几乎万人空巷，喊着四句话：一个元首，一个政党，一个民族，投一个人的票——阿道夫·希特勒。希特勒在成千上万的人们“希特勒万岁”的呼声中，登上了德国总理的宝座。

B. 元首命令，我们服从，这是希特勒青年团的最高指示。到处都写着：“你的义务是健康，你的身体是属于元首的。”

C. 少年队的宣誓誓词：在代表我们元首的这面血旗面前，我宣誓把我的全部精力和力量贡献给我国的救星阿道夫·希特勒。我愿意而且时刻准备着为他献出我的生命，愿上帝帮助我。

D. 希特勒是上帝。如果在基督教徒那里有上帝、基督和（三位一体中的）圣灵，那么我就说，在我们这里，有元首、人民和祖国——这个神圣的三角，为首的当然是元首。

——萨利·佩雷尔（希特勒少女联盟成员）

读了这些材料，你有什么想法？

一个人如果丧失思考能力，极端迷信权威，停止思想，就很容易沦为服从权威的傀儡。当一个民族的多数人都卷入一场犯罪时，个体在整个时代的压力下会更多地凭巨大的惯性活着，难以做出独立、正义的选择，而是在偶像崇拜与迷信中陷入癫狂、盲从和非理性。

迷信是可怕的！迷信专制独裁，迷信个人魔力，迷信大众喧哗，都会导致缺乏独立思考的精神。要有勇气运用你自己的理智！懂得反省，不能成为有知识的无知者。

请记住——有反思精神、忏悔意识的个人和民族才能恢复和保持理智，远离蒙昧与疯狂，才不会让苦难、血腥的历史重演！

三、课后拓展

课后可以继续阅读这方面的书籍，推荐电影《浪潮》。

《安妮日记》阅读单

（第一遍阅读填写，格子可以自己添加）

班级：________　姓名：________

我感兴趣的日记（填日期）	主要内容（简洁）	我的想法（写关键词）	日记分类

《安妮日记》专题研究

班级：________　姓名：________

选择自己感兴趣的项目，深入思考；也可以和家长一起研究。

1. 世界战争格局。以日记中提到的战况为线索，搜集整理二战资料，尽可能简洁明了。

2. 密室生活与外界生活的对比。衣食住行等方面，梳理，并写出感悟。

3. 密室中的学习情况。

4. 安妮和家人，以及密室成员的关系变化。

5. 安妮和彼得的关系变化。

6. 安妮的内心变化——自我成长。

7. 你对安妮的综合评价（联系 4、5、6 题）。

8. 关于身体构造、性，以及爱情的看法。你的父母和老师、朋友会和你谈论这方面的话题吗？你从哪里获得这方面的知识的？

9. 其他选择：____

《弹子袋》阅读单

班级:________ 姓名:________

1. 画出逃亡路线图，标注重要地点、逗留时间、关键人物、重大事件，以及你的感悟（用关键词）。**（整合在一幅图中，创意呈现）**

2. 我的话题设计。（不要琐碎提问，尽量提出能统整全书的问题）

3. 我摘抄的好句子（需要独到的眼光去选择哦），品析关键词。

后　记

谢谢周益民老师推荐，让我与徐冬梅老师相识。自 2006 年冬天，在江都第一次与徐老师、看云老师见面，我便与“亲近母语”结下了不解之缘。感谢冬梅老师和杨总的鞭策。感谢总课题组所有老师，我从她们身上学到了很多。感谢学校领导和同事的包容，让我任性地做自己。感谢师长、朋友们多年来的鼓励。感谢我的孩子们，我们共同穿越了一本又一本书。感谢家人的支持，他们是我最坚强的后盾。

2018 年 10 月 10 日于曲塘

图书在版编目(CIP)数据

从整本书精读到群书阅读 / 吉忠兰著. —桂林: 广西师范大学出版社, 2019.4(2021.10 重印)
(点灯人丛书)
ISBN 978-7-5598-0342-9

Ⅰ. ①从… Ⅱ. ①吉… Ⅲ. ①阅读课-教案(教育)-小学 Ⅳ. ①G623.232

中国版本图书馆 CIP 数据核字(2019)第 054182 号

出 品 人:刘广汉
责任编辑:周 伟
装帧设计:李婷婷

广西师范大学出版社出版发行
(广西桂林市五里店路9号 邮政编码:541004
网址:http://www.bbtpress.com)
出版人:黄轩庄
全国新华书店经销
销售热线:021-65200318 021-31260822-898
山东韵杰文化科技有限公司印刷
(山东省淄博市桓台县桓台大道西首 邮政编码:256401)
开本:890mm×1 240mm 1/32
印张:10.625 字数:282 千字
2019 年 4 月第 1 版 2021 年 10 月第 4 次印刷
定价:49.80 元